Contemporánea

Roberto Bolaño (1953-2003), narrador y poeta chileno, es autor de libros de cuentos (*Llamadas telefónicas, Putas asesinas, El gaucho insufrible, Diario de bar* —en colaboración con A.G. Porta— y *El secreto del mal*), novelas (*Consejos de un discípulo de Morrison a un fanático de Joyce* —en colaboración con A. G. Porta—, *Monsieur Pain, La pista de hielo, La literatura nazi en América, Estrella distante, Los detectives salvajes, Amuleto, Nocturno de Chile, Amberes, Una novelita lumpen, 2666, El Tercer Reich, Los sinsabores del verdadero policía* y *El espíritu de la ciencia-ficción*), poesía (*Reinventar el amor, La Universidad Desconocida, Los perros románticos, El último salvaje* y *Tres*) y libros de no ficción (*A la intemperie*). Está considerado una de las figuras más importantes de la literatura contemporánea en español.

Roberto Bolaño

Poesía reunida

DEBOLSILLO

Papel certificado por el Forest Stewardship Council®

Primera edición en Debolsillo: abril de 2024
Tercera reimpresión: mayo de 2026

Printed in Spain – Impreso en España

ISBN: 978-84-663-7582-5
Depósito legal: B-1.756-2024

Compuesto en MT Color & Diseño, S.L.
Impreso en Liberdúplex
Sant Llorenç d'Hortons (Barcelona)

P 3 7 5 8 2 5

Prólogo

La poesía de Roberto Bolaño

> *Es poco el tiempo que nos dan para crear*
> *nuestra vida en la tierra, quiero decir:*
> *asegurar algo, casarse, esperar la muerte.*

ROBERTO BOLAÑO

Roberto Bolaño siempre fue devoto de la poesía. Llegó a la literatura de la mano de los poetas, de Baudelaire, de Rimbaud, como él mismo se encargaba de recordar cuando en las entrevistas se le preguntaba por sus orígenes literarios. Una mano dura, la de esos poetas. Su fascinación por la vida y obra del poeta chileno Nicanor Parra es de sobra conocida. Parra fue su poeta tutelar, un poeta que regaló a Bolaño una forma de entender la poesía que estaba directamente relacionada con una manera de vivir. Y esa manera de vivir perseguía la irreverencia, la iconoclastia, y el misterio.

A Bolaño le apasionaban los poetas, y sobre todo la vida de los poetas. Y la vida de los seres humanos que fracasan: «Nunca te enamores de una jodida drogadicta: / Las primeras luces del día te sorprenderán / Con sangre en los nudillos y empapado de orines». Los poetas que fracasan eran un espectáculo universal. La vida de los poetas fracasados era inquietante y humorística, albergaba una melancólica ironía contra todos los poderes de la tierra: el poder político y el poder económico, y también el cultural.

Los poetas fueron una fiesta. Una fiesta para mendigos. Porque los mendigos que se van de fiesta se convierten en poetas.

Bolaño vio en la poesía una forma de rebeldía y una intriga existencial que engrandecía la vida. Es curioso, porque sin esa apelación a la poesía no se puede entender el conjunto de su obra, especialmente sus dos novelas más celebradas: *Los detectives salvajes* y *2666*. Ese sentido de la rebeldía se manifiesta en una preocupación constante por exhibir las vidas de los fracasados, de los malogrados, de los hundidos, de los seres humanos que no consiguieron arraigar, de los desposeídos, de los que tuvieron mala suerte, de los raros, de los incomprendidos, de los que murieron antes de hora. Y sobre todo de los pobres: «Demos gracias por nuestra pobreza, dijo el tipo vestido con harapos».

Hay mucha desesperación en la poesía de Roberto Bolaño. Tal vez porque la contemplación de la vida y del mundo de finales del siglo xx producía extrañeza, destemplanza y angustia. Producía una desesperación inteligente. Yo diría que ése es el sentimiento que predomina en esta poesía: una angustia que viene de muy adentro y que acaba siendo luminosa. Pienso en ese poema en que Bolaño cita a Alain Resnais, quien a su vez recuerda que Lovecraft fue vigilante nocturno en un cine de Providence, y en esa historia el poeta encuentra consuelo, al contemplarse como vigilante nocturno del camping Estrella de Mar. A veces Bolaño comunica telegráficamente su desesperación, pero siempre con una ironía final: «El fracaso. La miseria. La degeneración. La angustia. / El deterioro. La derrota. Dos artículos masculinos / y cuatro femeninos».

El trovador medieval Guiraut de Bornelh, uno de los personajes que aparece en la poesía de Bolaño, es una sombra del pasado remoto de la literatura desde la que nuestro poeta piensa su propio presente. Con frecuencia Bolaño buscó auxilio privado en la historia de la literatura y también en la amistad de los escritores coetáneos con quien tuvo afinidades vitales. Buscaba un refugio, no sentirse tan solo y desamparado. Hay mucho sentimiento de desamparo en la poesía del autor de *Los detectives salvajes*. Pensó que ese desamparo era inherente a la tarea del poeta, a la tarea del escritor. Al aprendizaje en el desamparo dio en llamarle «la Universidad Desconocida», y así se tituló la recopilación de su poesía, preparada durante décadas y finalmente publicada en 2007. Es un título muy en la línea de *2666,* formulaciones que encierran un pequeño misterio que nos araña el corazón: sabemos qué significan, pero son tan herméticos que hay algo en esos títulos que esquiva nuestra comprensión. Además, la universidad desconocida posee casi una naturaleza infernal, un abismo que encierra terror y muerte. México puede ser el lugar de la universidad desconocida, todo un país que sirve de alegoría, de símbolo de la desesperación luminosa, de la destrucción elegida en un acto de valor oscuro.

Siempre pensé que había un hermoso paralelismo, un secreto túnel, entre la manera en que aparecen y son caracterizados los poetas en una obra como *Luces de bohemia,* de Ramón María del Valle-Inclán, y en *Los detectives salvajes,* de Bolaño. El poeta mexicano Mario Santiago, al que Bolaño dedica varios poemas, se convertirá en el legendario personaje Ulises Lima en la citada novela. La miseria material, la existencia llena de penurias acompañada por la autenticidad moral y la entrega a una vocación poética parecen aunarse en personajes como Max Estrella y Ulises Lima.

Tanto Valle-Inclán como Bolaño idearon teorías estéticas. Valle formuló el esperpento y Bolaño, junto con Mario Santiago y otros poetas mexicanos, el infrarrealismo. La fundación de este último ocurrió a mediados de los años setenta en México. Más allá de los contenidos literarios, tanto el esperpento como el infrarrealismo eran estéticas revulsivas y disolventes. Bolaño entendió el infrarrealismo como una especie de orden mendicante de la posmodernidad, o un rotundo «no» a las convenciones. Los infrarrealistas querían volarle los sesos a la cultura oficial. Valle quería volarle los sesos a la España putrefacta. El poema de Bolaño titulado «Ernesto Cardenal y yo» puede ser un ejemplo de teoría infrarrealista. Tal vez toda esta teoría poética sea un homenaje a México. Puede que México también sea un homenaje al infrarrealismo. En realidad, nadie sabe qué fue el infrarrealismo, más allá de la parodia y de la ironía con respecto a las grandes vanguardias literarias de principios del siglo xx.

Los poetas parece que son lo único insobornable. Tal vez porque no tengan nada. La miseria radical se convierte en pureza, en un acto político valiente, sólido. Bolaño estaba obsesionado con los poetas, porque eran lo único que se resistía al dinero. No tenían dinero los poetas, pero sí conocimiento. Ésa es la paradoja que gustaba al autor de *2666*. Memorable es el poema titulado «El dinero»:

> Trabajé 16 horas en el camping y a las 8
> de la mañana tenía 2.200 pesetas pese a ganar
> 2.400 no sé qué hice con las otras 200
> supongo que comí y bebí cervezas y café con
> leche en el bar de Pepe García dentro del
> camping y llovió la noche del domingo y toda
> la mañana del lunes y a las 10 fui donde
> Javier Lentini y cobré 2.500 pesetas por una
> antología de poesía joven mexicana...

La exhibición del dinero, cuando es tan poco dinero, se convierte en la mejor poesía del mundo. En otro poema nos dice: «El dinero que no tendré jamás y que por exclusión hace de mí un anacoreta, el personaje que de pronto empalidece en el desierto». Es sugerente la imagen del anacoreta posmoderno, del escritor que se sabe inútil para ganar dinero, y sabe que eso lo es todo, o casi todo. Inútil para ganar dinero, pero no para el sexo. En la poesía de Bolaño, como en su narrativa, el sexo descarnado o fisiológico o explícito tiene una gran relevancia. Los poetas no tenían dinero, pero hacían el amor. Siempre disponibles para la promiscuidad. Los detectives salvajes son salvajes porque son tan pobres como promiscuos, o lujuriosos, que hubiera dicho Dostoievski. La lujuria o la promiscuidad parecen emociones o postulados infrarrealistas.

El Tercer Mundo, es decir, México, sólo nos regala miseria y promiscuidad. Bolaño celebró el Tercer Mundo inventando una danza literaria entre la pobreza y el sexo. Porque el sexo entre pobres es más sexo que entre ricos. La pobreza convierte el sexo en rabia, en la rabia más perturbadora del universo.

No hay nada más preciso para definir a un yo poético que decir cuánto dinero gana y con quién fornica. No hay nada más impúdico, y a la vez tan necesario. Los poetas se convirtieron en «perros románticos». Y la vida de Bolaño se midió en pesetas. Eso produce melancolía. Es una medida desaparecida, que pertenece al siglo xx, desde donde Bolaño nos mira, en donde Bolaño quedó atrapado. Sólo tres años pudo cruzar el siglo xxi, pues, como todo el mundo sabe, murió en 2003, a la edad de cincuenta años. Una edad que hoy hace que pensemos en él como si fuese un poeta joven.

La vida fue una universidad desconocida, eso nos dijo Bolaño. También nos dijo, en una parodia brillante que tenía por objeto la novela negra, que los verdaderos detectives son los poetas (y especialmente los poetas anónimos) y que el futuro que se nos trasladaba en *2666* era una expansión incontrolada de la ficción como una forma de borrosa, ambigua, azarosa existencia.

Siempre con un pie más allá del orden, de la naturaleza y de la vida, así es la literatura de Bolaño, en cualquier género. La poesía de Bolaño se decantó por un simbolismo personal. Es una poesía de tendencia figurativa, no usa la abstracción, aunque sí el irracionalismo y el toque visionario, pero se mueve en un territorio simbólico que se apoya en referentes de la historia de la cultura, del arte y de la literatura. Estoy pensando en el poema titulado «El Greco», en donde la evocación histórica del pintor se mezcla con una escena erótica que busca la redención del pasado. Porque el destino de los artistas es la muerte, y Bolaño los quiere rescatar, para que vuelvan a estar vivos, bajo esa dimensión imaginaria de la poesía. El poeta nombra en sus poemas a escritores de todos los tiempos, dialoga con ellos, y en alguna medida se encomienda a ellos desde la ironía. Mezcla personajes históricos con personas a quienes el poeta conoció. El resultado es una combinación de historia y vida. Y el sentido final siempre es el de una sentencia presidida por la muerte y la angustia. También fondeó Bolaño en la creación de símbolos crípticos, con imágenes que a veces recuerdan a la poesía de Leopoldo María Panero. La creación de símbolos personales, enigmáticos y de cierto tono distópico o apocalíptico tiene asiento en muchos poemas. El hondo desierto de la realidad y de la condición humana busca ser dicho con acertijos, con arcanos privados. Hay destellos de Jorge Luis Borges, y su influencia se nota específicamente en ese poema río titulado «Un paseo por la literatura», que acaba siendo un *aleph* en donde cabe la historia del universo.

Son muchos los poemas que expresan una idea recurrente en esta poesía, y que podría cifrarse en un verso del propio Bolaño, ese que dice «Nada quedará de nuestros corazones». La conciencia de la inutilidad del arte frente a la muerte y el tiempo hacen que Bolaño adopte la ironía, en una acepción casi lúdica, como remedio, o como bálsamo. Es toda una melancolía, de fundamento clásico, la que aparece en esa constatación: nada quedará de nuestras vidas, por mucho que existan los poetas.

La necesidad de narrar historias, pero historias con poesía dentro, lleva a Bolaño a escribir poemas en prosa. La poesía está en un lugar intermedio. La poesía se ha hecho prosa. En este libro que tiene el lector entre sus manos hay muchos poemas que son, en realidad, breves narraciones. ¿Por qué llamar poesía al relato corto? Porque tampoco son relatos, en puridad. Pues albergan en sus entrañas un sentido poético, un sentido simbólico e irreal de la existencia humana. No buscan narrar unos hechos, sino trascender esos hechos como motivo simbólico de la vida. La prosa narrativa de Bolaño es poesía por eso, por su ambición de decir la condición humana. Hay en estos textos en prosa mucha influencia de Franz Kafka, sobre todo en esa mezcla de amenaza y desasosiego que invade estas pequeñas narraciones, donde la tan famosa autoficción, donde la aparición del propio Roberto Bolaño como personaje, toman un destacado protagonismo. Pensaba nuestro poeta que si contaba en carne propia todo cuanto veía, la vida se ordenaba o al menos vivir servía para algo. Mientras Roberto Bolaño cuenta lo que le pasa a Roberto Bolaño, con absoluto verismo, con un lenguaje coloquial, recurriendo incluso al exabrupto y a las expresiones soeces, es posible encontrar un poco de sosiego, y una finalidad. Justamente la finalidad que no tiene la vida. ¿Por qué hay tantos hechos, tantos personajes o personas, tantas ciudades y países en la vida real? Bolaño no lo sabe. Lo que sabe es que un ser humano pierde la vida, gasta la vida viendo ciudades, caminando las calles de Barcelona, de Ciudad de México, de Castelldefels, de Ciudad Juárez, que invierte la vida en Chile, México y España, que la vida es lo que ocurre en el camping Estrella de Mar («Un camping debe ser lo más parecido al Purgatorio») o en la barcelonesa calle Tallers, y que lo mejor es contarlo, porque la vida sólo sirve para contarla. Y si la vida sólo sirve para contarla, es que estás desesperado, aunque no se note. Que no se note es la tarea del escritor con talento.

En la poesía de Bolaño puede encontrar también el lector el taller del narrador, la trastienda del novelista, y puede observar cómo funciona el trasvase entre poesía y prosa. Muchos de los temas que ocuparán la narrativa del autor de *Los detectives salvajes* están sugeridos en los poemas, a modo de apunte, a modo de reflexión, a modo de esbozo. Podría hablarse de la «escritura total», que puede manifestarse en una novela o en un poema. La creación de Bolaño confundía los géneros literarios porque procedía del violento afán de representar la vida: daba igual el género. La urgencia era la vida. Por eso, este libro de poesía reunida es, en rigor, un libro más de Roberto Bolaño sobre Roberto Bolaño. Un libro sobre la vida de Roberto Bolaño, sobre el intento de que la vida de Roberto Bolaño alcance un fin, un sentido, una representación, una existencia, un rostro, una fotografía.

Se podría sintetizar así: hay poesía escondida en sus novelas y hay novelas interrumpidas en su poesía. Porque todo son palabras. Como todo son palabras, Bolaño buscó aquellas que más dolían o más decían, o más escondían, o más cercanas estaban a lo que el propio Bolaño vivió.

Toda la poesía aquí reunida es, pues, de carácter autobiográfico. Bolaño habla de su trabajo de vigilante en el camping Estrella de Mar de Castelldefels, habla de sus amigos, de todo cuanto vio y vivió con ellos, de las mujeres a las que deseó, de las calles y los bares en los que estuvo y fue Nadie. Esa sensación ardiente de pasar por el mundo siendo Nadie, eso está en estos poemas, en estas prosas.

Creo que el lector encontrará especialmente emocionantes los poemas dedicados a Lautaro Bolaño, hijo del poeta. A través del hijo, llega el poeta a reconstruir el rostro de su propio padre, y hasta el del abuelo. Lautaro Bolaño representa la vida que se cumplirá con el padre ya ausente. Él es lo mejor que hubo en la vida del poeta.

El mundo es líquido y no sólido en la literatura de Bolaño. Eso buscó nuestro chileno españolizado y mexicanizado. El estado líquido es muy hermoso, ayuda a tomarse la vida como comedia, una comedia con sus largos quejidos, con tanta irreverencia como desesperación. Eso es este volumen, esta poesía reunida: la comedia íntima de Roberto Bolaño.

Para poder vivir hay que creer en algo. No me gustaría acabar este prólogo sin recordar aquello en lo que creyó Roberto Bolaño. Creyó en el misterio y en la fuerza de la vida, susceptible de ser dichos de manera quijotesca y cervantina a través de las palabras. Al hacer un brutal recuento de sus fracasos editoriales, Bolaño dijo en lo que creía. Lo dijo en este poema:

Rechazos de Anagrama, Grijalbo, Planeta, con toda
seguridad
también de Alfaguara, Mondadori. Un no de Muchnik,
Seix Barral, Destino...
Todas las editoriales... Todos los lectores...
Todos los gerentes de ventas...
Bajo el puente, mientras llueve, una oportunidad de oro
para verme a mí mismo:
como una culebra en el Polo Norte, pero escribiendo.
Escribiendo poesía en el país de los imbéciles.
Escribiendo con mi hijo en las rodillas.
Escribiendo hasta que cae la noche
con un estruendo de los mil demonios.
Los demonios que han de llevarme al infierno,
pero escribiendo.

Un raro poema, líneas desesperadas, en donde el acto de escribir es voluntad, amor y castigo. Un escritor puede arder en el infierno, pero no se consumirá del todo en tanto en cuanto su mano en llamas escriba aunque sólo sea una sílaba, sea cual sea esta sílaba ignominiosamente secreta.

MANUEL VILAS
Junio de 2018

La Universidad Desconocida

Para Lautaro Bolaño

Las siete primeras secciones de *La Universidad Desconocida* están fechadas entre 1978 y 1981. Una Barcelona que me asombraba e instruía aparece y desaparece en todos los poemas.

TRES TEXTOS son de alguna manera una suerte de prólogo a GENTE QUE SE ALEJA. *Nel, majo* quisiera ser el punto de encuentro de dos visiones, la mexicana y la española. Nel, en argot mexicano, significa «no». Nel, «majo»: no, guapo: no, poeta.

Escribí GENTE QUE SE ALEJA en 1980 mientras trabajaba de vigilante nocturno en el camping Estrella de Mar, en Castelldefels. El poema, como es evidente, es deudor de mis entusiastas lecturas de William Burroughs.

ICEBERG: los tres poemas corresponden a 1981 y 1982. *La pelirroja* es un intento de escribir a lo Raúl Zurita —las musas me perdonen—, pero en el territorio de las fotografías pornográficas. El Chile de *La pelirroja* es el país que nombra, pero también es, en caló del Distrito Federal, el órgano sexual masculino.

PROSA DEL OTOÑO EN GERONA está escrito en 1981 durante mi primer año de estancia en la ciudad tres (¿o dos?) veces inmortal.

MANIFIESTOS Y POSICIONES: *La poesía chilena es un gas* es de 1979 o 1980. El *Manifiesto mexicano*, de 1984. *Horda,* de 1991 y *La poesía latinoamericana,* de 1992.

LOS POEMAS PERDIDOS, como su nombre indica, son poemas perdidos. *Las pulsaciones de tu corazón* está fechado en 1981. Encontré el resto en un cuaderno que me regalaron en 1987.

Los NUEVE POEMAS son de 1990, después de mucho tiempo sin escribir poesía. Mi hijo tenía unos pocos meses y la vida discurría como en *Las puertas del paraíso*, de Jerzy Andrzejewski.

MI VIDA EN LOS TUBOS DE SUPERVIVENCIA es de 1992, con algunos poemas de 1991 y de 1993. *Los Neochilenos* es el último poema que he escrito para *La Universidad Desconocida*.

UN FINAL FELIZ es de 1992. Como en algunos poemas de la sección precedente es México, la nostalgia de México y un Chile quimérico, el que ahora aparece y desaparece en todos los poemas.

Blanes, julio de 1992-mayo de 1993

Biblioteca y *Lee a los viejos poetas* fueron escritos inmediatamente después de salir del Hospital Valle Hebrón, en Barcelona, en el verano de 1992, o tal vez cuando aún estaba allí, con los viejos de hígados destrozados, con los enfermos de sida y con las muchachas que ingresaron por una sobredosis de heroína y a partir de entonces —el pabellón estaba lleno de predicadores de todo pelaje— reencontraron a Dios.

Son dos poemas muy sencillos, bastante torpes en la ejecución y con voluntad de claridad en el significado. El destinatario original del mensaje es mi hijo Lautaro —estas palabras, en el fondo, también son para él—. Ambos poemas recogen no sólo buenos deseos y buenos consejos. Desesperado con la perspectiva de no volver a ver a mi hijo, ¿a quién encargar de su cuidado sino a los libros? Es así de simple: un poeta pide a los libros que amó y que le inquietaron protección para su hijo en los años venideros. En el otro poema, por el contrario, el poeta pide a su hijo que cuide de los libros en el futuro. Es decir que los lea. *Protección mutua.* Como el lema de una banda de gángsters invicta.

Blanes, enero de 1993

Primera parte

Combien j'aime
Ce tant bizarre Monsieur Rops
Qui n'est pas un grand prix de Rome
Mais dont le talent est haute comme une pyramide
    de Cheops

Baudelaire

La novela-nieve

Esperas que desaparezca la angustia
Mientras llueve sobre la extraña carretera
En donde te encuentras

Lluvia: sólo espero
Que desaparezca la angustia
Estoy poniéndolo todo de mi parte

Amanecer

Créeme, estoy en el centro de mi habitación
esperando que llueva. Estoy solo. No me importa
terminar o no mi poema. Espero la lluvia,
tomando café y mirando por la ventana un bello paisaje
de patios interiores, con ropas colgadas y quietas,
silenciosas ropas de mármol en la ciudad, donde no existe
el viento y a lo lejos sólo se escucha el zumbido
de una televisión en colores, observada por una familia
que también, a esta hora, toma café reunida alrededor
de una mesa: créeme: las mesas de plástico amarillo
se desdoblan hasta la línea del horizonte y más allá:
hacia los suburbios donde construyen edificios
de departamentos, y un muchacho de 16 sentado sobre
ladrillos rojos contempla el movimiento de las máquinas.
El cielo en la hora del muchacho es un enorme
tornillo hueco con el que la brisa juega. Y el muchacho
juega con ideas. Con ideas y con escenas detenidas.
La inmovilidad es una neblina transparente y dura
que sale de sus ojos.
Créeme: no es el amor el que va a venir,
sino la belleza con su estola de albas muertas.

La novela-nieve

Mis trabajos literarios 10 abril 1980. Obsesionado
por piernas en dormitorios donde todo es femenino
incluso yo que asesino un aire de cajas y sabuesos
momificados. No escritura en la cadencia de mis días
sin dinero, ni amor, ni miradas; sólo confidencias
dormitorios oscuros donde soy la media de seda
rodeado de canarios y hachas de luna. Sin embargo
cuando puedo hablar digo escribe cosas entretenidas
algo que interese a la gente. Pianos abstractos
en las emboscadas del silencio, mi propia mudez
que rodea a la escritura. Tal vez sólo esté ciego,
arribando a una terminal donde «mi talento»
pueda ser expresado por las trizaduras combustibles
mi propio cuello en la novela-nieve.

Ésta es la pura verdad

Me he criado al lado de puritanos revolucionarios
He sido criticado ayudado empujado por héroes
de la poesía lírica
y del balancín de la muerte.
Quiero decir que mi lirismo es DIFERENTE
(ya está todo expresado pero permitidme
añadir algo más).
Nadar en los pantanos de la cursilería
es para mí como un Acapulco de mercurio
un Acapulco de sangre de pescado
una Disneylandia submarina
En donde soy en paz conmigo.

Raro oficio gratuito   Ir perdiendo el pelo
y los dientes   Las antiguas maneras de ser educado
Extraña complacencia   (El poeta no desea ser más
que los otros)   Ni riqueza ni fama ni tan sólo
poesía   Tal vez ésta sea la única forma
de no tener miedo   Instalarse en el miedo
como quien vive dentro de la lentitud
Fantasmas que todos poseemos   Simplemente
aguardando a alguien o algo sobre las ruinas

El trabajo

En mis trabajos la práctica se decanta como causa y efecto
de un rombo siempre presente y en movimiento.
La mirada desesperada de un detective
frente a un crepúsculo extraordinario.
Escritura rápida trazo rápido sobre un dulce día que
llegará y no veré.
Pero no puente de ninguna manera puente ni señales
para salir de un laberinto ilusorio.
Acaso rimas invisibles y rimas acorazadas alrededor de
un juego infantil, la certeza de que ella está soñando.
Poesía que tal vez abogue por mi sombra en días
venideros
cuando yo sólo sea un nombre y no el hombre que con
los bolsillos vacíos vagabundeó y trabajó en los mataderos
del viejo y del nuevo continente.
Credibilidad y no durabilidad pido para los romances
que compuse en honor de muchachas muy concretas.
Y piedad para mis años hasta arribar a los 26.

A las 4 de la mañana viejas fotografías de Lisa
entre las páginas de una novela de ciencia ficción.
Mi sistema nervioso se repliega como un ángel.
Todo perdido en el reino de las palabras a las 4
de la mañana: la voz del pelirrojo arquea la piedad.
Viejas fotografías casas de aquella ciudad
donde lentamente hicimos el amor.
Casi un grabado en madera, escenas
que se sucedieron inmóviles fronda entre dunas.
Dormido sobre la mesa digo que era poeta,
un demasiado tarde, un querido despierta,
nadie ha quemado las velas de la amistad.

Dentro de mil años no quedará nada
de cuanto se ha escrito en este siglo.
Leerán frases sueltas, huellas
de mujeres perdidas,
fragmentos de niños inmóviles,
tus ojos lentos y verdes
simplemente no existirán.
Será como la *Antología griega,*
aún más distante,
como una playa en invierno
para otro asombro y otra indiferencia.

Escribe sobre las viudas las abandonadas,
las viejas, las inválidas, las locas.
Detrás de las Grandes Guerras y los Grandes Negocios
que conmueven al mundo están ellas.
Viviendo al día, pidiendo dinero prestado,
estudiando las pequeñas manchas rojas
de nuestras ciudades
   de nuestros deportes
      de nuestras canciones.

Las pelucas de Barcelona

Sólo deseo escribir sobre las mujeres
de las pensiones del Distrito 5.º
de una manera real y amable y honesta
para que cuando mi madre me lea
diga así es en realidad
y yo entonces pueda por fin reírme
y abrir las ventanas
y dejar entrar las pelucas
los colores.

Mis castillos

Estos aromas son mi tienda de campaña, dije
A partir de la página 521 conoceré a mi verdadero
amor   En el segundo volumen pensaba recuperar
el tiempo perdido   Una vaga idea de las Galias
Herejías   Apuntes de Turmeda   El mar ciñendo
suavemente a las islas   Un idioma y una renta
balear   Apenas el roce de las piernas
en la llamada *postura del perro*   La verga
como un inyector   Se clava con fuerza y sale
Inmóvil entre los labios   Tanto tiempo
Estos aromas, estos árboles, este montón
de sacos de dormir abandonados detrás de la casa
Esta hora en blanco y negro

Poeta chino en Barcelona

Un poeta chino piensa alrededor
de una palabra sin llegar a tocarla,
sin llegar a mirarla, sin
llegar a representarla.
Detrás del poeta hay montañas
amarillas y secas barridas por
el viento,
ocasionales lluvias,
restaurantes baratos,
nubes blancas que se fragmentan.

Mi poesía

Mi poesía temporada de verano 1980
sobreimposición de dos cines dos películas
sobreimpuestas quiero decir el jorobadito el poli
en planos similares quiero decir el barquito
〜〜〜〜〜〜
hasta allí la mujer que prepara dos perros
cruzados en la escalera el mar freudiano ∧∧∧∧∧
buque de vientre herido ¿picado por avispas?
¿cuchillos clavos pinchos? la voz dice baje
esa pistola dos cines que se mutilan en la niebla
el recuerdo de las rodillas de Lisa el vacío que
intentó llenar (aplausos) el lento genio jorobado

Pendejo Whistler

> Tal vez ésta sea la hora
> de sentarnos
> sobre el teclado.

Miles de Post-Scriptums:
—No sólo sentarnos, sino...
—Un viento de fealdad que da sed. Cervezas a la una de
la mañana en un Frankfurt de la Avenida Pelayo.
—Olas de la provincia de Maule, el «feísmo» en su
soberanía. Y repetir: *aquel chileno prodigioso que tantas*
veces habló donde no debía, babeando su desesperada
ignorancia del amor.
—Supongo que al decir esto pienso en México.

Niños de Dickens

Admiras al poeta de nervios duros   ¿De acuerdo?
De acuerdo   De la misma manera que admiras
al obrero de horario salvaje y a los comerciantes
que se acuestan de madrugada contando el oro
y a las muchachas de 25 años que follan durante toda
la noche y al día siguiente dan tres o cuatro exámenes
en la universidad

Es difícil entender lo anterior   Intento decir
animales salvajes rondando por las paredes de mi casa
Búhos y niños de Dickens   Lagartos y hermafroditas
pintados por Moreau   Los soles de mis dos
habitaciones
El rumor de pasos que puede solidificarse en cualquier
momento
como una escultura de yeso sucio   Los ojos
borrados del santo que cabalga al encuentro
del Dragón

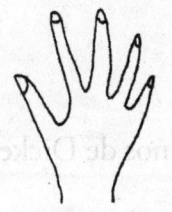

La navaja en el cuello y la voz
del adolescente se quiebra
dámelo todo   dámelo todo
o te *corto*
y la luna se hincha
entre los pelos

Árboles

Me observan en silencio
mientras escribo   Y las copas
están llenas de pájaros, ratas,
culebras, gusanos
y mi cabeza
está llena de miedo
y planes
de llanuras por venir

No componer poemas sino oraciones

Escribir plegarias que musitarás
antes de escribir aquellos poemas
que creerás no haber escrito nunca

Pregunté si aún estaba allí.
Dijo que pasara.
Está nevando nuevamente, avisé.
Sus libros desparramados.
Inútil para hacer el amor.
Desde hacía 6 meses no llevaba ninguna chica
al cuarto.
Enfático, categórico, señaló
una mosca aplastada
en el otro lado de la ventana.
Como escupir a un espejo, recordé.
Una especie de poeta.
Despreocupado y feliz.

¿Qué haces en esta ciudad donde eres pobre y
desconocido?
(La pregunta me hizo gracia)   Envejeces, paseas
por los alrededores de los museos, contemplas
a las muchachas de la ciudad que te es hostil
Oh, dije, en realidad exageras   ¿Un ejercicio de
paciencia?   Tal vez   ¿La virtud como una hélice?
Mis pasos me han puesto bajo estos acueductos   Los
mejores   Me doy por satisfecho   Una muchacha,
una escudilla de sopa en Can Riera, un saco caliente en
invierno
Mientras tus versos se pudren, dijo la voz
A las doce de la noche
¿Acaso pretendes volver a tu país natal con los ojos
de Anselm Turmeda?   Cansado   Divertido
tras haber escuchado una conversación ajena
me saco los zapatos sonriendo en la oscuridad
Pero estás solo
No   Alguien, mi Explorador, vigila mis temas

Según Alain Resnais
hacia el final de su vida
Lovecraft fue vigilante nocturno
de un cine en Providence.

Pálido, sosteniendo un cigarrillo
entre los labios, con un metro
setenta y cinco de estatura
leo esto en la noche del camping
Estrella de Mar.

Un soneto

Hace 16 años que Ted Berrigan publicó
sus *Sonetos*. Mario paseó el libro por
los leprosarios de París. Ahora Mario
está en México y *The Sonnets* en
un librero que fabriqué con mis propias
manos. Creo que la madera la encontré
cerca del asilo de ancianos de Montealegre
y con Lola hicimos el librero. En
el invierno del 78, en Barcelona, cuando
aún vivía con Lola! Y ya hace 16 años
que Ted Berrigan publicó su libro
y tal vez 17 o 18 que lo escribió
y yo ciertas mañanas, ciertas tardes,
perdido en un cine de barrio intento leerlo,
cuando la película se acaba y encienden la luz.

Para Efraín Huerta

Quisiera escribir cosas divertidas para ti.
De catástrofes y pequeñas tristezas
estamos hasta el cuello. Nada de imágenes,
tal vez labios, pelos, y una niña que juega
con el maletín de un médico. No sé, Efraín,
qué paisajes decir ahora que estoy pensando
en ti. No sólo tu bondad me ayudó; también
esa suerte de honradez hierática, tu sencillez
al apoyarte en la ventana de tu departamento
para contemplar, en camiseta, el crepúsculo
mexicano, mientras a tus espaldas los poetas
bebían tequila y hablaban en voz baja.

La única imagen que guardo de T. C.

El señor Teófilo Cid no está.
La lluvia sobre esa ciudad extraña, Santiago del
Nuevo Extremo.
El señor Cid pasea por calles grises.
Pelo de rata, ojillos de rata,
En un atardecer neutro.
Abrigos, gabardinas, chaquetas rojas que la lluvia empuja
Hacia cualquier lugar.
El señor Teófilo Cid un tanto ebrio,
En su ciudad,
Huyendo bajo la lluvia.
Única realidad de estas palabras.

Para ser dicho en un dormitorio
donde ya nada se puede decir

Tu texto... Tu forma de evitar la rodilla
de tu hermana... *Tú Hacer Revolución...*
Tu rostro apagado de viajes en el cuarto oscuro...
Tu sangre que construye un mapa
sobre las sábanas silenciosas...
Tu Polo Norte final...

El monje

Fui feliz durante las cacerías.
Dormité a la sombra de un plátano.
Los sueños ordenaban ríos y castillos.
Al alba mi hermano me murmuró al oído
que tras esas colinas los dominios
permanecían con las mismas alambradas.
Homenajes —dijo. Cabalgué
hasta alcanzar a la vanguardia.
Nadie supo indicarme hacia dónde
se había marchado nuestro señor.
Intuí que el calor de los crepúsculos
era artificial. Supe que alguien
largo tiempo había dormido
sobre mis escritos.

El poeta no espera a la dama

Kürnberger. Cuando por los reinos
de Europa se paseaba la muerte.
Y en los bardos había ánimo para
renovar la lírica. Sentado
en una cámara del castillo
al que han puesto sitio nuevamente.
Y un poema de amor
de una «soberana indiferencia».
Cuando alguien, tal vez un cortesano,
grita una advertencia inaudible
al final de un pasillo de piedra
que otra vez se diluye
en la intersección de la muerte
y el poema.

Tersites

En primavera salían de los bosques y recibían a los hombres
Tersites   Inmaculado el mármol atraviesa descripciones
lamentos, estados totalitarios   Algo tan lejano a la risa
de los comerciantes   (Salían de sus bosques para hacer
el amor)   Con campesinos que alababan grandemente
sus cabalgaduras atadas a los árboles bajos o paciendo
en los claros   Una Grecia en blanco y negro
Y anos dilatados estrechando vergas notables   Tersites
las amazonas   Un atardecer que persiste
a las descripciones y los besos

Textos de Joe Haldeman, J. G. Ballard, Rubén Darío, Luis Cernuda, Jack London, R. L. Stevenson, Jorge Teillier, André Breton, Erskine Caldwell, Ciencia Ficción Soviética, Valle-Inclán, Hamlet, Daniel Biga, Nazario.

Querida, no es el Paraíso.
En las calles hay batallas campales después de las diez de
　　la noche.
Nadie viene a visitarme.
Aunque la comida que preparo aún no es del todo mala.

¿Cómo se llama esto?, pregunté.
Océano.
Una larga y lenta Universidad.

He soñado labios
(¿Solitarios y abiertos? ¿Partidos por el viento?)
Labios como corazón de ornitorrinco
Se mueven entre las ramas   Nada se escucha
(¿Han quitado el sonido? ¿El sonido bajo los árboles?)
Labios húmedos que sonríen al final de mi sueño
Sobre un fondo de hojas   El empapelado
de esta pieza de hotel   Dibujo tenaz
Rumor del medievo

No enfermarse nunca   Perder todas las batallas
Fumar con los ojos entornados y recitar bardos provenzales
en el solitario ir y venir de las fronteras
Esto puede ser la derrota   pero también el mar
y las tabernas   El signo que equilibra
tu inmadurez premeditada y las alegorías
Ser uno y débil y moverse

Guiraut de Bornelh

Guiraut de Bornelh la lluvia
Te rascas el cuello distraídamente mientras contemplas
una tabla pintada con la Virgen y el Niño
Detrás hay árboles frondosos y más atrás aún
aparecen y desaparecen las colinas
a través de la cortina de lluvia
En un rincón de la ermita se queja un anciano
Es la hora de alejarse de estos campos
Te rascas el vientre   Mentalmente
compones un alba

Edad Media de las cabelleras que el viento esquiva
Mientras haya viento escribirás   El viento
como matemáticas exactas   Como el ojo con la
propiedad de la uña   Mientras haya viento escribirás
tus historias para ella   Midiendo espesor longitud
velocidad   Diciéndole al oído a cualquier desconocido
que esta noche el viento sopla del Este
Un fulgor de cabalgaduras y trovadores a orillas
de la autopista   Que retienen y bordan
las otras palabras del viento

Se ríen los trovadores en el patio de la taberna
La mula de Guiraut de Bornelh   El cantar oscuro
y el cantar claro   Cuentan que un catalán prodigioso...
La luna... Los claros labios de una niña diciendo en latín
que te ama   Todo lejos y presente
No nos publicarán libros ni incluirán muestras
de nuestro arte en sus antologías   (Plagiarán
mis versos mientras yo trabajo solo en Europa)
Sombra de viejas destrucciones   La risa de los juglares
desaparecidos   La luna en posición creciente
Un giro de 75° en la virtud
Que tus palabras te sean fieles

No esperes nada del combate.
El combate busca la sangre.
Y se justifica con la sangre.
Detrás de las piernas de la reina
Dulcemente abiertas a la verga
Del rey, se mueven las cabañas
Quemadas, los cuerpos sin cabeza,
La noble mirada hechizada por la muerte.

Guiraut   Sentado en el patio de la taberna
Las piernas cruzadas   Has salido para digerir
contemplando el cielo   Los tejados grises
Las chimeneas humeantes de los primeros días invernales
Las niñitas rubias morenas pelirrojas   Jugando

Calles de Barcelona

La pesadilla empieza por allí, en ese punto.
Más allá, arriba y abajo, todo es parte de la
pesadilla. No metas tu mano en ese jarrón. No
metas tu mano en ese florero del infierno. Allí
empieza la pesadilla y todo cuanto desde allí
hagas crecerá sobre tu espalda como una joroba.
No te acerques, no rondes ese punto equívoco.
Aunque veas florecer los labios de tu verdadero
amor, aunque veas florecer unos párpados que
quisieras olvidar o recobrar. No te acerques.
No des vueltas alrededor de ese equívoco. No
muevas los dedos. Créeme. Allí sólo crece
la pesadilla.

Los floreros disimulan
La puerta del Infierno

Con cierta clase de luz
Y a determinada hora

De repente te das cuenta
Ese objeto es el terror

Duerme abismo mío, los reflejos dirán
que el descompromiso es total
pero tú hasta en sueños dices que todos
estamos comprometidos que todos
merecemos salvarnos

Una voz de mujer dice que ama
la sombra que tal vez es la tuya
Estás disfrazado de policía y contemplas
caer la nieve   ¿Pero cuándo?
No lo recuerdas   Estabas en la calle
y nevaba sobre tu uniforme de poli
Aun así la pudiste observar:
una hermosa muchacha a horcajadas
sobre una motocicleta negra
al final de la avenida

Fritz Leiber relee algunos de sus cuentos

El gato que ayer me era simpático
hoy ya habla   Supongamos
que los pensamientos negros también son
naves heliocéntricas   El anhelo
siempre escapa de las pérfidas
emboscadas pavlovianas
Hacia el núcleo de la revolución
Bebiendo un resplandor llamado whisky
Pregúntale al escritor:
¿qué va a ser de toda esta gente?
A veces soy inmensamente feliz
No importa lo que yo te diga

Éstos son los rostros romanos del Infierno
Prefiero vivir lejos de todo, dije
No ser cómplice   Pero esos rostros contemplan
aquello más allá de tu cuerpo   Nobles
facciones fosilizadas en el aire
Como el fin de una película antigua
Rostros sobreimpresos en el azul del cielo
Como la muerte, dije

Una lectura de Conrad Aiken

Tal vez no ame a nadie en particular, dijo
mientras miraba a través de los cristales
(La poesía ya no me emociona) —¿Qué?
Su amiga levantó las cejas   Mi poesía
(Caca)   Ese vacío que siento después de un
orgasmo   (Maldita sea, si sigo escribiéndolo
llegaré a sentirlo de verdad)   La verga enhiesta
mientras se desarrolla el Dolor   (Ella se vistió
aprisa: Medias de seda roja)   Un aire
jazzeado, una manera de hablar   (Improviso,
luego existo, ¿cómo se llamaba ese tipo?)
Descartes   Caca   (Qué nublado, dijo ella
mirando hacia arriba)   Si pudieras contemplar
tu propia sonrisa   Santos anónimos
Nombres carentes de significado

Una lectura de Howard Frankl

A lo mejor estaba borracho pero vi
que la pareja de policías atravesaba
la vitrina de la papelería y luego
la del restaurante y la del almacén
y después los ventanales de otro
restaurante y de una tienda de ropa
y de la relojería hasta desaparecer
por el horizonte completamente azul
como tragados por el océano ¿pero
cuál océano? ¿cuál horizonte?

El Greco

Imagino a veces un dormitorio en penumbras
Una pequeña estufa eléctrica   Una cortina roja
que huele a naranjas viejas
Un enorme colchón en el suelo
Una muchacha de largas piernas pecosas
Boca abajo con los ojos cerrados
Un muchacho de pelo largo besando su espalda
La verga erecta acomodada entre las nalgas
que apenas se levantan   Y dilataciones
Un olor muy fuerte
Imagino también las imágenes
que florecen en su cerebro y en su nariz
El asombro en la luna del enamorado

La soledad

¿Te divierte que escriba en tercera persona?
¿Te divierte que a veces diga que dentro de 100 años
estaremos completamente solos?
Nada sé de ti salvo que eres mi hermana
En los fríos departamentos junto al barrio gótico
A veces escuchando la lluvia
O besándonos
O haciendo muecas delante del espejo

Vete al infierno, Roberto, y recuerda que ya nunca más
volverás a metérselo
Tenía un olor peculiar
Largas piernas pecosas
Cabellera caoba y bonita ropa
En realidad poco es lo que recuerdo ahora
Me amó para siempre
Me hundió

No puedo caminar dices
Estoy clavado en este pueblo
Mirando pasar las nubes

Son los años de la energía
Los techos blancos se estremecen
Dices: estoy sangrando.

Las nubes cada vez más agudas
Clavadas por un instante en tu retina
Dices: ahora el fuego me asesina.

La sangre coagulada en un vidrio horizontal.
Agradable agradable agradable
como Barcelona a mediados del 79
Asuntos trovados por Joan Airas te ocupan ahora
Pobre y libre y paranoico
El único bulto oscuro cercano a tu lecho
es la mochila
Ruego a Dios que no te enfermes

La primavera

La primavera abre los párpados
en un Gibraltar de partituras

Escribe el sexo rojo atravesado por palmeras grises.
Similar es este eclipse a tus lentes que caen al abismo.
En la sala de lecturas del Infierno.
Con los hombres concretos y los hombres subjetivos
y los buscados por la ley.

Escribe lo que quieras

Nada quedará de nuestros corazones.

Peire Cardenal. Delante de tus palabras
Un cenicero blanco repleto de anillos.
Los albigenses escondidos en Barcelona.
De todas maneras canciones y vino.
Un cenicero blanco repleto de dedos.
En los cómics encontramos la libertad.

Nada quedará de nuestros corazones.
Ni de los techos de piedra que nos vieron.
Palidecer.

Cuando piense en gente hecha mierda diariamente
debo pensar también en la velocidad que se acumula
en las puertas de las villas,
en los barcos piratas que los niños construyen
con las hojas de sus cuadernos
de gramática.

Cuando piense en cárcel y escriba cárcel hasta la
saciedad,
no olvidarme de anotar en una esquina
manos sobre genitales,
reconocimiento,
confidencias.

La ética

Extraño mundo amoroso: suicidios y asesinatos;
no hay dama magnética, Gaspar, sino Miedo
y la velocidad necesaria del que no quiere
sobrevivir.

Llegará el día en que desde la calle te llamarán:
chileno.
Y tú bajarás las escaleras de tres en tres.
Será de noche
y tus ojos por fin habrán encontrado el color
que deseaban.
Estarás preparando la comida o leyendo.
Estarás solo y bajarás de inmediato.
Un grito una palabra
que será como el viento empujándote de improviso
hacia el sueño.
Y tú bajarás las escaleras de tres en tres
Con un cuchillo en la mano.
Y la calle estará vacía.

Ángeles

Las noches que he dormido entre rostros y palabras,
Cuerpos doblegados por el viento,
Líneas que miré hechizado
En los límites de mis sueños.
Noches heladas de Europa, mi cuerpo en el ghetto
Pero soñando.

Dársenas   Todo espíritu maligno anima
la sombra de la flor   La sombra tuya, Gaspar
Entre inyecciones, sonriéndome apenas
(Tengo 19 años, respétame)   Borraremos
el atardecer en que el chileno se pierde
por una Barcelona absoluta   La nieve
Los caballos   La soledad

Calles de Barcelona

Se turba el pinche Roberto   Cierra los ojos
(Tórnanse bermejas sus mejillas)
Lee libros en la Granja Parisina de la calle Tallers
Camina por las callecitas del puerto bajo la
llovizna   (Una película muy hortera
que interpretaría Robert De Niro)   ¿Pero
por qué enrojece?   (Pinche Robert Bolaño:
besa en la boca lo patético y lo ridículo)
Abre los ojos como un oso flaco y agonizante
(¿Un oso, tú?)   Como *El Resoplón* de R. A. Lafferty
Se turba, camina bajo la llovizna del puerto
Se detiene frente a las carteleras cinematográficas
Lee en el bar Céntrico de la calle Ramalleras
Freud Lacan Cooper   (En serio)
No esconde sus pisadas

En la sala de lecturas del Infierno

La llanura

Cuesta poco ser amable.
El jorobadito hoy no ha salido de su tienda,
Ovillado se escarba los dientes con la uña
Y sus ojos se adormilan
De tanto mirar la lona verde.
Lejos una muchacha dice *no gracias*
Y baja la mirada,
Tal vez el jorobadito haya pensado
En una muchacha caminando
Por la vereda del pueblo
Hasta el taller o el supermercado
Y haya dicho *se prepara para la soledad.*
Tanta tristeza, playas y parasoles
Que se pierden.
Pero ser amable no es difícil.
Y ciertamente es preferible
A los hombres estériles los duros
Y los audaces que pierden
A la misma muchacha
Sin haberla conocido, sin haber escuchado
Lo que ella podía o no
Podía decir.

Biblioteca de Poe

En el fondo de un extraño corral,
Libros o pedazos de carne.
Nervios enganchados de un esqueleto
O papel impreso.
Un florero o la puerta
De las pesadillas.

Patricia Pons

De Chile sólo recuerdo una niña de 12 años
bailando sola en un camino de grava.

Estoy dentro de una gruta
de un metro de alto por un metro veinte
de ancho
Una gruta de ramas y matorrales
a orillas del camino.

Ella aparta las hojas y me sonríe.

Ya no hay imágenes, Gaspar, ni metáforas en la zona.
Policías, víctimas, putas armadas
con desechos militares, maricas,
árabes, vendedores de lotería,
feministas que escriben en sus habitaciones.
La desesperanza. La furia.
El atardecer.

En la sala de lecturas del Infierno   En el club
de aficionados a la ciencia ficción
En los patios escarchados   En los dormitorios de
    tránsito
En los caminos de hielo   Cuando ya todo parece más
    claro
Y cada instante es mejor y menos importante
Con un cigarrillo en la boca y con miedo   A veces
los ojos verdes   Y 26 años   Un servidor

Cae fiebre como nieve
Nieve de ojos verdes

Tran-qui-lo

Cuando la aguja a fuerza de ser llamada
se transforma en flor en la oscuridad
de tu cuerpo que cierra los ojos
para poder sentir mejor el frío o la garganta
que se te ofrece como un don constante,
la pluma que te hace cosquillas, la flacura
acaecida hace un siglo que no obstante
retorna esta noche a tu París de puentes
colgantes y sonrisas capaces de reunir
los fragmentos dispersos de la ruina:
esa elegancia extrema que has rechazado
probablemente sean tus nervios, tu tristeza,
el estómago que te cruje en el centro de
toda estética quien te hace proyectar
la sonrisa perdida hace casi un siglo
y el pelo cortado al cepillo y los ojos
azules profundamente locos y buenos y
la aguja que no puede velar por nosotros.

La violencia es como la poesía, no se corrige.
No puedes cambiar el viaje de una navaja
ni la imagen del atardecer imperfecto para siempre.

Entre estos árboles que he inventado
y que no son árboles
estoy yo.

La nieve cae sobre Gerona
¿Así que éstos eran los ritmos?

Los giros del dulce desamor
Como faros durante el atardecer

No hay cosa más suave más sola
La nieve cae sobre Gerona

Ella se saca los pantalones en la oscuridad.
Soy el gato manchado de negro.
También soy el rostro de Gaspar que fuma contemplando
    el humo.
Sobre las baldosas amarillas sus pantalones.
Soy la inmovilidad y el hueso.
Soy el pene mirado.
Todo soy.
El pene que ella mira.

Te alejarás

Te alejarás de ese coño sangrante
que primero se ríe y después plagia
tus poemas   Tratarás de olvidar
la sombra la espalda que cocina
el bulto que ronca mientras tú
en la otra habitación escribes
Te dirás cómo ha sido posible
Ese maldito olor que sale de entre
sus piernas   Su manía de lavarse
los dientes a cada rato   Es cierto
ya nunca más te contará la misma
historia de violaciones y psicoanalistas
Ni saldrá de su relato el automóvil
paterno para estacionarse en tu
memoria   (Ese mirador excepcional
desde el que veías que el coche
siempre estuvo vacío)   No más
largas películas heladas   Sus gestos
de desolación   El miedo que apenas
pudiste tocar con las yemas de los dedos
Habrá un día feliz en que te preguntes
cómo eran sus brazos sus codos
ásperos   La luna rielando
sobre el pelo que cubre su cara
Sus labios que articulan en silencio
que todo está bien   Y todo
estará bien sin duda cuando aceptes
el orden de las tumbas   Y te alejes
de sus largas piernas pecosas y del dolor

Ahora tu cuerpo es sacudido por
pesadillas. Ya no eres
el mismo: el que amó,
que se arriesgó.
Ya no eres el mismo, aunque
tal vez mañana todo se desvanezca
como un mal sueño y empieces
de nuevo. Tal vez
mañana empieces de nuevo.
Y el sudor, el frío,
los detectives erráticos,
sean como un sueño.
No te desanimes.
Ahora tiemblas, pero tal vez
mañana todo empiece de nuevo.

Para Edna Lieberman

Dice el saltimbanqui de las Ramblas:
Éste es el Desierto.

Es aquí donde las amantes judías
Dejan a sus amantes.

Y recuerdo que me amaste y odiaste
Y luego me encontré solo en el Desierto.

Dice el saltimbanqui: éste es el Desierto.
El lugar donde se hacen los poemas.

Mi país.

Vuelto hacia dentro, como si pretendiera
besarme a mí mismo.

DANTE GABRIEL ROSSETTI

Caca... Con mucho cuidado he trazado la «G»
de Gabriel... Con mucho 12 de la noche despierta
   Roberto
el sueño me dijo que te dijera adiós

San Roberto de Troya

Mesa de fierro

Has nacido...
A la izquierda puede verse una cocina nueva,
a la derecha una mesa de fierro; en el suelo,
entre ambas, una palangana de plástico, vacía...
Hombre con la frente pegada a la ventana...
El cielo es azul oscuro, muy intenso, con algunas
nubes en el horizonte...
Me desagradaba verla vomitar...
Escribí un poema titulado *Muchacha vacía*...
Nací en abril, en una ciudad gris...
Toda la gente hablaba con voz aguda, como de pito...
La proeza era vivir, pasearse por avenidas fragmentadas...
Un sueño donde la gente abría la boca
sin que se oyera ningún sonido...
Mesa de fierro, húmeda, se adivinaba recién fregada...
Con una esponja...
Pero no vi esponja alguna en aquel cuarto...
El cielo es azul oscuro y desaparece rápidamente...
Nací en un lugar horrible...
El vidrio se rompe como papel...
La muchacha dice adiós al asesino...

La ventana

El paciente llega a la ciudad extranjera.
Si tuviera una mujer, escucha que dicen a su
espalda. Pero no hay nadie: es Barcelona y risas
de chaperos, delincuentes, camellos, niños pálidos
de los futbolines. Me gustaría, me gustaría,
me gustaría *mucho,* dice alguien con acento
alemán. Pero apenas lo escucha.

La muchacha que mira por la ventana
del hotel. Oh fuga de palabras, una Barcelona imaginaria,
medianoche en la calle, la gente es feliz,
el novio, las estrellas como gemas incrustadas
en un libro que el extranjero jamás terminará de leer
(al menos en este mundo), la noche, el mar,
gente feliz asomada a una ventana abierta.

Toda la tristeza de estos años
se perderá contigo.

Estoy en un bar y alguien se llama Soni
El suelo está cubierto de ceniza   Como un pájaro
como un solo pájaro llegan dos ancianos
Arquíloco y Anacreonte y Simónides   Miserables
refugios del Mediterráneo   No preguntarme qué hago
aquí no recordar que he estado con una muchacha
pálida y rica   Sin embargo sólo recuerdo rubor
la palabra vergüenza después de la palabra vacío
Soni Soni!   La tendí de espaldas y restregué
mi pene sobre su cintura   El perro ladró en la calle
abajo había dos cines y después de eyacular
pensé «dos cines» y el vacío Arquíloco y Anacreonte
y Simónides ciñéndose ramas de sauce   El hombre
no busca la vida dije la tendí de espaldas y se
lo metí de un envión   Algo crujió entre las
orejas del perro   Crac!   Estamos perdidos
sólo falta que te enfermes dije   Y Soni
se separó del grupo la luz de los vidrios sucios
lo presentó como un Dios y el autor
cerró los ojos

De sillas, de atardeceres extra,
de pistolas que acarician
nuestros mejores amigos
está hecha la muerte

El autor escapó «*no puedo mantener
tiempos verbales coherentes*»
La muchacha diría *Dos cines Dame dinero*
Contempló el grabado del M. sentado
en habitación-sus-uñas La felicidad
estriba en no abrir la puerta
«*No abrirrr*» dijo
Se escribió a sí mismo como un dardo
en la frente del invierno

Lola Paniagua

Contra ti he intentado irme alejarme
la clausura requería velocidad
pero finalmente eras tú la que abría la puerta.

Estabas en cualquier cosa que pudiera
caminar llorar caerse al pozo
y desde la claridad me preguntabas por mi salud.

Estoy mal Lola casi no sueño.

Soy una cama que no hace ruidos una cama a la una
de la mañana y a las cuatro de la mañana
una cama siempre con los ojos abiertos
esperando mi fin del mundo particular.

Soy la cama negra de Malévich soy la cama paciente
que se desliza por el crepúsculo la cama renga
de los niños siempre con los ojos abiertos.

Soy una cama que se sueña piano una cama sujeta
a la poesía de los pulmones una cama voraz
comedora de cortinas y alfombras
esperando mi fin del mundo particular.

Una estatua

Sol y luna   El viento
de Alejandría entre las algas

Tu voz... como en una cinta... hace tanto tiempo
dijiste no... una dos tres veces...
imágenes lejanas del Distrito 5.°... cuando
aún vivías en Barcelona...

El pasado   películas de viento y algas
la vejez lo cubre y luego se retira
tienes un blanco y negro sucios
los dientes del acomodador
otro cigarrillo
en la vereda tiembla la luna
le das la mano a un rostro que
se desvanece   imágenes nítidas
algas y viento   tus labios inmóviles

Las sirenas

¿Escuchas las sirenas de la noche?
Sí.
La neblina cubre el puerto.
Pero son mensajes para ti.
Las sirenas los cornos los gemidos de la niebla.
Pero yo no sé qué intentas decirme.
Tal vez es la voz de tu conciencia.
Mi conciencia pájaro enronquecido.
¿A estas horas de la noche?
¡Pero tú escribes aún!
Cosas sin importancia.
¿Papeles póstumos, lo que te permitirá ser amado?
Basta.
Amo ahora.
Abro piernas y escondo mi pájaro.
Tu pájaro enronquecido dentro de la niebla.
¿Con quién intentará comunicarse?
Es gratis.
Es canto.
Dentro de muchos años seré deseado
Como un círculo de hielo.

La niña roja realmente es un sonido
Escucha cercado tu doble juventud
Asiente las aspas   Reinos del futuro

Dos poemas para Sara

I

Bruno y la Inma en Tallers 45 después Orlando
y su mujer después yo   Antoni y su mujer y
su hijo en Av. Aragón cerca de Los Encantes
después en Sant Andreu en la calle Rubén Darío
Jaume en Horta en la calle Viento   Daniel
en Argenter   Álvaro y Mónica en Junta de
Comercio con Ramoncín y el coche   Lola en
Menorca y en Barcelona en la calle Arco del
Teatro cerca del puerto   Sara en Porvenir
Me invita hamburguesas y patatas fritas en
un bar de Tuset a medianoche   Y hablamos de
cubistas flores caniches pobreza   Paga ella
En las imágenes siguientes lloverá   ¡Guau!
Está lloviendo

II

Hoy he jugado ping-pong en el subterráneo de
Sara Gibert   En horas en que debí llorar o
meditar o tomar pastillas   Jugué ping-pong
(Y gané todos los partidos menos uno)   Después
subimos y me lavé las manos y el cuello y la
cara y las axilas   (Alumbrado por una triste
bombilla de 60 vatios)   Mientras Sara hacía té
y ponía polvorones sobre la mesa   Eran las 9
de la noche   La televisión estaba apagada
Ningún ruido llegaba de la calle

La esperanza

Las nubes se bifurcan. Lo oscuro
se abre, surco pálido en el cielo.
Eso que viene desde el fondo
es el sol. El interior de las nubes,
antes absoluto, brilla como un muchacho
cristalizado. Carreteras cubiertas
de ramas, hojas mojadas, huellas.
He permanecido quieto durante el temporal
y ahora la realidad se abre.
El viento arrastra grupos de nubes
en distintas direcciones.
Doy gracias al cielo por haber hecho el amor
con las mujeres que he querido.
Desde lo oscuro, surco pálido, vienen
los días como muchachos caminantes.

Para Victoria Ávalos

Suerte para quienes recibieron dones oscuros
y no fortuna   Los he visto despertarse
a orillas del mar y encender un cigarrillo
como sólo pueden hacerlo quienes esperan
bromas y pequeñas caricias   Suerte
para estos proletarios nómadas
que lo dan todo con amor

Victoria Ávalos y yo

En casi todo unidos pero más que todo
en el dolor en el silencio de las vidas
perdidas que el dolor suplanta con eficacia
en las mareas que fluyen hacia nuestros
corazones fieles hacia nuestros ojos infieles
hacia los fastos que prendemos y que nadie
entiende así como nosotros dos no entendemos
las carnicerías que nos rodean tenaces
en la división y multiplicación del dolor
como si las ciudades en que vivimos fueran
una sala de hospital interminable

Juan del Encina

Todos los bienes del mundo
pasan presto en su memoria

Salvo la fama y la gloria

(Y el hambre y los ojos amados
que te miraron con miedo
y los automóviles detenidos
en las calles fijas de
Barcelona)

Salvo la fama y la gloria

Entre las moscas

Poetas troyanos
Ya nada de lo que podía ser vuestro
Existe

Ni templos ni jardines
Ni poesía

Sois libres
Admirables poetas troyanos

San Roberto de Troya

Admirables troyanos   En la veteranía de la peste
y de la lepra   Sin duda vivos   En el grado cero
de la fidelidad   Admirables troyanos
que lucharon por Belleza
Recorriendo los caminos sembrados de máquinas
inservibles   Mi métrica mis intuiciones
mi soledad al cabo de la jornada
(¿Qué rimas son éstas? dije sosteniendo la espada)
Regalos que avanzan por el desierto:
ustedes mismos   Admirables ciudadanos de Troya

Macedonio Fernández

Cae la calesa y la cadera por el hueco de la eternidad.
Por el surco por el grito del pajarraco que es el surco.
¿Y tan despreocupado el espejo del viejo ángel?
Como una ciudad en el confín es el hueco de la
bondad.

Hay días en que a uno le es dado leer enormes poemas
«Déjate de ilusiones, Mario. Buena colcha.
Buen fuego —y no pienses en lo demás.
Con esto basta, francamente...»

«Que la puerta de mi cuarto se cierre
para siempre, y aunque se tratara de
ti que no se abra.»

Mario de Sá-Carneiro
CARANGUEJOLA

«El niño duerme. Todo lo demás acabó.»

Para Rosa Lentini, que desea ser adulta
y responsable

Einstein manifiesta algo como una
emoción de sorpresa y aun de gratitud
ante el hecho de que cuatro palitos de
igual tamaño formen un cuadrado,
cuando en la mayoría de los universos
que a él le es dable imaginar no existe el
«cuadrado».

ALFONSO REYES

Juguemos a la gallina ciega
cuando en la casa sólo estemos nosotros dos
y el jorobadito nos contemple desde la calle

Hermosos instantes sin memoria
como poesías perdidas por Bertran de Born
y leyendas mesoamericanas.

Ocultos en el lecho, felices,
mientras afuera llueve.

Hermosos instantes sin cartografías
ni valerosos capitanes
que garanticen el retorno a casa.

Donde no existen muchachas ni ciudades
ni incendios.
Tan sólo tu cuerpo
cubierto con una gabardina sucia,
recostado en la playa,
leyendo.

La Chelita

Entre esencias vive Chelita
entre ideas absolutas y perfumes
delgado cuerpo de proletaria
ahora para siempre vagabunda
casi una sombra de Chile en Europa
que no alcanza la palabra artesana
ni un rumor de agua estancada
ni un sueño de amor e inocencia

Plaza de la estación

Bajo el cielo gris —pero nada es permanente,
cercada o protegida por alerces desnudos
la plaza se introduce en la realidad.
Del surtidor cubierto de musgo apenas sale
un chorro de agua y un arco de hierro
en el otro extremo compone un gesto
vagamente escultórico el soporte perdido
de algo que ya no veremos. Ni la lluvia
es necesaria ni las sombras femeninas
de la mente. La plaza se recompone al alejarse,
su quietud es mérito del viajero. Aquí,
en el páramo quedan las líneas, apenas
los bocetos de su clara disposición agónica.

Los artilleros

En este poema los artilleros están juntos.
Blancos sus rostros, las manos
entrelazando sus cuerpos o en los bolsillos.
Algunos tienen los ojos cerrados o miran el suelo.
Los otros te consideran.
Ojos que el tiempo ha vaciado. Vuelven
hacia ellos después de este intervalo.
El reencuentro sólo les devuelve
la certidumbre de su unión.

Un Tao... Un Tao... Nuestro pequeño Darío
alejándose en un tranvía
por la noche de México DF.

Con su americana violeta
en un tranvía casi vacío.
Sonríe detrás de la ventanilla.

Después el tranvía se pierde
con su traqueteo eléctrico
en medio de la noche.

Y la escena se repite una y otra vez
y él me dice *sin salir de la puerta*
se conoce el mundo.

Aparecen a esta hora aquellos amaneceres del DF
Reincidentes   Con Carla y Ricardo y el hermoso
Luciano a quien gustaba jugar conmigo
Y los peseros que transportaron mis restos
por Avenida Revolución o por Niño Perdido
Metáforas que los ciudadanos se cuidaron
de depositar a los pies del extranjero
que colgó de la cuerda tantos meses   Y Mario
y Mara y Bruno iniciando la retirada
hacia mejores cuarteles de invierno
Y la delgada luz de las seis de la mañana

Dos cuerpos dentro de un saco de dormir
Como si una crisálida se masturbara.
Una fría mañana de primavera cerca del mar.
Sin hacer contorsiones, acariciando según se pueda
Brazos, axilas, suaves muslos peludos.
Los de ella no tanto,
Escribirás luego con una sonrisa y solo
En un bar de la autopista
De Castelldefels.

En realidad el que tiene más miedo soy yo
aunque no lo aparente   En el atardecer
de Barcelona   Una o dos o tres botellas
de cerveza negra   La hermosa Edna tan lejos
Los faros barren tres veces la ciudad
Esta ciudad imaginaria   Una dos tres veces
dijo Edna   Indicando una hora misteriosa
para dormir   Sin más reuniones
De una vez por todas

No importa hacia dónde te arrastre el viento
(Sí. Pero me gustaría ver a Séneca en este lugar)
La sabiduría consiste en mantener los ojos abiertos
durante la caída   (¿Bloques sónicos
de desesperación?)   Estudiar en las estaciones
de policía   Meditar durante los fines de semana
sin dinero   (Tópicos que has de repetir, dijo
la voz en off, sin considerarte desdichado)
Ciudades supermercados fronteras
(¿Un Séneca pálido? ¿Un bistec sobre el mármol?)
De la angustia aún no hemos hablado
(Basta ya, dialéctica obscena)
Ese vigor irreversible que quemará tu memoria

Un fin de semana

Han cerrado la zona. A esta hora
sólo quedan en pie los cordones
de la policía, las parejitas sin salir
de sus habitaciones,
el dueño del bar indiferente y calvo,
la luna en la claraboya.

Sueño con un fin de semana
lleno de policías muertos y automóviles
quemándose en la playa.

Jóvenes cuerpos tímidos, así
resumiremos estos años:
jóvenes cuerpos tímidos que se arrugan,
que sonríen y estudian despatarrados
en la bañera vacía.

Nada malo me ocurrirá

El dinero

Trabajé 16 horas en el camping y a las 8
de la mañana tenía 2.200 pesetas pese a ganar
2.400 no sé qué hice con las otras 200
supongo que comí y bebí cervezas y café con
leche en el bar de Pepe García dentro del
camping y llovió la noche del domingo y toda
la mañana del lunes y a las 10 fui donde
Javier Lentini y cobré 2.500 pesetas por una
antología de poesía joven mexicana que
aparecerá en su revista y ya tenía más de
4.000 pesetas y decidí comprar un par de
cintas vírgenes para grabar a Cecil Taylor
Azimuth Dizzy Gillespie Charlie Mingus
y comerme un buen bistec de cerdo
con tomate y cebolla y huevos fritos y escribir
este poema o esta nota que es como un pulmón
o una boca transitoria que dice que estoy
feliz porque hace mucho que no tenía
tanto dinero en los bolsillos

La calle Tallers

La muchacha se desnudó un cuarto extraño
un refrigerador extraño unas cortinas
de muy mal gusto y música popular española
(Dios mío, pensó) y llevaba medias
sujetas con ligas negras y eran las 11.30
de la noche bueno para sonreír él
no había abandonado del todo
la poesía un ligue callejero cuadros bonitos
pero mal enmarcados y puestos por simple
acumulación la muchacha dijo cuidado
métemelo despacio el rojo se sacó la boina
se marchan ayer dijo aplaudió la pura
esgrima y tu liguero dos cines

Todos los comercios hoy estaban cerrados
y además sólo tenía 50 pesetas
Tres tomates y un huevo
Eso fue todo
Y *softly as in a morning sunrise.*
Coltrane en vivo
Y comí bien
Cigarrillos y té hubo a mi alcance.
Y paciencia en el compás
del atardecer.

París rue des Eaux   Dijo que la poesía
cada vez le gustaba más
Vimos una película holandesa
Comimos en silencio en su pequeña habitación
Quesos   Leche   Libros de Claude Pélieu
Dije que estaba cansado y ya no tenía más dinero
Es la hora de volver
Un techo rojo y total
Pero no para asustar a los niños, murmuró

Mario Santiago

¿Qué estará haciendo Mario en México?
Recuerdo una foto que me envió
desde Israel,
una simple foto de metro.
Y sus ojos miraban hacia el cielo.
En el dorso: parte de una canción
el cielo se está nublando
parece que va a llover.

Una mosca empotrada en una mosca
un pensamiento empotrado en un pensamiento
y Mario Santiago empotrado en Mario Santiago

Qué se siente, dime qué se siente
cuando los pájaros se pierden en lo rojo
y tú estás afirmado en una pared, los pantalones
descosidos y el pelo revuelto como si acabaras
de matar a un presidente.
Qué se siente en la hora casi roja,
en la hora agit-prop, botas que se hunden
en la nieve de una avenida
donde nadie te conoce.
Lengua bífida de saber estar solo e imágenes
que el destino (tan ameno) arrastra
más allá de las colinas.
Dime qué se siente y qué color
adquieren entonces tus ojos notables.

Una escena barcelonesa

No le hago mal a nadie, dijo
preguntando con toda su cara
por qué se lo llevaban.
No adónde, sino por qué
No le hago mal a nadie

Estoy en la Invernal. Escucho
a los grajos jugar en la nieve.
Del bosque vacío vienen los camiones.

Fragmentos

Detective abrumado... Ciudades extranjeras
con teatros de nombres griegos
Los muchachos mallorquines se suicidaron
en el balcón a las cuatro de la mañana
Las chicas se asomaron al oír el primer disparo
Dionisios Apolo Venus Hércules...
Con variedad   El amanecer
sobre los edificios alineados
Un tipo que escucha las noticias dentro del coche
Y la lluvia repiquetea sobre la carrocería
Orfeo...

Bisturí-hostia

Arco de mendicidad. El detective pensó
que estaba entrando en un paisaje
de gestos suntuosos. Calles de Barcelona,
mil veces pateadas, con la verga ardiendo
y el pelo cortado al rape.
Te lo presento: el arco de la mendicidad.
Capas de gestos fríos
como si el aire se abatiera rebanado
sobre un cuerpo que deseamos
intermitentemente.

Las persianas dejan pasar, apenas, dos rayos de luna.
Como en una vieja película española,
No hay nadie en la habitación,
Los ceniceros están limpios, la cama sin deshacer,
el ropero cerrado y lleno de abrigos, chaquetas, pantalones.
Pero no hay nadie.
Sólo dos rayos de luna.
Como en una vieja película española.

Todo me lo tengo merecido, patrón, no prenda la luz.
Automóviles silenciosos de una ciudad extranjera.
No tengo idea dónde estoy, qué lugar es éste,
la última imagen de la realidad, al menos que yo me acuerde,
era una muchacha cerrando las cortinas metálicas
de un bazar.
¿Qué sucedió con esa muchacha?
Lo ignoro, sólo recuerdo que era pelirroja
y que me miró unos instantes
y luego echó a caminar calle abajo
hacia el centro de este pueblo miserable.

Nuevas urbanizaciones. Pesadilla

Ciudades nuevas con parques y juegos infantiles
y Grandes Supermercados...
En zonas abiertas, en viejos pantanos, en haciendas
abandonadas...
Con guarderías y farmacias y tiendas
y pequeños restaurantes...
Y muchachas de 15 años caminando con los ojos cerrados...
Alguien responde por todo esto,
debe haber un vigilante en alguna parte,
un panel de mandos...
Muchachas y muchachos conversando en las azoteas...
Voces delgadas que llegan en sordina...
Como escuchar a alguien que habla en la carretera
sin salir de su vehículo...
Un poco adormilado tal vez...
Y es demasiado tarde para salir indemne
de la pesadilla...

La curva

El pandillero de 20 años, charnego, el cortaplumas en
el pescuezo del chileno, 25 años, único turista de esa hora.
El cortaplumas es blanco como las ventanas de esa hora
en que no hay dinero y las imágenes de ambos se entrecruzan
por unos segundos. La letra de una canción, un café
con leche, una inyección, unos pantalones de pana que
 huelen
a mierda, la nariz de una mujer, el bronceado del verano,
las manos reales de alguien que descorre una cortina.
La comunión. Da un paso atrás y mira el rostro
de su agresor (podría igualmente decirse: su lazarillo).
Oleadas de palabras quebradas no aciertan a moverse de su
vientre, una especie de premura por desvestir al hombre
más joven que tiene delante y la pelea ganada. Entre
los arcos de la plaza Martorell en Barcelona, da un paso atrás
como si el juego nunca hubiera finalizado, mapas de hace
15 años, el deseo que sólo se manifiesta en una semisonrisa
y traza una pirámide, un búfalo, una suerte de estrellas
el brazo negro del joven, pero no brilla su cortaplumas
porque en la mente del chileno ya es llave.

Es de noche y estoy en la zona alta
de Barcelona y ya he bebido
más de tres cafés con leche
en compañía de gente que no
conozco y bajo una luna que a veces
me parece tan miserable y otras
tan sola y tal vez no sea
ni una cosa ni la otra y yo
no haya bebido café sino coñac y coñac
y coñac en un restaurante de vidrio
en la zona alta y la gente que
creí acompañar en realidad
no existe o son rostros entrevistos
en la mesa vecina a la mía
en donde estoy solo y borracho
gastando mi dinero en uno de los límites
de la universidad desconocida.

Buenas noches córnea buenas noches
uñas negras buenas noches muñecas
buenas noches cuello mordido buenas
noches ano buenas noches nariz roja
de frío buenas noches estómago peludo
buenas noches líneas de la mano
buenas noches rodillas buenas noches
mandalas ocultos buenas noches verga
buenas noches hombros huesudos buenas
noches ombligo perfecto buenas noches
dientes buenas noches lóbulos
buenas noches fuego oblicuo de la
cintura buenas noches nu(n)ca.

Amanece en el camping   Los inocentes
duermen   Ha terminado la Semana Santa
Ya no tengo fiebre   Los pájaros
tal vez cantan para mí   Y para los
automóviles que de vez en cuando atraviesan
la carretera   Esto es real
No me interesa decir nada más
        A la vi', a la via, jelos!
        Laissaz nos, laissaz nos
        ballar entre nos, entre nos!

Otro amanecer en el camping
Estrella de Mar

Sólo la radio cruza el silencio
(Magníficas nubes   Magnífico aire)
Voces lejanas que compartí
contigo   Canciones
que bailamos hace mucho
cuando ninguno tenía
veinte años
y éramos menos pobres y menos serenos
que hoy
(Magníficas nubes   Magnífico aire)
Dulce estilo nuevo de la primavera
10 grados sobre cero
a las 6 a. m.

Nada malo me ocurrirá

Aquella que parpadea fronteras se llama Destino
pero yo le digo Niña Demente.
Aquella que corre veloz por las líneas de mi mano
se llama Destrucción
pero yo le digo Niña Silenciosa.
Avui i sempre,
amics.

es agradable poder aferrarse a algo
simple y real
como echar a alguien de menos.

FRANK O'HARA

Escucho a Barney Kessel
y fumo fumo fumo y tomo té
e intento prepararme unas tostadas
con mantequilla y mermelada
pero descubro que no tengo pan y
ya son las doce y media de la noche
y lo único que hay para comer
es una botella casi llena
con caldo de pollo comprado por la
mañana y cinco huevos y un poco
de moscatel y Barney Kessel toca
la guitarra arrinconado entre la
espada y un enchufe abierto
creo que haré consomé y
después me meteré en la cama
a releer *La invención de Morel*
y a pensar en una muchacha rubia
hasta que me quede dormido y
me ponga a soñar.

Primavera de 1980. Para Randy Weston

El misterio del amor siempre es
el misterio del amor
y ahora son las doce del día y
estoy desayunando un vaso de té
mientras la lluvia se desliza
por los pilares blancos
del puente.

Para Antoni García Porta

Me han conmovido tus regalos
Son útiles y contienen vitaminas
(Sobres para mandar cartas,
papel para escribir,
la agenda del vino que Ana
envió para mí,
ocasionalmente queso,
yogurt, pan dulce,
aquellas mañanas de primavera
en que llegabas a despertarme
y yo estaba tan mal,
manzanas, naranjas,
a veces una cajetilla de
Gauloises, qué lujo, bolígrafos BIC,
buenas noticias.)
Escribo esto para
darte las gracias.

Molly

Una muchacha con libras irlandesas
y una mochila verde.
143 pesetas por una libra irlandesa,
es bastante, ¿no?
No está mal.
Y dos cervezas en una terraza
de Barcelona.
Y gaviotas.
No está mal.

El robot

Recuerdo que Platón me lo decía
y no presté atención.
Ahora estoy en la discoteca de la muerte
y no hay nada que pueda hacer:
el espacio es una paradoja.
Aquí no puede pasar nada
y sin embargo estoy yo.
Apenas un robot
con una misión sin especificar.
Una obra de arte eterna.

Fría realidad ojo de mosca helada
¡cae la neblina en el camping ✶ de Mar!
¡sombras de ladrones congelados!
¡octubre de 1980!
¡MUSCI!   ¡ES HERMOSO!

Tu lejano corazón

No escuches las voces de los amigos muertos, Gaspar.
No escuches las voces de los desconocidos que murieron
En veloces atardeceres de ciudades extranjeras.

Colinas sombreadas más allá de tus sueños.
Los castillos que sueña el vagabundo.
Morir al final de un día cualquiera.
Imposible escapar de la violencia.
Imposible pensar en otra cosa.
Flacos señores alaban poesía y armas.
Castillos y pájaros de otra imaginación.
Lo que aún no tiene forma me protegerá.

La muerte es un automóvil
con dos o tres amigos lejanos

En el Distrito 5.º con los sudacas:
¿Aún lees a los juglares?   Sí
Quiero decir: trato de soñar
castillos y mercados   Cosas de ese tipo
para después volver a mi piso y dormir
No hay nada malo en eso
Vida desaparecida hace mucho
En los bares del Distrito 5.º
gente silenciosa con las manos en
los bolsillos   Y los relámpagos

Nadie te manda cartas ahora   Debajo del faro
en el atardecer   Los labios partidos por el viento
Hacia el Este hacen la revolución   Un gato
duerme entre tus brazos
A veces eres inmensamente feliz

Tu lejano corazón

No me siento seguro
En ninguna parte.
La aventura no termina.
Tus ojos brillan en todos los rincones.
No me siento seguro
En las palabras
Ni en el dinero
Ni en los espejos.
La aventura no termina jamás
Y tus ojos me buscan.

El que pierda una vez a su amada,
siempre volverá a perderla. Aquel en
cuyas proximidades ocurrió alguna vez
un asesinato, siempre debería estar
preparado para un nuevo asesinato.

HANS HENNY JAHNN

Dije que jamás te olvidaría.
Ahora estoy en La Fronda nuevamente
y el viento y los álamos y el
pasto que crece y
las flores entre la hierba
sólo recuerdan a un muchacho
que hablaba con Nadie.

Ahora paseas solitario por los muelles
de Barcelona.
Fumas un cigarrillo negro y por
un momento crees que sería bueno
que lloviese.
Dinero no te conceden los dioses
mas sí caprichos extraños.
Mira hacia arriba:
está lloviendo.

Entre Friedrich von Hausen
el minnesinger
y don Juanito el supermacho
de Nazario.
En una Barcelona llena de sudacas
con pelas sin pelas legales
e ilegales intentando
escribir.

(Querido Alfred Bester, por lo menos
he encontrado uno de los pabellones
de la Universidad Desconocida!)

Tardes de Barcelona

En el centro del texto
está la lepra.

Estoy bien. Escribo
mucho. Te
quiero mucho.

Segunda parte

Tres textos

Nel, majo

Le dije que podíamos quedarnos allí, al menos mientras recobrábamos el aliento... No había sonidos a nuestras espaldas calma chicha para cubrirnos las cabezas con sombreros y recostarnos contra una pared... Delante se extendía el bosque y de cuando en cuando escuchábamos voces adolescentes... Pistas de tenis, restaurantes de amplias terrazas, hoteles familiares... Le dije que nadie nos perseguía... Era un tipo pequeño, mucho más bajo que yo, y a veces se quedaba horas sin hablar... No sé cómo lo conocieron ustedes, para mí aún es un misterio... Las palabras tomaban el curso normal hasta la mitad del trayecto... Y ahí se paraban, en un punto equidistante entre la cabeza del interlocutor y el oyente... Le dije quedémonos aquí... Al menos durante un tiempo... Creo que él siempre asentía pero uno no podía tomárselo al pie de la letra... Voces adolescentes detrás y adelante del bosque... Un muchacho de 15 años con un rifle de balines... El vigilante iba de vez en cuando a hablar con él... Imágenes de gente adolorida hombres vestidos de blanco recostados contra una pared las rodillas levantadas roncando bajo el sombrero... Nel, majo... La escena se llena de sonrisas: cogía sonrisas del aire y palabras como «llenar» «airear» «quemar»... Aún no me explico cómo conocí a ese individuo... Un pobre jorobado sucio con aire ligeramente acuático...

El inspector

El inspector apareció en la oscuridad... Rostro leve-
mente sonrosado en la oficina cubierta de humo... Miré
hacia el techo, había como estrellitas pintadas de color pla-
teado... «¿Quién es la muchacha?»... Las palabras salieron
de sus labios silenciosos... Una boca oscura donde brilla-
ban dientes amarillos... «Me gustaría entender», dijo, «el
rollo de la muchacha, qué coño pinta en todo este asun-
to»... Recuerdo que la habitación estaba silenciosa y que
me costaba parpadear... Un dolor gratificante en los ojos...
Y las palabras, blancas, salían de la boca del inspector co-
mo la cinta de un teletipo... Hojas blancas en donde uno
podía soñar informes, informes de cavernas y sombras que
encendían fuegos... El hombre rio... «Supongo que exis-
te»... La vi en un cine, dije; trabajó en un picadero... No
hay pistas que nos lleven a ella... Creo que no tiene nada
que ver con el asunto del camping... La sombra apagó el
fuego y se deslizó por la caverna... Sigilosa como un tigre...
«No hay fotografías de ella ni gente que la haya conoci-
do»... Policía inmóvil de cara al mar... Atardece lentamente
y el viento mediterráneo mece el bosque de pinos... Conti-
guo al bosque un automóvil aparcado, cubierto de arena y
pinaza... El poli arroja su cigarrillo al suelo... Imágenes
perdidas, como poemas, donde la ciudad está vacía y el vien-
to destroza suavemente los ventanales... Vuelan los pasa-
portes como hojas de periódico... Hojas viejas y amari-
llas... Fotos carentes de sentido... Cuestionarios y fichas de
control de extranjeros... De repente la imagen encontró
nuestros rostros... El poli recupera su cigarrillo del aire... Un
coche cubierto de arena y cagadas de pájaros... Es extraño,

la muchacha contempló su cuerpo como si supiera que jamás iba a encontrarla... Policía y poeta, en la hora en que las comisarías están vacías para siempre y los archivos se pudren en las calles cubiertas de arena... «Desvíese de la muchacha»... «Encuentre su camino»... El experto extendió un mapa sobre la mesa... Palabras fijas en el centro de la habitación... «Las frases se detienen a mitad de camino, entre la boca del inspector y tu boca»... «Parpadean rostros pistas bosques de un otoño de hace tres años»... «Observe esta línea: aquí está usted, en un lugar de Barcelona que designaremos con la letra A, y aquí está el jorobadito —maldito hijo de perra— en ese dichoso bosque de Castelldefels.» «Ignoro cuántos años hay entre A y B»... «Si usted lo averigua le estaremos agradecidos»... «Espero que de esa manera todo se aclare y sepamos detrás de qué diablos andamos»... «Hay una ruta a seguir»... «Un bulto que huele a mierda, un bulto verdaderamente doloroso»... «Las palabras se concentran en un tumor de color tiza, como una gaita volante, equidistante entre el inspector y su poli preferido»... Miradas desoladas que me siguen mientras atravieso la ciudad dormida... Un tipo de mollera dura, pensé... Aunque no fuera mala persona... Las luces barren cientos de cuerpos en la noche... En la lista figuraban demasiadas personas, sólo faltaba yo... «Ábrame», le dije al número... Un muchacho joven y bien parecido... Caminé por un largo pasillo sin cruzarme con ningún ser viviente... «Ábrame», dije mirando el suelo... El pasillo se prolongaba en una especie de infinito azul metálico... «Ábrame»... Cuarto con polis soñolientos... Me senté y alguien me ofreció un cigarrillo... No había informes... «Tome usted la única ruta, desde el punto A hasta el punto B, y evite perderse en el vacío»...

El testigo

Le dije que podíamos quedarnos allí, al menos mientras recobrábamos el aliento... No había sonidos a nuestras espaldas calma chicha para cubrirnos las cabezas con sombreros de paja y recostarnos contra una pared... El bosque nos devolvió el sentido de la gracia; escuchábamos voces de adolescentes donde terminaban las arboledas... Eran niños... Ocupaban las pistas de tenis de la mañana a la noche y algunos apenas sabían jugar... En la terraza paseaban hombres con trajebaños y vasos vacíos... Nosotros descansábamos... Montamos la tienda en un claro, a medio camino de las pistas de tenis y del camping... A veces él desaparecía... Nunca le pregunté qué demonios hacía supongo que iba al bar del camping... A decir verdad era tan insociable como yo así que si tuviera que arriesgar una respuesta acerca de los motivos que lo llevaban al camping no sabría qué decir... Tal vez curiosidad... Yo prefería merodear por las pistas... Voces de niñas tocadas por el sol voces que salían de casamatas de hormigón en donde se duchaban... En realidad me pasaba horas y horas mirando a través del ramaje... Las pistas de tierra, las dos hileras de asientos, una más elevada que la otra, las escaleras verdes que conducían a la terraza y al bar... Un bar exclusivo... En ocasiones encontramos gente en el bosque pero nunca se fijaron en nosotros... Nos tapábamos el rostro con sombreros y el chirrido de los grillos nos adormecía... La tienda estaba en un claro... Allí guardábamos nuestras pertenencias: harapos revistas latas... Las latas las metía el jorobadito... Ahora sé por qué motivo... Yo quería largarme y se lo dije... Le dije que me iría al sur y que si quería podía venir conmigo...

El bosque era pequeño y sin embargo él lo veía como algo impenetrable... A la semana de estar allí dije que me iba... Tengo parientes en el sur además no me gustan los catalanes... Por las tardes me quedaba inmóvil junto a la cerca del club de tenis... A veces lloraba supongo que estaba llegando al límite... Sí, hacía mucho calor... No recuerdo qué año fue pero la gente que encontramos en el bosque no parecía asustada cuando nos veía... Obreros de vacaciones... En cierta ocasión vi a un tipo que lloraba en los linderos... En la parte quemada del bosque... Un tipo joven bien vestido que seguramente sabía hablar con educación... No me dejé ver... En general era cauteloso todo el tiempo... Le dije ya está bien ahora vámonos y él dijo «Nel, majo»... Una mañana me fui sin despertarlo ni dejarle una nota de despedida... Olvidé algunas cosas un abrelatas no recuerdo qué más... De alguna manera sabía que tenía que irme y que él no podía hacerlo... Sentí el hueco y preferí largarme... El jorobadito sólo dijo «Nel, majo»... Recuerdo el dolor de las pistas de tenis... Los atardeceres calurosos en medio del bosque en blanco y negro... El hombre se aleja... Nuestro único testigo no quiere testigos...

Gente que se aleja

Cuando considero la corta duración de mi vida,
absorbida en la eternidad precedente y siguiente
—memoria hospitis unius diei praetereuntis—,
el pequeño espacio que ocupo e incluso que veo,
abismado en la infinita inmensidad de los espacios
que ignoro y que me ignoran, me espanto y me
asombro de verme aquí y no allí, porque no existe
ninguna razón de estar aquí y no allí, ahora y no
en otro tiempo. ¿Quién me ha puesto aquí?
¿Por orden y voluntad de quién este lugar y este
tiempo han sido destinados a mí?

PASCAL

Fachada

La vida concluye en el momento en que
se la fotografía. Es casi un símbolo de
Hollywood. Tara no tenía habitaciones
en su interior. Era sólo una fachada.

DAVID O. SELZNICK

El muchacho se acerca a la casa. Vereda de alerces. La Fronda. Collar de lágrimas. El amor es una mezcla de sentimentalismo y sexo (Burroughs). La mansión sólo es fachada y la desmantelan para instalarla en Atlanta. 1959. Todo está viejo. No es un fenómeno de ahora. Todo cagado desde hace mucho tiempo. Y los españoles imitan tu modo de hablar sudamericano. Una vereda de palmeras. Todo lento y asmático. Biólogos aburridos contemplan la lluvia desde los ventanales. No sirve *cantar con sentimiento*. Querida mía, quienquiera que seas, dondequiera que estés: ya no hay nada que hacer, las cartas se han jugado y he visto mi dibujo, ya no es necesario el gesto que nunca llegó. «Era sólo una fachada.» El muchacho camina hacia la casa.

La totalidad del viento

Carreteras gemelas tendidas sobre el atardecer cuando todo parece indicar que la memoria las ambiciones la delicadeza kaputt como el automóvil alquilado de un turista que penetra sin saberlo en zonas de guerra y ya no vuelve más al menos no en automóvil hombre que corre a través de carreteras tendidas sobre una zona que su mente se niega a aceptar como límite punto de convergencia dragón transparente y las noticias dicen que Sophie Podolski kaputt en Bélgica la niña del Montfauçon Research Center y los labios dicen «veo camareros de temporada caminando por una playa desierta a las 8 de la noche gestos lentos grupo barrido por el viento cargado de arena»... «una niña de 11 muy gorda iluminó por un instante la piscina pública»... «¿y a ti también te persigue Colan Yar?»... «¿una pradera negra incrustada en la autopista?»... El tipo está sentado en una de las terrazas del ghetto. Escribe postales pues su respiración le impide hacer poemas como él quisiera. Quiero decir: poemas gratuitos, sin ningún valor añadido. Sus ojos retienen una visión de cuerpos desnudos que se mueven con lentitud fuera del mar. Después sólo resta el vacío. «Camareros de temporada caminando por la playa»... «La luz del atardecer descompone nuestra percepción del viento»... «La totalidad del viento»...

Cuadros verdes, rojos y blancos

Ahora él se sube a una marea, la marea es blanca. Ha tomado un tren en dirección contraria a la que deseaba. Sólo él ocupa el compartimento, las cortinas están descorridas y el atardecer se pega en el vidrio sucio. El verde oscuro, el amarillo intenso y un rojo desvaído se abren sobre el cuero negro de los asientos. Hemos creado un espacio silencioso para que él de alguna manera trabaje. Enciende un cigarrillo. La cajita de los fósforos es sepia. Sobre la cubierta está dibujado un hexágono compuesto de doce fósforos. El título es: jugar con fósforos, y, como indica un 2 en el ángulo superior izquierdo, éste es el segundo juego de la colección. (El juego número 2 se llama «La increíble fuga de triángulos».) Ahora su atención se detiene en un objeto pálido, al cabo de un rato advierte que es un cuadrado que empieza a fragmentarse. Lo que antes reconoció como pantalla se transforma en marea blanca, palabras blancas, vidrios que finalizan su transparencia en una albura ciega y permanente. De improviso un grito concentra su atención. El breve sonido le parece como un color tragado por una fisura. ¿Pero qué color? La frase «el tren se detuvo en un pueblo del norte» no le deja ver un movimiento de sombras que se desarrolla en el asiento de enfrente. Se cubre el rostro con los dedos lo suficientemente separados como para atisbar cualquier objeto que se le aproxime. Busca cigarrillos en los bolsillos de la chaqueta. Cuando exhala la primera bocanada piensa que la fidelidad se mueve con la misma rigidez que el tren. Una nube de humo opalino cubre su rostro. Piensa que la palabra «rostro» crea sus propios ojos azules. Alguien grita. Observa sus pies fijos en el suelo. La palabra «zapatos» jamás levitará. Suspira, vuelve el rostro hacia la ventana, el campo parece envuelto por una luz más oscura. Como la luz de mi cabeza, piensa. El tren se desliza junto a un bosque. En algunas zonas se puede ver la huella de incendios recientes. A él no le extraña no ver a ninguna persona a orillas del bosque. El jorobadito vive allí, siguiendo un sendero para bicicletas, un kilómetro más adentro. Le dije que prefería no escuchar más. Aquí puedes encontrar conejos y ratas que parecen ardillas. El bosque está delimitado limpiamente por la carretera y la línea de ferrocarril. En el sector contiguo hay algunos campos de labranza y próximo a la ciudad un río contaminado en cuyas riberas pueden verse huertos de gitanos y cementerios de coches. La carretera corre junto al mar. El jorobadito abre una lata de conservas apoyando la mitad de su espalda contra un pino pequeño y podrido. Alguien gritó en el otro extremo del vagón, posiblemente una mujer, se dijo mientras apagaba el cigarrillo con la suela del zapato. La camisa es de cuadros verdes, rojos y blancos, de manga larga y hecha de algodón. En la mano izquierda del jorobadito hay una lata de sardinas con salsa de tomate. Está comiendo. Sus ojos escudriñan el follaje. Escucha pasar el tren.

Soy mi propio hechizo

Se pasean los fantasmas de Plaza Real por las escaleras de mi casa. Tapado hasta las cejas, inmóvil en la cama, transpirando y repitiendo mentalmente palabras que no quieren decir nada los siento revolverse, encender y apagar las luces, subir de manera interminable hacia la azotea. Yo soy la luna. Pero antes fui el pandillero y tuve al árabe en mi mira y apreté el gatillo en el minuto menos propicio. Calles estrechas en el interior del Distrito V, sin posibilidades de salir o de cambiar el destino que volaba sobre mis pelos grasientos como una chilaba mágica. Palabras que se alejan unas de otras. Juegos urbanos concebidos desde tiempos inmemoriales... «Frankfurt»... «Una muchacha rubia en la ventana más grande de la pensión»... «Ya no puedo hacer nada»... Soy mi propio hechizo. Mis manos palpan un mural en donde alguien, 20 centímetros más alto que yo, permanece en la sombra, con las manos en los bolsillos de la chaqueta, preparando la muerte y su ulterior transparencia. El lenguaje de los otros es ininteligible para mí y para mi hora. «Cansado después de tanto»... «Una muchacha rubia bajó las escaleras»... «Me llamo Roberto Bolaño»... «Abrí los brazos»...

Azul

El camping La Comuna de Calabria según nota sensacionalista aparecida en *PEN*. Hostigados por la gente del pueblo. En el interior los campistas se paseaban desnudos. Seis chicos muertos en las cercanías. «Eran campistas»... «Bueno, del pueblo no son»... Meses antes recibieron una visita de la Brigada Antiterrorista. «Se desmadraban, follaban en todas partes, quiero decir: follaban en grupo y en donde se les venía en gana»... «Al principio guardaron las distancias, sólo lo hacían dentro del camping, pero este año armaron orgías en la playa y en los alrededores del pueblo»... La policía interroga a los campesinos: «Yo no lo hice», dice uno, «si hubieran prendido fuego al camping podrían echarme la culpa, más de una vez lo pensé, pero no tengo corazón para balear a seis muchachos»... Tal vez fue la mafia. Tal vez se suicidaron. Tal vez ha sido un sueño. El viento entre las rocas. El Mediterráneo. Azul.

Gente razonable y gente irrazonable

«Me sospecharon desde el principio»... «Tipos pálidos comprendieron por un segundo lo que había detrás de ese paisaje»... «Un camping un bosque un club de tenis un picadero la carretera te lleva lejos si quieres ir lejos»... «Me sospecharon un espía pero de qué diablos»... «Entre gente razonable y gente irrazonable»... «Ese tipo que corre por allí no existe»... «Él es la verdadera cabeza de este asunto»... «Pero también soñé muchachas»... «Bueno, gente conocida, los mismos rostros del verano pasado»... «La misma gentileza»... «Ahora el tiempo es el borrador de todo aquello»... «La muchacha ideal me sospechó desde el primer momento»... «Un invento mío»... «No había espionaje ni hostias similares»... «Era tan claro que lo desecharon»...

El Nilo

El infierno que vendrá... Sophie Podolski se suicidó hace varios años... Ahora tendría 27, como yo... Patrones egipcios en el cielo raso, los empleados se acercan lentamente, campos polvorientos, es el fin de abril y les pagan con heroína... He encendido la radio, una voz impersonal hace el recuento por ciudades de los detenidos en el día de hoy... «Hasta las cero horas, sin novedad»... Una muchacha que escribía dragones totalmente podrida en algún nicho de Bruselas... «Metralletas, pistolas, granadas decomisadas»... Estoy solo. Toda la mierda literaria ha ido quedando atrás. Revistas de poesía, ediciones limitadas, todo ese chiste gris quedó atrás... El tipo abrió la puerta a la primera patada y te puso la pistola debajo del mentón... Edificios abandonados de Barcelona, casi como una invitación para suicidarse en paz... El sol detrás de la cortina de polvo en el atardecer junto al Nilo... El patrón paga con heroína y los campesinos esnifan en los surcos, tirados sobre las mantas, bajo palmeras escritas... Una muchacha belga que escribía como una estrella... «Ahora tendría 27, como yo»...

Los utensilios de limpieza

Alabaré estas carreteras y estos instantes. Paraguas de vagabundos abandonados en explanadas al fondo de las cuales se yerguen supermercados blancos. Es verano y los policías beben en la última mesa del bar. Junto al tocadiscos una muchacha escucha canciones de moda. Alguien camina a estas horas lejos de aquí, alejándose de aquí, dispuesto a no volver más. ¿Un muchacho desnudo sentado junto a su tienda en el interior del bosque? La muchacha entró en el baño torpemente y se puso a vomitar. Bien mirado, es poco el tiempo que nos dan para crear nuestra vida en la tierra, quiero decir: asegurar algo, casarse, esperar la muerte. Sus ojos en el espejo, como cartas desplegadas en una habitación en penumbras; el bulto que respira, hundido en la cama con ella. Los hombres hablan de rateros muertos, precios de chalets en la costa, pagas extras. Un día moriré de cáncer. Los utensilios de limpieza comienzan a levitar en su imaginación. Ella dice: podría seguir y seguir. El muchacho entró en la habitación y la cogió de los hombros. Ambos lloraron como personajes de películas diferentes proyectadas en la misma pantalla. Escena roja de cuerpos que abren el gas. La mano huesuda y hermosa hizo girar la llave. Escoge una sola de estas frases: «escapé de la tortura»... «un hotel desconocido»... «no más caminos»...

Un mono

Enumerar es alabar, dijo la muchacha (18, poeta, pelo largo). En la hora de la ambulancia detenida en el callejón. El camillero aplastó la colilla con el zapato, luego avanzó como un oso. Me gustaría que apagaran las luces de las ventanas y que esos desgraciados se fueran a dormir. ¿Quién fue el primer ser humano que se asomó a una ventana? (Aplausos.) La gente está cansada, no me asombraría que un día de éstos nos recibieran a balazos. Supongo que un mono. No puedo hilar lo que digo. No puedo expresarme con coherencia ni escribir lo que pienso. Probablemente debería dejarlo todo y marcharme, ¿no lo hizo así Teresa de Ávila? (Aplausos y risas.) Un mono asomado en una ventana purulenta viendo declinar el día, como una estatua pulsátil. El camillero se acercó a donde estaba fumando el sargento; apenas se saludaron con un movimiento de hombros sin llegar a mirarse en ningún momento. A simple vista uno podía notar que no había muerto de un ataque cardiaco. Estaba bocabajo y en la espalda, sobre el suéter marrón, se apreciaban varios agujeros de bala. Le descargaron una ametralladora entera, dijo un enano que estaba en el lado izquierdo del sargento y que el enfermero no había tenido tiempo de ver. A lo lejos escucharon el murmullo de una manifestación. Será mejor que nos vayamos antes de que tapen la avenida, dijo el enano. El sargento parecía no escucharle, embebido en la contemplación de las ventanas con gente que miraba el espectáculo. Vámonos rápido. ¿Pero adónde? No hay comisarías. Enumerar es alabar y se rio la muchacha. La misma pasión, hasta el infinito. Coches detenidos entre baches y tarros de basura. Puertas que se abren y luego se cierran sin motivo aparente. Motores, faros, la ambulancia sale en marcha atrás. La hora se infla, revienta. Supongo que fue un mono en la copa de un bendito árbol.

No había nada

No hay comisarías no hay hospitales no hay nada. Al
menos no hay nada que puedas conseguir con dinero.
«Nos movemos por impulsos instantáneos»... «Algo así
destruirá el inconsciente y quedaremos en el aire»... «¿Re-
cuerdas ese chiste del torero que salía a la arena y no había
toro no había arena no había nada?»... Los policías bebie-
ron brisas anárquicas. Alguien se puso a aplaudir.

Entre los caballos

Soñé con una mujer sin boca, dice el tipo en la cama. No pude reprimir una sonrisa. Las imágenes son empujadas nuevamente por el émbolo. Mira, le dije, conozco una historia tan triste como ésa. Es un escritor que vive en las afueras de la ciudad. Se gana la vida trabajando en un picadero. Nunca ha pedido gran cosa de la vida, le basta con tener un cuarto y tiempo libre para leer. Pero un día conoce a una muchacha que vive en otra ciudad y se enamora. Deciden casarse. La muchacha vendrá a vivir con él. Se plantea el primer problema: conseguir una casa lo suficientemente grande para los dos. El segundo problema es de dónde sacar dinero para pagar esa casa. Después todo se encadena: un trabajo con ingresos fijos (en los picaderos se gana a comisión, más cuarto, comida y una pequeña paga al mes), legalizar sus papeles, seguro social, etc. Por lo pronto necesita dinero para ir a la ciudad de su prometida. Un amigo le proporciona la posibilidad de escribir artículos para una revista. Él piensa que con los cuatro primeros puede pagar el autobús de ida y vuelta y tal vez algunos días de alojamiento en una pensión barata. Escribe a su chica anunciando el viaje. Pero no puede redactar ningún artículo. Pasa las tardes sentado en una mesa de la terraza del picadero intentando escribir, pero no puede. No le sale nada, como vulgarmente se dice. El tipo reconoce que está acabado. Sólo escribe breves textos policiales. El viaje se aleja de su futuro, se pierde, nunca jamás, y él permanece apático, quieto, trabajando de una manera automática entre los caballos.

Las instrucciones

Salí de la ciudad con instrucciones dentro de un sobre. No era mucho lo que tenía que recorrer, tal vez 17 o 20 kilómetros hacia el sur, por la carretera de la costa. Debía comenzar las pesquisas en los alrededores de un pueblo turístico que poco a poco había ido albergando en sus barrios suburbanos a trabajadores llegados de otras partes. Algunos tenían, en efecto, trabajos en la gran ciudad; otros no. Los lugares que debía visitar eran los de siempre: un par de hoteles, el camping, la estación de policía, la gasolinera y el restaurante. Más tarde tal vez fueran saliendo otros sitios. El sol batía con fuerza las ventanillas de mi coche, bastante poco común si se tiene en cuenta que era septiembre. Pero el aire era frío y la autopista estaba casi vacía. Dejé atrás el primer cordón de fábricas. Después un cuartel de artillería por cuyos portones abiertos pude ver a un grupo de reclutas fumando en actitudes poco marciales. En el km 10 la carretera entraba en una especie de bosque roto a tramos por chalets y edificios de apartamentos. Estacioné el coche detrás del camping. Anduve un rato, mientras terminaba el cigarrillo, sin saber qué haría. A unos doscientos metros, justo frente a mí, apareció el tren. Era un tren azul y de cuatro vagones a lo sumo. Iba casi vacío. Toqué varias veces el claxon pero nadie salió a abrirme la barrera. Dejé el coche en el bordillo del camino de entrada y pasé por debajo de la barrera. El camino de entrada era de gravilla, sombreado por altos pinos; a los lados había tiendas y roulottes camufladas por la vegetación. Recuerdo haber pensado en su similitud con la selva aunque yo nunca había estado en la selva. Al final del camino se movió algo, después apareció un cubo de basura sobre una carretilla y un viejo empujándola. Le hice una seña con la mano. Al principio aparentó no verme, después bajó hacia donde yo estaba sin soltar la carretilla y con ademanes de resignación. Soy policía, dije. Nunca había visto a la persona que buscábamos. ¿Está seguro?, pregunté mientras le alargaba un cigarrillo. Dijo que estaba completamente seguro. Más o menos ésa fue la respuesta que me dieron todos. El anochecer me encontró dentro del coche aparcado en el paseo marítimo. Saqué del sobre las instrucciones. No tenía luces, así que tuve que utilizar el encendedor para poder leerlas. Eran un par de hojas escritas a máquina con algunas correcciones hechas a mano. En ninguna parte se decía lo que yo debía hacer allí. Junto a las hojas encontré algunas fotos en blanco y negro. Las estudié con cuidado: era el mismo tramo de paseo marítimo, tal vez con un poco más de luz. «Nuestras historias son muy tristes, sargento, no intente comprenderlas»... «Nunca hemos hecho mal a nadie»... «No intente comprenderlas»... «El mar»... Arrugué las hojas y las arrojé por la ventanilla. Por el espejo retrovisor creí ver cómo el viento las arrastraba hasta desaparecer. Encendí la radio, un programa musical de la ciudad; la apagué. Me puse a fumar. Cerré la ventanilla sin dejar de mirar, delante de mí, la calle solitaria y los chalets cerrados. Me pasó por la cabeza la idea de vivir en uno de ellos durante la temporada de invierno. Seguramente serían más baratos, me dije sin poder evitar los temblores.

La barra

Las imágenes emprenden camino, como la voz, nunca llegarán a ninguna parte, simplemente se pierden. Es inútil, dice la voz, y el jorobadito se pregunta ¿inútil para quién? Los puentes romanos son ahora el azar, el autor piensa mientras las imágenes aún fulguran, no demasiado lejanas, como pueblos que el automóvil va dejando atrás. (Pero en este caso el tipo no se mueve.) «He hecho un recuento de cabezas huecas y cabezas cortadas»... «Sin duda hay más cabezas cortadas»... «Aunque en la eternidad se confunden»... Le dije a la judía que era muy triste estar horas en un bar escuchando historias sórdidas. No había nadie que tratara de cambiar de tema. La mierda goteaba de las frases a la altura de los pechos, de tal manera que no pude seguir sentado y me acerqué a la barra. Historias de policías a la caza del emigrante. Bueno, nada espectacular, por supuesto, gente nerviosa por el desempleo, etc. Éstas son las historias tristes que puedo contarte.

El policía se alejó

Recuerdo que andaba de un lado para otro sin detenerse demasiado tiempo en ningún lugar. A veces tenía el pelo rojo, los ojos eran verdes casi siempre. El sargento se le acercó y con gesto triste le pidió los papeles. Miró hacia las montañas, allí estaba lloviendo. Hablaba poco, la mayor parte del tiempo se limitaba a escuchar las conversaciones de los jinetes del picadero vecino, de los albañiles o de los camareros del restaurante de la carretera. El sargento procuró no mirarla a los ojos, creo que dijo que era una pena que estuviera lloviendo en las vegas, después sacó cigarrillos y le ofreció uno. En realidad buscaba a otra persona y pensó que ella podía darle información. La muchacha contemplaba el atardecer apoyada en la cerca del picadero. El sargento caminó por un sendero en la hierba, tenía las espaldas anchas y una chaqueta azul marino. Lentamente empezó a llover. Ella cerró los ojos en el momento en que alguien le contaba que había soñado un pasillo lleno de mujeres sin boca; luego caminó en dirección contraria al bosque. Un empleado viejo y gastado apagó las luces del picadero. Con la manga limpió los cristales de la ventana. El policía se alejó sin decir adiós. A oscuras, se sacó los pantalones en el dormitorio. Buscó su rincón mientras los vellos se le erizaban y permaneció unos instantes sin moverse. La muchacha había presenciado una violación y el sargento pensó que podía servirle de testigo. Pero en realidad él iba detrás de otra cosa. Puso sus cartas sobre la mesa. Fundido en negro. De un salto estuvo de pie sobre la cama. A través de los vidrios sucios de la ventana podían verse las estrellas. Recuerdo que era una noche fría y clara, desde el lugar donde estaba el policía se dominaba casi todo el picadero, los establos, el bar que casi nunca abría, las habitaciones. Ella se asomó a la ventana y sonrió. Escuchó pisadas que subían las escaleras. El sargento dijo que si no quería hablar no lo hiciera. «Mis nexos con el Cuerpo son casi nulos, al menos desde el punto de vista de ellos»... «Busco a un tipo que hace un par de temporadas vivió aquí, tengo motivos para pensar que usted lo conoció»... «Imposible olvidar a nadie con esas características físicas»... «No quiero hacerle daño»... «Bordeando la costa encontraron bosques dorados y cabañas abandonadas hasta el verano siguiente»... «El paraíso»... «Muchacha pelirroja mirando el atardecer desde el establo en llamas»...

daron dormidos sin llegar a despegarse. Alguien camina calle abajo. Vemos su espalda, sus pantalones sucios y sus botas con los tacones gastados. Entra en un bar y se acomoda en la barra como si sintiera escozor en todo el cuerpo. Sus movimientos producen una sensación vaga e inquietante en el resto de los parroquianos. ¿Esto es Barcelona?, preguntó. De noche los jardines parecen iguales, de día la impresión es diferente, como si los deseos fueran canalizados a través de las flores y enredaderas. «Cuidan sus coches y sus jardines»... «Alguien ha creado un silencio especial para nosotros»... «Primero se movía de dentro hacia afuera y luego con un movimiento circular»... «Quedaron completamente arañadas sus nalgas»... «La luna se ha ocultado detrás del único edificio grande del sector»... «¿Es esto Barcelona?»...

Intervalo de silencio

Observe estas fotos, dijo el sargento. El hombre que estaba sentado en el escritorio las fue descartando con ademán indiferente. ¿Cree usted que podemos sacar algo de aquí? El sargento parpadeó con un vigor similar al de Shakespeare. Fueron tomadas hace mucho tiempo, empezó a decir, probablemente con una vieja Zenit soviética. ¿No ve nada raro en ellas? El teniente cerró los ojos, luego encendió un cigarrillo. No sé a qué se refiere. Mire, dijo la voz... «Un descampado al atardecer»... «Larga playa borrosa»... «A veces tengo la impresión de que nunca antes había usado una cámara»... «Paredes descascaradas, terraza sucia, camino de gravilla, un letrero con la palabra oficina»... «Una caja de cemento a la orilla del camino»... «Ventanales desdibujados de restaurante»... No sé adónde diablos quiere llegar. El sargento vio por la ventana el paso del tren; llevaba gente hasta el techo. No aparece ninguna persona, dijo. La puerta se cierra. Un poli avanza por un largo pasillo tenuemente iluminado. Se cruza con otro que lleva un expediente en la mano. Apenas se saludan. El poli abre la puerta de una habitación oscura. Permanece inmóvil dentro de la habitación, la espalda apoyada contra la puerta de zinc. Observe estas fotos, teniente. Ya no importa. ¡Mire! Ya nada importa, regrese a su oficina. «Nos han metido en un intervalo de silencio.» Lo único que quiero es regresar al lugar donde fueron tomadas. Estas cajas de cemento son para la electricidad, allí se colocan los automáticos o algo parecido. Puedo localizar la tienda donde fueron reveladas. «Esto no es Barcelona», dice la voz. Por la ventana empañada vio pasar el tren repleto de gente. La luz recorta los contornos del bosque sólo para que unos ojos entornados disfruten del espectáculo. «Tuve una pesadilla, desperté al caer de la cama, luego estuve casi diez minutos riéndome.» Por lo menos hay dos colegas que reconocerían al jorobadito pero justo ahora están lejos de la ciudad, en misiones especiales, mala suerte. Ya no importa. En una foto pequeña, en blanco y negro como todas, puede verse la playa y un pedacito del mar. Bastante borrosa. Sobre la arena hay algo escrito. Puede que sea un nombre, puede que no, tal vez sólo sean las pisadas del fotógrafo.

Hablan pero sus palabras no son registradas

Es absurdo ver princesas encantadas en todas las muchachas que pasan. El adolescente flaco silbó con admiración. Estábamos en la orilla de la represa y el cielo era muy azul. A lo lejos se veían algunos pescadores y el humo de una chimenea ascendía sobre el bosque. Madera verde, para quemar brujas, dijo el viejo casi sin mover los labios. En fin, hay un montón de chicas bonitas acostadas en este momento con tecnócratas y ejecutivos. A cinco metros de donde me hallaba saltó una trucha. Apagué el cigarrillo y cerré los ojos. Primer plano de muchacha mexicana leyendo. Es rubia, tiene la nariz larga y los labios delgados. Levanta la vista, mira hacia la cámara, sonríe calles húmedas después de lluvias de agosto, septiembre, en un DF que ya no existe. Camina por una calle de barrio vestida con abrigo blanco y botas. Con el dedo índice aprieta el botón del ascensor. El ascensor baja, ella abre la puerta, aprieta el número del piso y se mira en el espejo. Sólo un instante. Un hombre de treinta años, sentado en un sillón rojo, la mira entrar. El sujeto es moreno y le sonríe. Hablan pero sus palabras no son registradas en la banda sonora. De todas maneras debe ser algo así como qué tal te ha ido, estoy cansada, en la cocina hay una torta de aguacate, gracias, y una cerveza en el refrigerador. Afuera llueve. La habitación es cálida, con muebles mexicanos y alfombras mexicanas. Ambos están estirados en la cama. Leves relámpagos blancos. Abrazados y quietos, parecen niños agotados. (En realidad no tienen motivos para estarlo.) La cámara los toma en gran picado. Dame toda la información del mundo. Franja azul. ¿Como un jorobadito azul? Él es un cerdo pero sabe mantener la ternura. Es un cerdo, pero es dulce su mano rodeándole el talle. El rostro de ella se hunde entre la almohada y el cuello de su amante. La cámara los toma en primer plano: rostros impasibles que de alguna manera, y sin desearlo, te apartan. El autor mira largo rato las mascarillas de yeso, después se cubre la cara. Fundido en negro. Es absurdo pensar que todas las muchachas hermosas salen de allí. Se suceden imágenes vacías: la represa y el bosque, la cabaña que tenía encendida la chimenea, el amante con bata roja, la muchacha que se vuelve y te sonríe. (No hay nada diabólico en todo esto.) El viento mueve los árboles de los barrios residenciales. ¿Un jorobadito azul en el otro lado del espejo? No sé. Se aleja una muchacha arrastrando su moto por el fondo de la avenida. De seguir en esa misma dirección llegará al mar. Pronto llegará al mar.

Literatura para enamorados

Me quedé en silencio un momento y luego pregunté si él creía realmente que Roberto Bolaño ayudó al jorobadito sólo porque hacía años había estado enamorado de una mexicana y el jorobadito también era mexicano. Sí, dijo el guitarrista, parece mala literatura para enamorados, pero no encuentro otra explicación, quiero decir que en esa época Bolaño tampoco andaba muy sobrado de solidaridad o de desesperación, dos buenas razones para ayudar al mexicano. En cambio, de nostalgia...

Sinopsis. El viento

Sinopsis. El jorobadito en el terreno colindante al camping y las pistas de tenis. Agoniza en Barcelona un sudamericano, Distrito V, en un dormitorio que apesta. Hace mucho se fue la judía. Redes policiales. Tiras que follan con muchachas sin nombre. El escritor inglés habla con el jorobadito en el bosque. Agonía y un sudamericano canalla viajando. Cinco o seis camareros regresan al hotel por una playa solitaria. Comienzos del otoño. El viento levanta arena y los cubre.

Cuando niño

Escenas libres kaputt, tipos de pelo largo otra vez por la playa pero tal vez sólo esté soñando árboles humedad libros de bolsillo toboganes al final de los cuales te espera una niña o un amigo o un automóvil negro. Dije espera un movimiento de cuerpos pelos brazos tatuados elegir entre la cárcel o la cirugía plástica dije no me esperes a mí. El jorobadito recortó algo que podríamos decir era un póster en miniatura y nos sonrió desde la rama de un pino. Estaba encaramado sobre un pino, no sé cuánto tiempo llevaba allí arriba... «No puedo registrar las frecuencias velocísimas de la realidad»... «El giro de una muchacha que sin embargo no se mueve, clavada sobre una cama que está clavada sobre el parquet que está clavado, etc.»... «Cuando niño solía soñar algo así ——∿∿ΛΛV∿»... «La línea recta es el mar en calma, la curva es el mar con oleaje y la quebrada es la tempestad»... «Bueno, supongo que ya poca *estética* queda en mí»... «⌂»... «Un barquito»... «⌂»... «⌂»...

El mar

Fotos de la playa de Castelldefels... Fotos del camping... El mar contaminado... Mediterráneo, septiembre en Cataluña... Solo... El ojo de la Zenit...

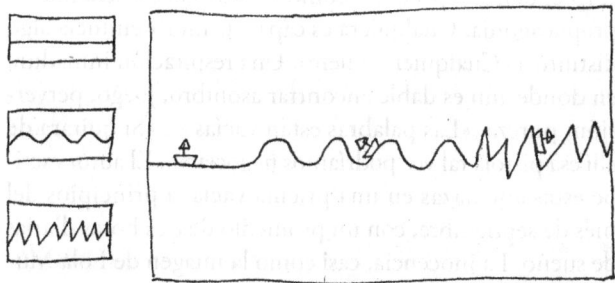

La línea recta me producía calma. La línea curva me inquietaba, presentía el peligro pero me gustaba la suavidad: subir y bajar. La última línea era la crispación. Me dolía el pene, el vientre, etc.

Perfección

Hamlet y la *Vita nuova,* en ambas obras hay una respiración juvenil. «La inocencia», dijo el inglés, «léase inmadurez». En la pantalla sólo hay risas, risas silenciosas que sorprenden al espectador como si estuviera escuchando su propia agonía. Cualquiera es capaz de morir enuncia algo distinto a «Cualquiera muere». Una respiración inmadura en donde aún es dable encontrar asombro, juego, perversión, pureza. «Las palabras están vacías»... «Si quitara de allí esa pistola tal vez podríamos negociar»... El autor escribe estas amenazas en una piscina vacía, a principios del mes de septiembre, con un promedio de tres horas diarias de sueño. La inocencia, casi como la imagen de Lola Muriel que deseo destruir. (Pero no puedo destruir lo que no poseo.) Un impulso, a costa de los nervios que quedan destrozados en habitaciones baratas, propulsa a la poesía hacia algo que los detectives llaman perfección. Callejón sin salida. Sótano cuya única virtud es su limpieza. Pero quién ha estado aquí sino la *Vita nuova* y *Hamlet.* «Escribo en la piscina del camping, en septiembre, cada vez hay menos personas y más moscas; a mediados de mes no quedará gente y los servicios de limpieza desaparecerán, las moscas serán las dueñas de esto hasta noviembre o algo así.»

Pasos en la escalera

Nos acercamos con suavidad. Lo que en su memoria se denomina *pasado inmediato* está amueblado con colchones apenas tocados por la luz. Colchones grises de franjas rojas o azules en algo que parece un pasillo o una sala de espera demasiado alargada. De todas maneras la memoria está inmovilizada en «pasado inmediato» como un tipo sin rostro en la silla del dentista. Hay casas y avenidas que bajan al mar, ventanas sucias y sombras en los rellanos. Escuchamos que alguien dice «hace mucho fue mediodía», la luz rebota contra el centro de «pasado inmediato», algo que no es pantalla ni intenta sugerir imágenes. La memoria dicta con lentitud frases sin sonido. Suponemos que todo esto se ha hecho para que no aturda, una capa de pintura blanca recubre la película del suelo. «Huir juntos» se transformó hace mucho en «vivir juntos» y así la fidelidad del gesto quedó suspendida; el brillo de «pasado inmediato». ¿Realmente hay sombras en los rellanos?, ¿realmente hubo un jorobadito que escribió poemas felices? (Alguien aplaude.) «Supe que eran ellos cuando oí sus pasos en la escalera»... «Cerré los ojos, la imagen de la pistola no correspondía a la realidad-pistola»... «No me molesté en abrirles la puerta»... «Eran las dos de la mañana y entró una rubia que parecía hombre»... «Sus ojos se fijaron en la luna a través de la cortina»... «Una sonrisa estúpida se dibujó lentamente en su rostro embadurnado de blanco»... «La pistola sólo era una palabra»... «Mi soledad sólo era una palabra»... «Cierren la puerta», dije... «Trizadura no es real. Es chantaje»...

27 años

La única escena posible es la del tipo corriendo por el sendero del bosque. Alguien parpadea un dormitorio azul. Ahora tiene 27 años y sube al autobús. Fuma, lleva el pelo corto, bluejeans, camiseta oscura, chaqueta con capucha, botas, lentes negros. Está sentado del lado de la ventana, junto a él un obrero que regresa a Andalucía. Se sube a un tren en la estación de Zaragoza, mira hacia atrás, la neblina cubre hasta las rodillas a un inspector de ferrocarriles. Fuma, tose, pega la frente contra la ventanilla, abre los ojos. Fundido en negro y la siguiente escena nos muestra a un tipo con la frente apoyada contra la ventanilla del autobús. Ahora camina por una ciudad desconocida, en la mano lleva un bolso azul, tiene levantado el cuello de la chaqueta, hace frío, cada vez que respira expele una bocanada de humo. El obrero duerme con la cabeza apoyada sobre su hombro. Enciende un cigarrillo, mira la llanura, cierra los ojos. La siguiente escena es amarilla y fría y en la banda sonora revolotean algunos pájaros. (Como chiste privado, él dice: soy una jaula. Luego compra cigarrillos. Se aleja de la cámara.) Está sentado en una estación de trenes al atardecer, llena un crucigrama, lee las noticias internacionales, sigue el vuelo de un avión, se humedece los labios con la lengua. Alguien tose, fundido en negro, una mañana clara y fría desde la ventana de un hotel, él tose. Sale a la calle, levanta el cuello de su chaqueta azul, abotona todos los botones menos el último. Compra una caja de cigarrillos, saca uno, se detiene en la vereda junto al escaparate de una joyería, enciende un cigarrillo. Lleva el pelo corto. Camina con las manos metidas en los bolsillos de la chaqueta y el cigarrillo colgando de los labios. La escena es un primer plano del tipo con la frente apoyada en la ventanilla. El vidrio está empañado. Ahora tiene 27 años y baja del autobús. Avanza por una calle solitaria.

Un silencio extra

Las imágenes borrosas del jorobadito y el policía empiezan a alejarse en direcciones opuestas. La escena es negra y líquida. Por el medio, en el espacio que van vaciando las primeras imágenes, comienza a deslizarse hacia el primer plano la figura de un tipo con el pelo corto y la barba recién afeitada. Destaca su palidez y su lentitud. En off, una voz dice que el sudamericano no murió. (Es de suponer que la figura que reemplaza al vapor-jorobadito y al vapor-policía es la del sudamericano.) Lleva puesta una chaqueta azul marino que nos induce a creer que estamos en el final del otoño. Sin duda ha estado enfermo, su palidez y el rostro demacrado así nos lo sugieren. La pantalla se rasga por la mitad, verticalmente. El sudamericano camina por una calle solitaria. Ha reconocido al autor y siguió de largo. La pantalla se recompone como si acabara de llover. Aparecen edificios grises tocados por el sol en una tarde vacía y familiar. El macadam de las calles es limpio y gris. Viento en avenidas de árboles rojos. Las nubes se reflejan, brillantes, en los ventanales de oficinas donde no hay nadie. Alguien ha creado un silencio extra. Por el final de la calle se desliza el monte. Casitas de tejados bermejos desperdigadas por la ladera; de algunas chimeneas escapan tenues espirales de humo. Arriba está la represa, una barraca de camineros, unos rústicos servicios de baño. A lo lejos un labriego se inclina sobre la tierra negra. Lleva un bulto envuelto en amarillentos papeles de periódico. Desaparecen las cabezas borrosas del jorobadito y el policía. «El sudamericano abrió la puerta»... «Vale, llévenselo»... «No sé si podré entrar»...

A veces temblaba

La desconocida se abrió de piernas debajo de las sába-
nas. Un policía puede mirar como quiera, todos los *riesgos*
de la mirada ya han sido traspuestos por él. Quiero decir
que en la gaveta hay miedo y fotos y tipos a los que es im-
posible encontrar, además de papeles. Así que el poli apagó
la luz y se bajó la bragueta. La muchacha cerró los ojos
cuando él la puso bocabajo. Sintió la presión de sus panta-
lones contra las nalgas y el frío metálico de la hebilla del
cinturón. «Hubo una vez una palabra»... (Toses)... «Una
palabra para designar todo esto»... «Ahora sólo puedo de-
cir: no temas»... Imágenes empujadas por el émbolo. Sus
dedos se hundieron entre los glúteos y ella no dijo nada, ni
siquiera un suspiro. El tipo estaba de lado pero ella siguió
con la cabeza hundida entre las sábanas. Los dedos índice
y medio entraron en su culo, relajó el esfínter y abrió la
boca, pero sin articular sonido alguno. (Soñé un pasillo
repleto de gente sin boca, dijo él, y el viejo le contestó: no
temas.) Metió los dedos hasta el fondo, la chica gimió y
alzó la grupa, sintió que sus yemas palpaban algo que ins-
tantáneamente nombró con la palabra estalagmita. Des-
pués pensó que podía ser mierda, sin embargo el color del
cuerpo que tocaba siguió fulgurando en verde y blanco,
como la primera impresión. La muchacha gimió ronca-
mente. Pensó en la frase «la desconocida se perdió en el me-
tro» y sacó los dedos hasta la primera articulación. Luego
los volvió a hundir y con la mano libre tocó la frente de la
muchacha. Sacó y metió los dedos. Apretó las sienes de la mu-
chacha mientras pensaba que los dedos entraban y salían
sin ningún adorno, sin ninguna figura literaria que les die-

ra otra dimensión distinta a un par de dedos gruesos incrustados en el culo de una muchacha desconocida. Las palabras se detuvieron en el centro de una estación de metro. No había nadie. El policía parpadeó. Supongo que el riesgo de la mirada era algo superado por su profesión. La muchacha sudaba profusamente y movía las piernas con sumo cuidado. Tenía el culo mojado y a veces temblaba. Más tarde se acercó a mirar por la ventana y se pasó la lengua por los dientes. (Muchas palabras «dientes» se deslizaron por el cristal. El viejo tosió después de decir no temas.) El pelo de ella estaba desparramado sobre la almohada. Se subió encima, dio la impresión de decirle algo al oído antes de ensartarla. Supimos que lo había hecho por el grito de la desconocida. Las imágenes viajan en ralentí. Pone agua a calentar. Cierra la puerta del baño. La luz del baño desaparece suavemente. Ella está sentada en la cocina, los codos apoyados en las rodillas. Fuma un cigarrillo rubio. El policía, la impostura que es el policía, aparece con un pijama verde. Desde el pasillo la llama, la invita a ir con él. Ella vuelve la cabeza hacia la puerta. No hay nadie. Abre un cajón de la cocina. Algo fulgura. Cierra la puerta.

Un lugar vacío cerca de aquí

«Tenía los bigotes blancos o grises»... «Pensaba en mi situación, de nuevo estaba solo y trataba de entenderlo»... «Ahora junto al cadáver hay un hombre flaco que saca fotos»... «Sé que hay un lugar vacío cerca de aquí, pero no sé dónde»...

Amarillo

El inglés lo vio entre los arbustos. Caminó sobre la pinaza alejándose de él. Probablemente eran las 8 de la noche y el sol se ponía entre las colinas. El inglés se volvió, le dijo algo pero no pudo escuchar nada. Pensó que hacía días que no oía cantar a los grillos. El inglés movió los labios pero hasta él sólo llegó el silencio de las ramas movidas por el viento. Se levantó, le dolía una pierna, buscó cigarrillos en el bolsillo de la chaqueta. La chaqueta era de mezclilla azul, desteñida por el tiempo. El pantalón era ancho y de color verde oscuro. El inglés movió los labios al final del bosque. Notó que tenía los ojos cerrados. Se miró las uñas: estaban sucias. La camisa del inglés era azul y los pantalones que llevaba parecían aún más viejos que los suyos. Los troncos de los pinos eran marrones pero tocados por un rayo de luz se volvían amarillentos. Al fondo, donde acababan los pinos, había un motor abandonado y unas paredes de cemento en parte destruidas. Sus uñas eran grandes e irregulares a causa de la costumbre que tenía de morderlas. Sacó una cerilla y prendió el cigarrillo. El inglés había abierto los ojos. Flexionó la pierna y después sonrió. Amarillo. Flash amarillo. En el informe aparece como un jorobado vagabundo. Vivió unos días en el bosque. Al lado había un camping pero él no tenía dinero para pagar, así que al camping sólo iba para tomar un café en el restaurante. Su tienda estaba cerca de las pistas de tenis y frontón. A veces iba a ver cómo jugaban. Entraba por la parte de atrás, por un hueco que los niños habían hecho en el cañizo. Del inglés no hay datos. Posiblemente lo inventó.

El enfermero

Un muchacho obsesivo. Quiero decir que si lo conocías no podías dejar de pensar en él. El sargento se acercó al bulto caído en el parque. Frente a él no brillaba ninguna luz, sin embargo advirtió gente mirando por las ventanas. Las pisadas del enfermero vinieron detrás de él. Encendió un cigarrillo. El enfermero parpadeó y dijo si se lo podían llevar de una puta vez. Apagó la cerilla con un bostezo... «No tengo idea en qué ciudad estoy»... «La pantalla aparece permanentemente ocupada por la imagen del muchacho imbécil»... «Hace muecas en las afueras del infierno»... «Constantemente me toca el hombro con sus dedos flacos para preguntarme si puede entrar»... El enfermero se chupó los dientes. Tuvo deseos de tirarse un pedo, en lugar de eso se acuclilló al lado del cadáver. Gente desvestida acodada en las ventanas oscuras. Sin sentir desde hacía mucho tiempo una sensación real de peligro. El escritor, creo que era inglés, le confesó al jorobadito cuánto le costaba escribir. Sólo me salen frases sueltas, dijo, tal vez porque la realidad me parece un enjambre de imágenes sueltas. Algo así debe de ser el desamparo, dijo el jorobadito... «Vale, llévenselo»...

Un pañuelo blanco

Camino por el parque, es otoño, parece que hay un tipo muerto en el césped. Hasta ayer pensaba que mi vida podía ser diferente, estaba enamorado, etc. Me detengo en el surtidor; es oscuro, de superficie brillante, sin embargo al pasar la palma de la mano compruebo su extrema aspereza. Desde aquí veo a un poli viejo acercarse con pasos vacilantes al cadáver. Sopla una brisa fría que eriza los pelos. El poli se arrodilla al lado del cadáver, con la mano izquierda se tapa los ojos con expresión de abatimiento. Surge una bandada de palomas. Vuelan en círculo sobre la cabeza del policía. Éste registra los bolsillos del cadáver y amontona lo que encuentra sobre un pañuelo blanco que ha extendido sobre la hierba. Hierba de color verde oscuro que da la impresión de querer *chupar* el cuadrado blanco. Tal vez sean los papeles viejos y oscuros que el poli deja sobre el pañuelo los que me induzcan a pensar así. Creo que me sentaré un rato. Las bancas del parque son blancas con patas de hierro negras. Por la calle aparece un coche patrulla. Se detiene. Bajan dos agentes. Uno de ellos avanza hacia donde está inclinado el poli viejo, el otro se queda junto al automóvil y enciende un cigarrillo. Pocos instantes después aparece silenciosamente una ambulancia que se estaciona detrás del coche patrulla... «No he visto nada»... «Un tipo muerto en el parque, un poli viejo»...

La calle Tallers

Solía caminar por el casco antiguo de Barcelona. Llevaba una gabardina larga y vieja, olía a tabaco negro, casi siempre llegaba con algunos minutos de anticipación a los lugares más insólitos. Quiero decir que la pantalla se abre a la palabra insólito para que él aparezca. «Me gustaría hablar con usted con más calma», decía. Escena de avenida solitaria, paralela al Paseo Marítimo de Castelldefels. Un obrero camina por la vereda, las manos en los bolsillos, masticando un cigarrillo con movimientos regulares. Chalets vacíos, cerradas las cortinas de madera. «Sáquese la ropa lentamente, no voy a mirar.» La pantalla se abre como molusco, recuerdo haber leído hace tiempo las declaraciones de un escritor inglés que decía cuánto trabajo le costaba mantener un tiempo verbal coherente. Utilizaba el verbo sufrir para dar una idea de sus esfuerzos. Debajo de la gabardina no hay nada, tal vez un ligero aire de jorobadito inmovilizado en la contemplación de la judía, pisos arruinados de la calle Tallers (el flaco Alan Monardes avanza a tropezones por el pasillo oscuro), héroes de inviernos que van quedando atrás. «Pero usted escribe, Montserrat, y resistirá estos días.» Se sacó la gabardina, la cogió de los hombros y luego la abofeteó. El vestido de ella cayó en cámara lenta sobre su abrigo de piel. En frío se puso a cuatro patas y le ofreció la grupa. Restregó su pene fláccido sobre sus nalgas. Descuidadamente miró a un lado: la lluvia resbalaba por la ventana. La pantalla ofrece la palabra «nervio». Luego «arboleda». Luego «solitaria». Luego la puerta se cierra.

La pelirroja

Tenía 18 años y estaba metida en el negocio de las drogas. En aquel tiempo solía verla a menudo y si ahora tuviera que hacer un retrato robot de ella creo que no podría. Seguramente tenía nariz aguileña y durante algunos meses fue pelirroja; seguramente alguna vez la vi reírse detrás de los ventanales de un restaurante mientras yo aguardaba un taxi o simplemente sentía la lluvia sobre mis hombros. Tenía 18 años y una vez cada quince días se metía en la cama con un tira de la Brigada de Estupefacientes. En los sueños ella aparece vestida con bluejeans y suéter negro y las pocas veces que se vuelve a mirarte se ríe tontamente. Sus ojos recorrían gatos, olas, edificios abandonados con la misma frialdad con que podían obstruirse y dormir. El tira la ponía a cuatro patas y se agachaba junto al enchufe. Al vibrador se le habían acabado hacía mucho tiempo las pilas y él se las ingenió para hacerlo funcionar con electricidad. El sol se filtra por el verde de las cortinas, ella duerme con las medias hasta los tobillos, bocabajo, el pelo le cubre el rostro. En la siguiente escena la veo en el baño, asomada al espejo, luego exclama buenos días y sonríe. Era una muchacha dulce, quiero decir que en ocasiones podía levantarte el ánimo o prestarte algunos billetes. El tira tenía una verga enorme, por lo menos ocho centímetros más larga que el consolador, y se la metía raras veces. Supongo que de esa manera era más feliz. (Nunca mejor empleado el término felicidad.) Miraba con ojos acuosos su polla erecta. Ella lo contemplaba desde la cama... Fumaba cigarrillos rubios y posiblemente alguna vez pensó que los muebles del dormitorio y hasta su amante eran cosas huecas a las que debía dotar de sentido... Escena morada: aún sin bajarse las medias hasta los tobillos, relata lo que le ha pasado durante el día... «Todo está asquerosamente inmovilizado, fijo en algún punto del aire.» Lámpara de cuarto de hotel. Cenefa verde oscura. Alfombra gastada. Muchacha a cuatro patas gimiendo mientras el vibrador entra en su coño. Tenía piernas largas y 18 años, en aquellos tiempos estaba en el negocio de las drogas y no le iba mal: abrió una cuenta corriente y se compró una moto. Tal vez parezca extraño pero yo nunca deseé acostarme con ella. Alguien aplaude desde una esquina mal iluminada. El policía se acurrucaba a su lado y la tomaba de las manos. Luego guiaba éstas hasta su entrepierna y ella podía estar una hora o dos haciéndole una paja. Durante ese invierno llevó un abrigo de lana, rojo y largo hasta las rodillas. Mi voz se pierde, se fragmenta. Creo que sólo se trataba de una muchacha triste, extraviada ahora entre la multitud. Se asomó al espejo y dijo «¿hoy has hecho cosas hermosas?». El hombre de Estupefacientes se aleja por una avenida sombreada de alerces. Sus ojos eran fríos, a veces aparece en mis pesadillas sentada en la sala de espera de una estación de autobuses. La soledad es una vertiente del egoísmo natural del ser humano. La persona amada un buen día te dirá que no te ama y no entenderás nada. Eso me pasó a mí. Hubiera querido que me explicara qué debía hacer para soportar su ausencia. No dijo nada. Sólo sobreviven los inventores. En mi sueño un vagabundo viejo y flaco aborda al policía para pedirle fuego. Al meter la mano en el bolsillo para sacar el encendedor el vagabundo le ensartó un cuchillo. El poli cayó sin emitir ruido alguno. (Estoy sentado en mi habitación del Distrito V, inmóvil, sólo muevo el brazo para poner o sacar el cigarrillo de mi boca.) Ahora le toca a ella perderse. Se suceden rostros de adolescentes en el espejo retrovisor de un automóvil. Un tic nervioso. Fisura, mitad saliva, mitad café, en el labio inferior. La pelirroja se aleja arrastrando su moto por una avenida arbolada... «Asquerosamente inmóvil»... «Decirle a la niebla: todo está bien, me quedo contigo»...

Rampas de lanzamiento

En la escena sólo hay cuadrados. Se aguantan durante todo el día, como una fotofija, en la pantalla. Anochece. A lo lejos hay un grupo de chalets de cuyas chimeneas comienza a salir humo. Los chalets están en un valle rodeado de colinas marrones. Se humedecen los cuadrados. De sus rectas brota una especie de sudor cartilaginoso. Ahora es indudable que es de noche; al pie de una de las colinas un labrador entierra un paquete envuelto en periódicos. Podemos ver una noticia: en uno de los suburbios de Barcelona existe un parque infantil tan peligroso como un campo minado. En una de las fotografías que ilustran el artículo se observa un tobogán a pocos metros de un abismo; dos niños, con los pelos erizados, saludan desde lo alto del tobogán; al fondo se recorta una enorme bodega abandonada. Volvamos a los cuadrados. La superficie se ha transformado en algo que vagamente nos recuerda, como los dibujos de Rorschach, oficinas de policía. Desde los escritorios un hombre absolutamente límite mira los cuadrados intentando reconocer los chalets, las colinas, las pisadas del labrador que se pierden en la oscuridad marrón y sepia. Ahora los cuadrados parpadean. Un policía vestido de paisano recorre un pasillo solitario y estrecho. Abre una puerta. Delante de él se extiende un paisaje de rampas de lanzamiento. Las pisadas del policía resuenan en los patios silenciosos. La puerta se cierra.

Un hospital

Aquella muchacha ahora pesa 28 kilos. Está en el hospital y parece que se apaga. «Destruye tus frases libres.» No entendí hasta mucho después a qué se refería. Pusieron en duda mi honestidad, mi eficiencia, dijeron que dormía cuando me tocaba guardia. En realidad ellos estaban enjuiciando a otra persona y yo llegué casualmente en el momento menos indicado. La chica pesa ahora 28 kilos y es difícil que salga del hospital con vida. (Alguien aplaude. El pasillo está lleno de gente que abre la boca sin emitir sonido alguno.) ¿Una muchacha que yo conocí? No recuerdo a nadie con ese rostro, dije. En la pantalla se proyecta una calle, un muchacho borracho se dispone a cruzarla, aparece un autobús. ¿El apuntador dijo Sarah Bendeman? De todas maneras no entendí nada en ese momento. Sólo me acuerdo de una muchacha flaca, de piernas largas y pecosas, desnudándose al pie de la cama. Fundido en negro. Se abre la escena en un callejón mal iluminado: una mujer de 40 años fuma un cigarrillo negro apoyada en el quicio de una ventana en el cuarto piso. Por las escaleras sube lentamente un poli de paisano, sus facciones son parecidas a las mías. (El único que aplaudió ahora cierra los ojos. En su mente se forma algo que con otro sentido de la vida podría ser un hospital. En uno de los cuartos está acostada la muchacha. Las cortinas permanecen descorridas y la luz se desparrama por toda la habitación.) «Destruye tus frases libres»... «Un policía sube por la escalera»... «En su mirada no existe el jorobadito, ni la judía, ni el traidor»... «Pero aún podemos insistir»...

Gente que se aleja

No hay nada estable, los ademanes netamente amorosos del niño se precipitan al vacío. Escribí: «grupo de camareros retornando al trabajo» y «arena barrida por el viento» y «vidrios sucios de septiembre». Ahora puedo darle la espalda. El jorobadito es la estrella de tu camino. Casas blancas desperdigadas a lo largo del atardecer. Carreteras desiertas, chillidos de pájaros provenientes del follaje. Y ¿lo hice todo?, ¿besé cuando nadie esperaba nada? (Bueno, a bastantes kilómetros de aquí la gente aplaude y ése es mi desconsuelo.) Ayer soñé que vivía en el interior de un árbol hueco, al poco rato el árbol empezaba a girar como un carrusel y yo sentía que las paredes se comprimían; desperté con la puerta del bungalow abierta de par en par. La luna ilumina el rostro del jorobadito... «Palabras solitarias, gente que se aleja de la cámara y niños como árboles huecos»... «Adondequiera que vayas»... Me detuve en «palabras solitarias». Escritura sin disciplina. Eran como cuarenta tipos, todos con sueldos de hambre. Cada mañana el andaluz reía estrepitosamente después de leer el periódico. Luna creciente en agosto. En septiembre estaré solo. En octubre y noviembre recogeré piñas.

Tres años

Toda escritura finalmente traicionada por la escena de los hombres retornando al edificio. No existen más reglas que una niña pelirroja observándonos al final de la reja (Bruno lo entendió como yo, sólo que con pasiones distintas). Los polis están cansados, hay escasez de gasolina y miles de jóvenes desempleados dando vueltas por Barcelona. (Bruno está en París, me dicen que tocando el saxo afuera del Pompidou y ya sin la maniática.) Con pasos cartilaginosos se acercan los cuatro o cinco camareros al barracón donde duermen. Uno de ellos escribió poesía, pero de eso hace demasiado tiempo. El autor dijo «no puedo ser pesimista ni optimista, está claro, mis imágenes están determinadas por el compás de espera que se manifiesta en todo lo que llamamos realidad». No puedo ser un escritor de ciencia ficción porque he perdido gran parte de mi inocencia... Palabras que nadie dice que nadie está obligado a decir... Manos en proceso de fragmentación escritura que se sustrae así como el amor la amistad los patios lluviosos... Por momentos tengo la impresión de que todo esto es «interior»... Línea a seguir en la frecuencia que califique la computadora (toda línea es soledad total)... Tal vez por eso viví solo y durante tres años no hice nada... (Je je je, el tipo rara vez se lavaba, no necesitaba escribir a máquina, le bastaba sentarse en un sillón desvencijado para que las cosas huyeran por iniciativa propia)... ¿Un atardecer sorpresivo para el jorobadito? ¿Facciones de policía a menos de cinco centímetros de su rostro? ¿La lluvia limpió los vidrios de la ventana?

La pistola en la boca

Biombo de pelo rubio, detrás el jorobadito dibuja piscinas, ciudades dormitorio, alamedas vacías. La delicadeza estriba en los ademanes adecuados para cada situación. El jorobadito dibuja una persona gentil. «Me quedé bocarriba en la cama, chirriar de grillos y alguien que recitaba a Manrique.» Árboles secos de agosto, escribo para ver qué pasa con la inmovilidad y no para gustar. ¡Una persona gentil! Sea el arte o la aventura de cinco minutos de un muchacho corriendo escaleras arriba. «Escapó al ojo del autor mi despedida.» Un ah y un ay y postales de pueblos blancos. El jorobadito se pasea por la piscina vacía, se sienta en la parte más honda y saca un cigarrillo. Pasa la sombra de una nube, una araña se detiene junto a su uña, expele el humo. «La realidad apesta.» Supongo que todas las películas que he visto de nada me servirán cuando me muera. Escena de ciudades dormitorio vacías, el viento levanta periódicos viejos, costras de polvo en bancos y restaurantes. *La guerra la he tenido en mí mismo desde hace tiempo, de ahí que no me afecte interiormente,* escribió Klee. ¿Vi por primera vez al jorobadito en México DF? ¿Era Gaspar el que contaba historias de policías y ladrones? Le pusieron la pistola en la boca y con dos dedos le taparon la nariz... Tuvo que abrir la boca para respirar y entonces empujaron el cañón hacia dentro... En el centro del telón negro hay un círculo rojo... Creo que el tipo dijo *mamá* o *mierda,* no sé...

Grandes olas plateadas

El poeta estuvo en este camping. Esa tienda que ves allí fue su tienda. Entra. Está llena de viento. En aquel árbol encendió un cigarrillo. Desde donde estamos podía verse la transpiración que le cubría el rostro. En su barbilla se formaban gruesas gotas que luego caían en la hierba. Aquí, toca, entre estos matorrales él durmió durante horas. El poeta entró al bar y bebió una cerveza. Pagó con dinero francés y metió el cambio en el bolsillo sin contarlo. Hablaba perfectamente español. Tenía una cámara fotográfica que ahora está en los almacenes de la policía. Pero nadie le vio jamás tomar una foto. Paseaba por la playa al atardecer. En esa escena la playa adquiría tonalidades pálidas, amarillo pálido, con manchas vagamente doradas. El poeta se deslizó sobre la arena. La única banda sonora era la tos seca y obsesiva de una persona a quien nunca pudimos ver. Grandes olas plateadas, el poeta de pie en la playa, sin zapatos y la tos. ¿Hace mucho él también fue feliz dentro de una tienda? Supongo que debe existir una escena donde él está encima de una muchacha delgada y morena. Es la noche de un camping desierto, en el interior de Portugal. La muchacha está bocabajo y él se lo mete y saca mientras le muerde el cuello. Después la voltea. Ajusta las rodillas de ella entre sus axilas y ambos se vienen. Al cabo de una hora volvió a montarla. (O como dijo un chulo del Distrito V: «pim pam pim pam hasta el infinito».) No sé si estoy hablando de la misma persona. Su cámara está ahora en los almacenes de la policía y tal vez a nadie se le ha ocurrido revelar los carretes. Pasillos interminables, de pesadilla, por donde avanza un técnico gordo de la Brigada de Homicidios. Han apagado la luz roja, ahora puedes entrar. El rostro del policía se distiende en algo así como una sonrisa. Por el fondo del pasillo avanza la silueta de otro policía. Éste recorre el tramo que lo separa de su compañero y luego ambos desaparecen. Al quedar *vacío* el color gris del pasillo titila o tal vez se hincha. Luego aparece la silueta de un policía en el otro extremo, avanza hasta quedar en primer plano, se detiene, por el fondo aparece otro poli. La sombra avanza hasta la sombra del poli en primer plano. Ambos desaparecen. La sonrisa de un técnico de la Brigada de Homicidios vigila estas escenas. Mejillas gordas empapadas de sudor. En las fotografías no hay nada. (Intento de aplauso frustrado.) «Llamen a alguien, hagan algo»... «Una maldita tos recorriendo la playa»... «La tienda llena de viento como un gato disecado»... «Todo se destroza»... «Rostros escenas libres kaputt»...

Los motociclistas

Imagina la situación: la desconocida se oculta en el descansillo de la escalera. Es un edificio viejo, mal iluminado y con ascensor de rejilla. Detrás de la puerta un tipo de unos 40 años murmura, con acento de confesión, que también a él lo persigue Colan Yar. El tinglado marrón y negro desaparece casi instantáneamente dando paso a un panorama largo, profundo, con tiendas de techos multicolores. Después: árboles verde oscuro. Después: cielo rojo y nublado. ¿Un muchacho dormía en aquellos momentos dentro de la tienda de campaña? ¿Soñando Colan Yar, coches policiales detenidos frente a un edificio humeante, malhechores de 20 años? «Toda la mierda del mundo» o bien: «Un camping debe ser lo más parecido al Purgatorio», etc. Con manos temblorosas y secas apartó los visillos. Abajo los motociclistas encendieron los motores y se piraron. Murmuró «muy lejos» y apretó los dientes. Rubias gordas, jóvenes andaluzas seguras de gustar y entre ellas la muchacha desconocida, su boca de guillotina, paseando por el pasado y el futuro como un rostro cinematográfico. Imaginé mi cuerpo abandonado en el campo, a pocos metros del pueblo. Un campista me descubrió, paseaba y fue él quien avisó a la policía. Ahora, bajo el cielo nublado, me rodean hombres de uniformes azules y blancos. Guardias civiles, fotógrafos de periódicos sensacionalistas o tal vez sólo turistas aficionados a fotografiar cadáveres. Curiosos y niños. No es el Paraíso pero se le parece. La muchacha baja las escaleras lentamente. Abrí la puerta del consultorio y corrí escaleras abajo. En las paredes vi ballenas furiosas, un alfabeto incomprensible. El ruido de la calle me despertó. En la acera de enfrente un tipo se puso a gritar y luego a llorar hasta que llegó la policía. «Un cadáver en las afueras del pueblo»... «Se pierden los motociclistas por la carretera»... «Nadie volverá a cerrar esta ventana»...

El vagabundo

Recuerdo una noche en la estación ferroviaria de Mérida. Mi compañera dormía dentro del saco y yo velaba con un cuchillo en el bolsillo de la chaqueta, sin ganas de leer. Bueno... Aparecieron frases, quiero decir, en ningún momento cerré los ojos ni me puse a pensar, sino que las frases literalmente aparecieron, como anuncios luminosos en medio de la sala de espera vacía. En el otro lado dormía un vagabundo y junto a mí dormía mi compañera y yo era el único despierto en toda la silenciosa y asquerosa estación. Mi compañera respiraba tranquila bajo el saco de dormir rojo y eso me hacía feliz. El vagabundo a veces roncaba, hacía días que no se afeitaba y usaba su chaqueta de almohada. Con la mano izquierda se cubría el pecho. Las frases aparecieron como noticias en un marcador electrónico. Letras blancas, no muy brillantes, en el medio de la sala de espera. Los zapatos del vagabundo estaban puestos a la altura de su cabeza. Uno de los calcetines tenía la punta completamente agujereada. A veces mi compañera se removía. La puerta que daba a la calle era amarilla y la pintura presentaba, en algunos lugares, un aspecto desolador. Quiero decir, muy tenue y al mismo tiempo completamente desolado. Pensé que el vagabundo podía ser un tipo violento. Frases. Cogí el cuchillo sin llegar a sacarlo del bolsillo y esperé la próxima frase. A lo lejos escuché el silbato de un tren y el sonido del reloj de la estación. Estoy salvado, pensé. Íbamos camino a Portugal y eso sucedió hace tiempo. Mi compañera respiró. El vagabundo me ofreció un poco de coñac de una botella que sacó de entre sus pertenencias. Hablamos unos minutos y luego callamos mientras llegaba el amanecer.

Agua clara del camino

Lo que vendrá. El viento entre los árboles. Todo es proyección de un muchacho desamparado. ¿Está lloviendo? «Sí, querida.» ¿Y él camina solo por una carretera de provincia? La boca se mueve. Vi un grupo de gente que abría la boca sin poder hablar. La lluvia a 45 km por hora se cuela entre las agujas de los pinos. Corre solitario por el bosque. (En esta escena aparece el autor con las manos en las caderas observando algo que queda fuera de la pantalla.) El viento entre los árboles, como una cortina demencial, justo en el único sitio donde es factor de cambio. Similar a un pijama en una playa desierta: el viento mueve, levanta el pijama, lo aleja por la arena hasta hacerlo desaparecer como un largo bostezo. Todo nos proyecta a un muchacho que no sabe qué hacer salvo mirar despegar los aviones y andar entre los matorrales. ¿En los últimos días de su vida? «Supongo que sí»... «Como un cohete abierto en canal»... «El modo poético de decir que ya no amas más los callejones iluminados por coches patrulla»... «La melódica voz del sargento hablando con acento gallego»... «Chicos de tu edad que se conformarían con tan poco»... «Una especie de danza que se convierte en labios que se abren silenciosamente»... Pozos de agua clara en el camino. Viste a un tipo tirado entre los árboles y seguiste corriendo. Las primeras moras silvestres de la temporada. Como los ojitos de la emoción que salía a tu encuentro.

Como un vals

En el vagón una muchacha solitaria. Mira por la ventanilla. Afuera todo se desdobla: campos arados, bosques, casas blancas, pueblos, suburbios, basureros, fábricas, perros y niños que levantan la mano y dicen adiós. Apareció Lola Muriel. Agosto 1980. Como las arañas del camping, se desplaza tejiendo una red sobre mi rostro. (Sueño rostros que abren la boca y no pueden hablar. Camino por el pasillo de un hotel. Despierto.) Lola Muriel, ojos azules, andaluza, en la piscina lee los cuentos de Poe. Deja estelas sueños de pirámides entrevistas desde la selva. Me atemoriza, me hace feliz. (Sueño que veo llover en los barrios más distantes. Camino por una galería solitaria. Despierto transpirando.) ¿Agosto 1980?, ¿una andaluza de 18 años?, ¿el vigilante nocturno, loco de amor?

Nunca más solo

El silencio ronda en los patios sin dejar papeles escritos, aquello que después llamaremos *obra*. El silencio lee cartas sentado en un balcón. Pájaros como ronquera, como mujer de voz grave. Ya no pido toda la soledad del amor ni la paz del amor ni los espejos. El silencio esplende en los pasillos vacíos, en las radios que ya nadie escucha. El silencio es el amor así como tu voz ronca es un pájaro. Y no existe obra que justifique la lentitud de movimientos y la ternura. Escribí «una muchacha desconocida», vi una radio y vi una muchacha sentada en una silla y un tren. La muchacha estaba atada y el tren en movimiento. Repliegue de alas. Todo es repliegue de alas y silencio, así en la muchacha gorda que no se atreve a entrar en la piscina como en el jorobadito. La mano de ella apagó la radio... «He sido testigo de numerosos matrimonios, el silencio construye una especie de victoria para dos, vidrios empañados y nombres escritos con el dedo»... «Tal vez fechas y no nombres»... «En el invierno»... Escena de policías entrando en un edificio gris, ruido de balas, radios encendidas a todo volumen. Fundido en negro. La ternura y su capa de silencio plateado. Y ya no pido toda la soledad del mundo. Ellos disparan. Frases como «he perdido hasta el humor», «tantas noches solo», etc. me devuelven el sentido del repliegue. No hay nada escrito. El extranjero, inmóvil, supone que eso es la muerte. Tiembla el jorobadito en la piscina. He encontrado un puente en el bosque. Relámpago de ojos azules y pelo rubio... «Hasta dentro de un tiempo, nunca más solo»...

El aplauso

Dijo que amaba los días movidos. Miré el cielo. «Días movidos», además de nubes y gatos que se escabullían entre los matorrales. Este tarro con flores que abandono en el campo es mi prueba de amor por ti. Después volví con una red para cazar mariposas. La muchacha dijo: «calamidad», «caballos», «cohetes» y me dio la espalda. Su espalda habló. Como chirriar de grillos en la tarde de chalets solitarios. Cerré los ojos, los frenos chirriaron y los policías descendieron velozmente de sus coches. «No dejes de mirar por la ventana.» Sin hablar dos de ellos alcanzaron la puerta y dijeron «policía», el resto apenas lo pude escuchar. Cerré los ojos, los muchachos murieron en la playa. Cuerpos llenos de agujeros. Hay algo obsceno en esto, dijo el enfermero cuando nadie lo escuchaba. «Días movidos, miré el cielo, gatos», seguramente no volveré al descampado, ni con flores, ni con red, ni con un maldito libro para pasar la tarde. La boca se abrió pero el autor no pudo escuchar nada. Pensó en el silencio y después pensó «no existe», «caballos», «luna menguante de agosto». Fundido en negro. Alguien aplaudió desde el vacío. Dije que suponía que eso era la felicidad.

El baile

En la terraza del bar sólo bailan tres niñas. Dos son delgadas y tienen el pelo largo. La otra es un poco gorda, lleva el pelo más corto y es subnormal... «Canciones para que anochezca con menos crueldad»... El tipo al que perseguía Colan Yar se esfumó como mosquito en invierno... A propósito, supongo que en invierno sólo quedan los *huevos* de los mosquitos del próximo verano... Tres muchachas y yo muy solo... 7 de agosto de 1980... El muchacho llegó a su cuarto, encendió la luz... Tenía el rostro desencajado... Apagó la luz. No temas, aunque sólo pueda contarte estas historias tristes, no temas...

No hay reglas

Las grandes estupideces. Muchacha desconocida retornando a la escena del camping desierto. Bar desierto, recepción desierta, parcelas desiertas. Éste es tu pueblo fantasma del oeste. Dijo: finalmente nos destrozarán a todos. (¿Hasta a las muchachas bonitas?) Me reí de su desamparo. El doble lleno de aprensión hacia sí mismo porque no podía evitar enamorarse una vez al año por lo menos. Después una sucesión de baños, reediciones, muchachos vomitando mientras en la terraza silenciosa baila una muchacha subnormal. Toda escritura en el límite de la tensión esconde una máscara blanca. Eso es todo. El resto: pobre pequeño Roberto escribiendo en un alto del camino. «Coches policiales con las radios encendidas: les llueve información de todos los barrios por donde pasan.» «Cartas anónimas, amenazas sutiles, la verdadera espera.» «Querida, ahora vivo en una zona turística, la gente es morena, hace sol todos los días, etc.» No hay reglas. («Díganle al estúpido de Arnold Bennett que *todas* las reglas de construcción siguen siendo válidas sólo para las novelas que son copias de otras.») Y así, y así. Yo también huyo de Colan Yar. He trabajado con subnormales, en un camping, recogiendo piñas, vendimiando, estibando barcos. Todo me empujó hasta este lugar, el descampado donde ya no queda nada que decir... «Estás con muchachas hermosas, sin embargo»... «Creo», dijo, «que lo único hermoso aquí es la lengua»... «Me refiero a su sentido más estricto.» (Aplausos.)

Bar La Pava, autovía de Castelldefels
(¡Todos han comido más de un plato o un plato que vale más de 200 pesetas, menos yo!)

Querida Lisa, hubo una vez que hablé contigo por teléfono más de una hora sin apercibirme de que habías colgado. Fue en un teléfono público de la calle Bucareli, en la esquina del Reloj Chino. Ahora estoy en un bar de la costa catalana, me duele la garganta y tengo poco dinero. La italiana dijo que regresaba a Milán a trabajar, aunque se cansara. Creo que le pediré al enfermero del camping algún antibiótico. La escena se disgrega geométricamente. Aparece una playa solitaria a las 8 de la noche, el día aún anaranjado; a lo lejos caminan, en dirección contraria al que observa, un grupo de cinco personas en fila india. El viento levanta una cortina de arena y los cubre.

Amberes

En Amberes un hombre murió al ser aplastado su automóvil por un camión cargado de cerdos. Muchos de los cerdos también murieron al volcar el camión, otros tuvieron que ser sacrificados al pie de la carretera y otros se escaparon a toda velocidad... «Has oído bien, querida, el tipo reventó mientras los cerdos pasaban por encima de su automóvil»... «En la noche, por las carreteras oscuras de Bélgica o Catalunya»... «Conversamos durante horas en un bar de las Ramblas, era verano y ella hablaba y transpiraba con la misma profusión»... «Los cerdos aullaron, no de miedo, sino por»... «Ella dijo me gustaría estar sola y yo pese a estar borracho entendí»... «No sé, es algo así como la luna llena, chicas que en realidad son como moscas, no es eso lo que quiero decir»... «Cerdos aullando en medio de la carretera, heridos o alejándose a toda prisa del camión destrozado»... «Cada palabra es inútil, cada frase, cada conversación telefónica»... «Dijo que quería estar sola»... También yo quise estar solo. En Amberes o en Barcelona. La luna. Animales que huyen. Accidente en la carretera. El miedo.

El verano

Hay una enfermedad secreta llamada Lisa. Es indigna como toda enfermedad y aparece en la noche. En el tejido de un lenguaje misterioso cuyas palabras significan sin excepción que el extranjero «no está bien». Y yo quisiera que ella supiera por algún medio que el extranjero «lo pasa mal», «en tierras desconocidas», «sin grandes posibilidades de escribir poesía épica», «sin grandes posibilidades de nada». La enfermedad me lleva a baños extraños e inmóviles donde el agua funciona con una mecánica imprevista. Baños, sueños, cabellos largos que salen de la ventana hasta el mar. La enfermedad es una estela. (El autor aparece sin camisa, con lentes negros, posando con un perro y una mochila en el verano de algún lugar.) «El verano de algún lugar», frases carentes de tranquilidad aunque la imagen que refractan permanezca quieta, como un ataúd delante de una cámara fija. El escritor es un tipo sucio, con la camisa arremangada y el pelo corto mojado en transpiración acarreando tambores de basura. También es un camarero que se observa filmado mientras camina por una playa desierta, de regreso al hotel... «Viento con arena fina»... «Sin grandes posibilidades»... La enfermedad es estar sentado bajo el faro mirando hacia ninguna parte. El faro es negro, el mar es negro, la chaqueta del escritor también es negra.

El brillo de la navaja

En un poema, «Imágenes detenidas», ¿por qué el chileno es el único turista de esa hora? Supongo que en realidad no es una hora nocturna, como se podría colegir al ser el chileno *asaltado* por el pandillero, sino un atardecer debajo de los arcos de la plaza Vicente Martorell. ¿El chileno, asaltado? No. El chileno encuentra al pandillero, eso es todo. Y el resto obedece a reflejos naturales de ambos personajes; uno ataca, el otro mira. El otro, el chileno, consiente, y mediante ese sacrificio transforma. Rostro mojado que esboza una sonrisa. Brillo de navaja a lo lejos, entre los arcos y las sombras adolescentes. Ojos curiosos que una gasa líquida va velando paulatinamente. La cabeza no llega a golpearse contra el suelo. Mierda, dijo el chileno antes de fijar su pensamiento en una sonrisa. Gángsters pequeñitos, sus siluetas se pierden en el interior de la plaza. No hay dinero. Rostro mojado en transpiración, por fin posa la mejilla izquierda en el suelo.

Noche silenciosa

No puedes regresar. Este mundo de policías y ladrones y muchachos extranjeros sin papeles en regla es demasiado fuerte para ti. La palabra fuerte significa que es cómodo, un mundo liviano, casi vacío, del que no podrías desprenderte. A cambio recuperarías el país natal, una especie de país natal, y el derecho a que una muchacha nuevamente pudiera sonreírte. Una muchacha de pie en la puerta de tu habitación, la camarera que viene a hacer la cama. Me detuve en la palabra «cama» y cerré el cuaderno. Sólo tuve fuerzas para apagar la luz y dejarme caer en la «cama». Inmediatamente empecé a soñar con una ventana de maderas gruesas como aquellas que aparecían en los cuentos infantiles ilustrados. Con el hombro me apoyaba en la ventana y ésta se abría. El ruido producido al quedar de par en par me despertó. Afuera no había nadie. Noche silenciosa entre los bloques de bungalows. El policía había extendido su chapa procurando no tartamudear. Automóvil con matrícula de Madrid. El que estaba al lado del conductor iba con una camiseta con los colores del FC Barcelona horizontales. Un tatuaje de marinero en el brazo izquierdo. Detrás de ellos brilló una masa de niebla y sueño. Pero el poli tartamudeó y yo sonreí. No pu-pu-puedes re-re-regresar. «Regresar.»

Monty Alexander

Así es como es, dijo, una ligera sensación de fracaso se va acentuando y el cuerpo se acostumbra a eso. No puedes evitar el vacío de la misma manera que no puedes evitar cruzar calles si vives en la ciudad, con el agravante de que a veces la calle es interminablemente ancha, los edificios parecen bodegas de películas de gángsters y algunos tipos escogen las peores horas para pensar en sus madres. «Gángsters» corresponde a «madres». Nadie pensó en el jorobadito en la hora azul. Así es como es, el nombre de una pieza de Monty Alexander, grabada a principios de los sesenta en un local de Los Ángeles. Tal vez «bodegas» esté junto a «madres», en las sobreimposiciones es dable un amplio margen de error. Todo pensamiento es registrado en la senda de bosque que el extranjero recorrió. Si lo miraras desde arriba tendrías la impresión de una hormiga solitaria. Impulso de desconfianza: siempre hay otra hormiga que la cámara olvida. En todo poema falta un personaje que acecha al lector. «Bodegas», «gángsters», «madres», «para siempre». Tenía la voz dura, dijo, timbre sólido como derrumbe de pesadora de vacas o fardos con forraje de vacas en una piscina. Todo lo decía con doble sentido, algunas frases eran verdaderos jeroglíficos que nadie se daba el trabajo de descifrar. Ray Brown al bajo, Milt Jackson al vibráfono y otros dos más al saxo y a la batería. El propio Monty Alexander tocó el piano. ¿Manne Hole? ¿1961? La última imagen que el tipo vio fue una playa a las nueve de la noche. En julio atardecía muy tarde, a las 21.30 aún estaba claro. Grupo de camareros alejándose del ojo. (Pero el ojo piensa en «bodegas», no en «camareros».) El viento levanta suaves cortinas de arena. Desde aquí parece que intentaran regresar.

Automóviles vacíos

Muchacha desconocida que camina por barrios obreros de Barcelona. Despertó sobresaltado. ¿Una muchacha de padres españoles, nacida en Francia? La playa se extiende en línea recta hasta tocar el otro pueblo. Abrió la ventana, estaba nublado pero hacía calor. Regresó al baño. Los ojos de ella miraban con curiosidad las hileras de edificios de departamentos que se extendían hasta el fin de la avenida. Todo esto es paranoia, pensó, la muchacha tiene 18 años pero no existe, nació en una ciudad industrial de Francia y se llama Rosario o María Dolores, pero no puede existir puesto que aún estoy aquí. ¿Una broma pesada de las cámaras?, ¿el tipo de control está dormido? Miró el reloj, al volver a la ventana encendió un cigarrillo. Miró por los visillos: abajo los muchachos dormitaban entre las sombras. Siluetas intermitentes, sonido de voces apenas audibles. Observó la luna que aparecía sobre el edificio de enfrente. Desde la calle llegaron las palabras «barco», «olimpia», «restaurante». La muchacha se sentó en la terraza de un «restaurante» y pidió un vaso de vino blanco. Encima de la cabeza de la muchacha estaba la lona verde y un poco más arriba el verano. Así como encima del edificio sobresalía la luna y ella la miraba pensando en los motociclistas y en el nombre del mes: julio. Nacida en Francia de padres españoles, pelo rubio, absolutamente más allá del restaurante y de las palabras con que tratan de distraerla. «Desperté pues tu silueta se confundía con las sombras del dormitorio»... «Una explosión muy fuerte»... «Quedé sordo por el resto del día»... Soñó automóviles vacíos en los solares de un supermercado abandonado. Ya no hay pueblo ni barrios obreros para este actor. 18 años, muy lejos. Regresa al baño. Muchacha kaputt.

Los elementos

Cine entre los pinos del camping ✯ de Mar, los espectadores miran la pantalla y con las manos espantan los mosquitos. Rostro amarillo surge de improviso entre las rocas y pregunta ¿a ti también te persigue Colan Yar? (Rostro amarillo cruzado de anchas cicatrices oscuras, árboles quemados, sillas blancas de plástico duro abandonadas frente a los bungalows, una bicicleta en medio de la maleza.) Colan Yar, por supuesto, y placas iluminadas tenuemente por la luz de la luna. Abandoné el puesto, con pasos lentos me dirigí al restaurante aún abierto a esas horas de la noche. «Colan Yar detrás de mí, justo detrás de mí», escuché que decían a mis espaldas. Al volverme no vi más que siluetas de árboles y tiendas oscuras. En el cine uno de los actores dijo «nos persigue un volcán». Otro personaje, una mujer, en determinado momento afirma: «es difícil llegar a ser mayor del Ejército inglés». Perseguidos por los Nagas, guerreros diabólicos con cascos de cuero negro; adoradores del volcán, tal vez sacerdotes y no guerreros; en todo caso, eliminados pronto. La actriz: estoy cansada de luchar contra estos seres horribles. Un actor le responde: ¿quieres que te lleve en brazos hasta el avión? Cinco figuras corriendo a través de un valle en llamas. Un rompehielos de la Armada los espera a las 20.30 horas, ni un minuto más. El capitán: «si seguimos aquí después no podremos salir». El capitán tiene el pelo completamente cano y lleva uniforme azul de invierno. Modula con lentitud: «no podremos salir». Aparté la mirada de la pantalla. A lo lejos las luces de las pistas de tenis se asemejaban a un aeródromo clandestino. Desde allí el que huye de Colan Yar escribe una carta sentado en una banca al aire libre. Aeródromo clandestino. Espejos. Otros elementos.

Nagas

¿Cine entre los árboles? El operador duerme la siesta en el patio de gravilla de su bungalow. La muchacha desconocida desapareció tan suavemente como la primera vez que la vi. Avancé sin temor, mis huellas quedaron marcadas levemente en el polvo, en línea recta de mi bungalow a los baños. Eran las doce de la noche y vi coches policiales detenidos en la carretera. Dejé sin contestar la última carta de Mara. La muchacha caminó de regreso a su tienda y nadie pudo asegurar si realmente había estado en los lavaderos alguna vez. «No puedo escribir nada más»... «Sólo queda una niña pequeña, diez años, que me saluda cada vez que nos encontramos»... «Se sentaba sola en la terraza del bar, junto a la pista de baile, y era difícil encontrarla»... En la pantalla aparecen los nagas. Espectadores rodeados de mosquitos a las 12 de la noche; miré a la derecha: luces lejanas de una cancha de tenis nocturna. Tuve deseos de dormirme allí mismo. Éstos son los elementos: «impasibilidad», «perseverancia», «pelo rubio». A la mañana siguiente ya no estaba en su tienda. Por las carreteras europeas condenadas a la muerte se desliza el automóvil de sus padres, ¿hacia Francia?, ¿Suiza?... El tipo miró para arriba con gesto cansado, luna creciente, copas de pinos recortadas contra el cielo, ruido de sirenas a lo lejos. Pero aquí estoy seguro, dijo, el que venía a matarme no me reconoció y se ha ido. Escena en blanco y negro de hombre que se adentra en el bosque después de la sesión de cine. Últimas imágenes de adultos durmiendo la siesta mientras un automóvil desconocido rueda al encuentro de una luminosidad mayor. «Deseo que te amen y que no conozcas la muerte.»

Post Scriptum

De lo perdido, de lo irremediablemente perdido, sólo deseo recuperar la disponibilidad cotidiana de mi escritura, líneas capaces de cogerme del pelo y levantarme cuando mi cuerpo ya no quiera aguantar más. (Significativo, dijo el extranjero.) A lo humano y a lo divino. Como esos versos de Leopardi que Daniel Biga recitaba en un puente nórdico para armarse de coraje, así sea mi escritura.

Iceberg

Apuntes de una castración

E pus ma dona m'estranha.
PEIRE VIDAL

Para Fernando X la aventura había comenzado fue como
    despertar pozo salvaje
Mis sueños dijo son apenas había comenzado no sabía si
    estaba dormido

Fui sujeto de manos y piernas y la cuchilla como mi espejo
    cortó allá abajo
En el sueño abajo late como pozo si es de noche ya no puedo
    temer soy libre

Y del espejo surgió mi pozo para Fernando X las palabras le
    cortaron
Sentí el corte y me cagué cogí mis huevos y en el espejo la
    palabra parecía viva

No sé si soñaba fue como un sueño los vecinos salieron del
    espejo
Sujeto fui por los cuatro extremos y mis gritos cercaron la
    palabra

Ahora te lo puedo contar soy la Historia ese latido anula a mi
    muchacha
Ya no eyacula semen Fernando X sino liquor prostático y su
    hombría resplandece

Dijo mi hombría resplandece porque está atardeciendo y
soy la Historia
Un Fernando acorazado que hunde su mano en él y anula
a su muchacha

Cercado por palabras los vi salir del espejo eran delgados
como espermatozoides
Me reí como mi pozo quiso decir algo había comenzado
la técnica nueva

Ahora empuja los dedos hacia el vacío y sus ojos brillan
en el espejo
Tardes del alto medievo aquí tenemos solo a un Fernando X
acorazado

La pelirroja

I

Mi idea de la perdedora que la muchacha conozca a la
    muerte
pierna fuera de las sábanas como su Chile tocado por la
    luna

Camino astado de conocimiento la puerta se abre
y el tipo sonríe como imbécil su slip abultado por la luna

Como Dios conoce a los perdedores ella ha reconocido
la llegada de la muerte el momento Chile su instante de
    soledad

Su pelirroja su solidaridad un Chile debajo del toque
    lunar
un momento puro el encuentro de la desnudez y su
    soledad

Cuerpo tirado sobre las sábanas mi idea de la perdedora:
por entre las nalgas baja un hilillo de semen como luz
    propia

Su pelirroja grita en tiempos verbales pasados y ella se
    viene
a través de la idea dedo que en el culo toca la estalactita

Poética por ascensión pelirroja por ascensión un delta
    visual

que compone su Chile erecto tocado por la luna que la
   sujeta

Mientras se viene grita se estremece idea fija otra vez
   indecible
como cuerpo ensartado que compone transpiración
   como velo

Las manos bajan el calzoncillo y aparece Chile su horror
su grito blanco como el calzoncillo tocado por la luna

Su ojo azul se voltea y ofrece la grupa un hilillo de semen
como luz alba enferma que cubre la raya rosada y el ojo
   marrón

Del culo el ojo oscuro cubierto de leche como alba su razón
tocada por la leche como cinta franja línea que aún grita

Sus propios tiempos verbales caóticos para componer la
   figura
De su pelirroja ensartada que se viene hasta la estalactita

II

Idea fija otra vez indecible el hilo espeso es una luz propia

Su Chile su arco iris inmóvil como pulmón de tiempos
   verbales oscuros

Tocada por la luna su venida su sujeción de un eje
   ondulante

El momento Chile el momento erecto de su pelirroja y de
   su soledad

Camino astado su idea acoge a la perdedora a través de un
eje ondulante

Pelirroja por ascensión la espalda las caderas rasguñadas
sujeta a soledad

Como una alambrada la idea horizontal ha permitido un
eje ondulante

Tocada por la luna su momento Chile que la penetra
como pulmón

Reconociendo la fuga la inmóvil que dice toca el
cualquier lugar ensangrentado

La victoria

En ningún lugar puedes estar seguro
Has revisado tus posibilidades y ahora
Estás en el vacío esperando un golpe de suerte

Dolce stil nuovo de la frialdad, así
No llegará tu cuerpo real a ninguna parte
Pero tu sombra acorazada acaso huya

Ahora tus posibilidades se llaman ninguna
Pues ya no te ufanas de haber conocido el peligro
Ni un golpe de suerte encenderá esta lámpara

Estás en el secreto de la poesía
Y ya en ningún lugar puedes estar seguro
Ni en las palabras ni en la aventura

Detrás de tu promesa se esconde la Promesa
Un niño volverá a recorrer las guerras
En el reflejo de tu frialdad imaginaria

Bienamado hasta por el peligro, llegó
Tu instante de vacío absoluto mira allí
Entre los árboles tu sombra levanta un cadáver

Prosa del otoño en Gerona

Una persona —debería decir una desconocida— que te acaricia, te hace bromas, es dulce contigo y te lleva hasta la orilla de un precipicio. Allí, el personaje dice ay o empalidece. Como si estuviera dentro de un caleidoscopio y viera el ojo que lo mira. Colores que se ordenan en una geometría ajena a todo lo que tú estás dispuesto a aceptar como bueno. Así empieza el otoño, entre el río Oñar y la colina de las Pedreras.

La desconocida está tirada en la cama. A través de escenas sin amor (cuerpos planos, objetos sadomasoquistas, píldoras y muecas de desempleados) llegas al momento que denominas *el otoño* y descubres a la desconocida.

En el cuarto, además del reflejo que lo chupa todo, observas piedras, lajas amarillas, arena, almohadas con pelos, pijamas abandonados. Luego desaparece todo.

Te hace bromas, te acaricia. Un paseo solitario por la plaza de los cines. En el centro una alegoría en bronce: «La batalla contra los franceses». El soldado raso con la pistola levantada, se diría a punto de disparar al aire, es joven; su rostro está conformado para expresar cansancio, el pelo alborotado, y ella te acaricia sin decir nada, aunque la palabra caleidoscopio resbala como saliva de sus labios y entonces las escenas vuelven a transparentarse en algo que puedes llamar el ay del personaje pálido o geometría alrededor de tu ojo desnudo.

Después de un sueño (he extrapolado en el sueño la película que vi el día anterior) me digo que el otoño no puede ser otro sino el dinero.

El dinero como el cordón umbilical que te comunica con las muchachas y el paisaje.

El dinero que no tendré jamás y que por exclusión hace de mí un anacoreta, el personaje que de pronto empalidece en el desierto.

«Esto podría ser el infierno para mí.» El caleidoscopio se mueve con la serenidad y el aburrimiento de los días. Para ella, al final, no hubo infierno. Simplemente evitó vivir aquí. Las soluciones sencillas guían nuestros actos. La educación sentimental sólo tiene una divisa: *no sufrir*. Aquello que se aparta puede ser llamado desierto, roca con apariencia de hombre, el pensador tectónico.

La pantalla atravesada por franjas se abre y es tu ojo el que se abre alrededor de la franja. Todos los días el estudio del desierto se abre como la palabra «borrado». ¿Un paisaje borrado? ¿Un rostro en primer plano? ¿Unos labios que articulan otra palabra?

La geometría del otoño atravesada por la desconocida solamente para que tus nervios se abran.

Ahora la desconocida vuelve a desaparecer. De nuevo adoptas la apariencia de la soledad.

Dice que está bien. Tú dices que estás bien y piensas que ella debe estar realmente bien y que tú estás realmente bien. Su mirada es bellísima, como si viera por primera vez las escenas que deseó toda su vida. Después llega el aliento a podrido, los ojos huecos aunque ella diga (mientras tú permaneces callado, como en una película muda) que el infierno no puede ser el mundo donde vive. ¡Corten este texto de mierda!, grita. El caleidoscopio adopta la apariencia de la soledad. Crac, hace tu corazón.

Al personaje le queda la aventura y decir «ha empezado a nevar, jefe».

De este lado del río todo lo que te interesa mantiene la misma mecánica. Las terrazas abiertas para recibir el máximo sol posible, las muchachas aparcando sus mobilettes, las pantallas cubiertas por cortinas, los jubilados sentados en las plazas. Aquí el texto no tiene conciencia de nada sino de su propia vida. La sombra que provisionalmente llamas autor apenas se molesta en describir cómo la desconocida arregló todo para su momento Atlántida.

No es de extrañar que la habitación del autor esté llena de carteles alusivos. Desnudo, da vueltas por el centro contemplando las paredes descascaradas, en las cuales asoman signos, dibujos nerviosos, frases fuera de contexto.

Resuenan en el caleidoscopio, como un eco, las voces de todos los que él fue y a eso llama su paciencia.

La paciencia en Gerona antes de la Tercera Guerra.

Un otoño benigno.

Apenas queda olor de ella en el cuarto...

El perfume se llamaba Carnicería Fugaz...

Un médico famoso le había operado el ojo izquierdo...

La situación real: estaba solo en mi casa, tenía 28 años, acababa de regresar después de pasar el verano fuera de la provincia, trabajando, y las habitaciones estaban llenas de telarañas. Ya no tenía trabajo y el dinero, a cuentagotas, me alcanzaría para cuatro meses. Tampoco había esperanzas de encontrar otro trabajo. En la policía me habían renovado la permanencia por tres meses. No autorizado para trabajar en España. No sabía qué hacer. Era un otoño benigno.

Las dos de la noche y la pantalla blanca. Mi personaje está sentado en un sillón, en una mano un cigarrillo y en la otra una taza con coñac. Recompone minuciosamente algunas escenas. Así, la desconocida duerme con perfecta calma, luego le acaricia los hombros, luego le dice que no la acompañe a la estación. Allí observas una señal, la punta del iceberg. La desconocida asegura que no pensaba dormir con él. La amistad —su sonrisa entra ahora en la zona de las estrías— no presupone ninguna clase de infierno.

Es extraño, desde aquí parece que mi personaje espanta moscas con su mano izquierda. Podría, ciertamente, transformar su angustia en miedo si levantara la vista y viera entre las vigas en ruinas los ojillos de una rata fijos en él.

Crac, su corazón. La paciencia como una cinta gris dentro del caleidoscopio que empiezas una y otra vez.

¿Y si el personaje hablara de la felicidad? ¿En su cuerpo de 28 años comienza la felicidad?

Lo que hay detrás cuando hay algo detrás: «llama al jefe y dile que ha empezado a nevar». No hay mucho más que añadir al otoño de Gerona.

Una muchacha que se ducha, su piel enrojecida por el agua caliente; sobre su pelo, como turbante, una toalla vieja, descolorida. De repente, mientras se pinta los labios delante del espejo, me mira (estoy detrás) y dice que no hace falta que la acompañe a la estación.

Repito ahora la misma escena, aunque no hay nadie frente al espejo.

Para acercarse a la desconocida es necesario dejar de ser el hombre invisible. Ella dice, con todos sus actos, que el único misterio es la confidencia futura. ¿La boca del hombre invisible se acerca al espejo?

Sácame de este texto, querré decirle, muéstrame las cosas claras y sencillas, los gritos claros y sencillos, el miedo, la muerte, su instante Atlántida cenando en familia.

El otoño en Gerona: la Escuela de Bellas Artes, la plaza de los cines, el índice de desempleo en Cataluña, tres meses de permiso para residir en España, los peces en el Oñar (¿carpas?), la invisibilidad, el autor que contempla las luces de la ciudad y por encima de éstas una franja de humo gris sobre la noche azul metálico y al fondo las siluetas de las montañas.

Palabras de un amigo refiriéndose a su compañera con la cual vive desde hace siete años: «es mi patrona».

No tiene sentido escribir poesía, los viejos hablan de una nueva guerra y a veces vuelve el sueño recurrente: autor escribiendo en habitación en penumbras; a lo lejos, rumor de pandillas rivales luchando por un supermercado; hileras de automóviles que nunca volverán a rodar.

La desconocida, pese a todo, me sonríe, aparta los otoños y se sienta a mi lado. Cuando espero gritos o una escena, sólo pregunta por qué me pongo así.

¿Por qué me *pongo* así?

La pantalla se vuelve blanca como un complot.

El autor suspende su trabajo en el cuarto oscuro, los muchachos dejan de luchar, los faros de los coches se iluminan como tocados por un incendio. En la pantalla sólo veo unos labios que deletrean su momento Atlántida.

La muerte también tiene unos sistemas de claridad. No me sirve (lo siento por mí, pero no me sirve) el amor tentacular y solar de John Varley, por ejemplo, si esa mirada lúcida que *abraza* una situación no puede ser otra mirada lúcida enfrentada con otra situación, etc. Y aun si así fuera, la caída libre que eso supondría tampoco me serviría para lo que de verdad deseo: el espacio que media entre la desconocida y yo, aquello que puedo mal nombrar como otoño de Gerona, las cintas vacías que nos separan pese a todos los riesgos.

El instante prístino que es el pasaporte de R. B. en octubre de 1981, que lo acredita como chileno con permiso para residir en España, sin trabajar, durante otros tres meses. ¡El vacío donde ni siquiera cabe la náusea!

Así, no es de extrañar la profusión de carteles en el cuarto del autor. Círculos, cubos, cilindros rápidamente fragmentados nos dan una idea de su rostro cuando la luz lo empuja; aquello que es su carencia de dinero se transforma en desesperación del amor; cualquier gesto con las manos se transforma en piedad.

Su rostro, fragmentado alrededor de él, aparece sometido a su ojo que lo reordena, el caleidoscopio ideal. (O sea: la desesperación del amor, la piedad, etc.)

Mañana de domingo. La Rambla está vacía, sólo hay algunos viejos sentados en las bancas leyendo el periódico. Por el otro extremo las siluetas de dos policías inician el recorrido.

Llega Isabel: levanto la vista del periódico y la observo. Sonríe, tiene el pelo rojo. A su lado hay un tipo de pelo corto y barba de cuatro días. Me dice que va a abrir un bar, un lugar barato adonde podrán ir sus amigos. «Estás invitado a la inauguración.» En el periódico hay una entrevista a un famoso pintor catalán. «¿Qué se siente al estar en las principales galerías del mundo a los 33 años?» Una gran sonrisa roja. A un lado del texto, dos fotos del pintor con sus cuadros. «Trabajo 12 horas al día, es un horario que yo mismo me he impuesto.» Junto a mí, en la misma banca, un viejo con otro periódico empieza a removerse; realidad objetiva, susurra mi cabeza. Isabel y el futuro propietario se despiden, intentarán ir, me dicen, a una fiesta en un pueblo vecino. Por el otro extremo las siluetas de los policías se han agrandado y ya casi están sobre mí. Cierro los ojos.

Mañana de domingo. Hoy, igual que ayer por la noche y que anteayer, he llamado por teléfono a una amiga de Barcelona. Nadie contestó. Imagino por unos segundos el teléfono sonando en su casa donde no hay nadie, igual que ayer y anteayer, y luego abro los ojos y observo el surco donde se ponen las monedas y no veo ninguna moneda.

En efecto, el desaliento, la angustia, etc.

El personaje pálido aguardando ¿en la salida de un cine?, ¿de un campo deportivo?, la aparición del hoyo inmaculado. (Desde esta perspectiva otoñal su sistema nervioso pareciera estar insertado en una película de propaganda de guerra.)

Me lavo los dientes, la cara, los brazos, el cuello, las orejas. Todos los días bajo al correo. Todos los días me masturbo. Dedico gran parte de la mañana a preparar la comida del resto del día. Me paso las horas muertas sentado, hojeando revistas. Intento, en las repetidas ocasiones del café, convencerme de que estoy enamorado, pero la falta de dulzura —de una dulzura *determinada*— me indica lo contrario. A veces pienso que estoy viviendo en otra parte.

Después de comer me duermo con la cabeza sobre la mesa, sentado. Sueño lo siguiente: Giorgio Fox, personaje de un cómic, crítico de arte de 17 años, cena en un restaurante del nivel 30, en Roma. Eso es todo. Al despertar pienso que la luminosidad del arte asumido y reconocido en plena juventud es algo que de una manera absoluta se ha alejado de mí. Cierto, estuve dentro del paraíso, como observador o como náufrago, allí donde el paraíso tenía la forma del laberinto, pero jamás como ejecutante. Ahora, a los 28, el paraíso se ha alejado de mí y lo único que me es dable ver es el primer plano de un joven con todos sus atributos: fama, dinero, es decir capacidad para hablar por sí mismo, moverse, querer. Y el trazo con que está dibujado Giorgio Fox es de una amabilidad y dureza que mi cara (mi cara fotográfica) jamás podrá imitar.

Quiero decir: allí está Giorgio Fox, el pelo cortado al cepillo, los ojos azul pastel, perfectamente bien dentro de una viñeta trabajada con pulcritud. Y aquí estoy yo, el hoyo inmaculado en el papel momentáneo de masa consumidora de arte, masa que se manipula y observa a sí misma encuadrada en un paisaje de ciudad minera. (El desaliento y la angustia de Fichte, etc.)

Recurrente, la desconocida cuelga del caleidoscopio. Le digo: «Soy voluble. Hace una semana te amaba, en momentos de exaltación llegué a pensar que podríamos haber sido una pareja del paraíso. Pero ya sabes que sólo soy un fracasado: esas parejas existen lejos de aquí, en París, en Berlín, en la zona alta de Barcelona. Soy voluble, unas veces deseo la grandeza, otras sólo su sombra. La verdadera pareja, la única, es la que hacen el novelista de izquierda famoso y la bailarina, antes de su momento Atlántida. Yo, en cambio, soy un fracasado, alguien que no será jamás Giorgio Fox, y tú pareces una mujer común y corriente, con muchas ganas de divertirte y ser feliz. Quiero decir: feliz aquí, en Cataluña y no en un avión rumbo a Milán o a la estación nuclear de Lampedusa. Mi volubilidad es fiel a ese instante prístino, el resentimiento feroz de ser lo que soy, el sueño en el ojo, la desnudez ósea de un viejo pasaporte consular expedido en México el año 73, válido hasta el 82, con permiso para residir en España durante tres meses, sin derecho a trabajar. La volubilidad, ya lo ves, permite la fidelidad, una sola fidelidad, pero hasta el fin».

La imagen se funde en negro.

Una voz en off cuenta las hipotéticas causas por las cuales Zurbarán abandonó Sevilla. ¿Lo hizo porque la gente prefería a Murillo? ¿O porque la peste que azotó la ciudad por aquellos años lo dejó sin algunos de sus seres queridos y lleno de deudas?

El paraíso, por momentos, aparece en la concepción general del caleidoscopio. Una estructura vertical llena de manchas grises. Si cierro los ojos, bailarán dentro de mi cabeza los reflejos de los cascos, el temblor de una llanura de lanzas, aquello que tú llamabas el azabache. También, si quito los efectos dramáticos, me veré a mí mismo caminando por la plaza de los cines en dirección al correo, en donde no encontraré ninguna carta.

No es de extrañar que el autor pasee desnudo por el centro de su habitación. Los carteles borrados se abren como las palabras que él junta dentro de su cabeza. Después, casi sin transición, veré al autor apoyado en una azotea contemplando el paisaje; o sentado en el suelo, la espalda contra una pared blanca mientras en el cuarto contiguo martirizan a una muchacha; o de pie, delante de una mesa, la mano izquierda sobre el borde de madera, la vista levantada hacia un punto fuera de la escena. En todo caso, el autor se abre, se pasea desnudo dentro de un entorno de carteles que levantan, como en un grito operístico, su otoño en Gerona.

Amanecer nublado. Sentado en el sillón, con una taza de café en las manos, sin lavarme aún, imagino al personaje de la siguiente manera: tiene los ojos cerrados, el rostro muy pálido, el pelo sucio. Está acostado sobre la vía del tren. No. Sólo tiene la cabeza sobre uno de los raíles, el resto del cuerpo reposa a un lado de la vía, sobre el pedregal gris blanquecino. Es curioso: la mitad izquierda de su cuerpo produce la impresión de relajamiento propia del sueño, en cambio la otra mitad aparece rígida, envarada, como si ya estuviera muerto. En la parte superior de este cuadro puedo apreciar las faldas de una colina de abetos (¡sí, de abetos!) y sobre la colina un grupo de nubes rosadas, se diría de un atardecer del Siglo de Oro.

Amanecer nublado. Un hombre, mal vestido y sin afeitar, me pregunta qué hago. Le contesto que nada. Me replica que él piensa montar un bar. Un lugar, dice, donde la gente vaya a comer. Habrá pizzas y no serán muy caras. Magnífico, digo. Luego alguien pregunta si está enamorado. Qué quieren decir con eso, dice. Explican: si le gusta seriamente alguna mujer. Responde que sí. Será un bar estupendo, digo yo. Me dice que estoy invitado a la inauguración. Puedes comer lo que quieras sin pagar.

Una persona te acaricia, te hace bromas, es dulce contigo y luego nunca más te vuelve a hablar. ¿A qué te refieres, a la Tercera Guerra? La desconocida te ama y luego reconoce la situación matadero. Te besa y luego te dice que la vida consiste precisamente en seguir adelante, en asimilar los alimentos y buscar otros.

Es divertido; en el cuarto, además del reflejo que lo chupa todo (y de ahí el hoyo inmaculado), hay voces de niños, preguntas que llegan como desde muy lejos. Y detrás de las preguntas, lo hubiera adivinado, hay risas nerviosas, bloques que se van deshaciendo pero que antes sueltan su mensaje lo mejor que pueden. «Cuídate.» «Adiós, cuídate.»

El viejo momento denominado «Nel, majo».

Ahora te deslizas hacia el plan. Llegas al río, allí enciendes un cigarrillo. Al final de la calle, en la esquina, hay una cabina telefónica y ésa es la única luz al final de la calle. Llamas a Barcelona. La desconocida contesta el teléfono. Te dice que no irá. Tras unos segundos, en los cuales dices «bueno» y ella te remeda: «bueno», preguntas por qué. Te dice que el domingo irá a Alella y tú dices que ya la llamarás cuando vayas a Barcelona. Cuelgas y el frío entra en la cabina, de improviso, cuando pensabas lo siguiente: «es como una autobiografía». Ahora te deslizas por calles retorcidas, qué luminosa puede ser Gerona por la noche, piensas, apenas hay dos barrenderos conversando afuera de un bar cerrado y al final de la calle las luces de un automóvil que desaparece. No debo tomar, piensas, no debo dormirme, no debo hacer nada que perturbe el fije. Ahora estás detenido junto al río, en el puente construido por Eiffel, oculto en el entramado de fierros. Con una mano tocas tu cara. Por el otro puente, el puente llamado *de los labios,* sientes pisadas pero cuando buscas a la persona ya no hay nadie, sólo el murmullo de alguien que baja las escaleras. Piensas: «así que la desconocida era así y asá, así que el único desequilibrado soy yo, así que he tenido un sueño espléndido». El sueño al que te refieres acaba de cruzar delante de ti, en el instante sutil en que te concedías una tregua —y por lo tanto te transparentabas brevemente, como el licenciado Vidriera—, y consistía en la aparición, en el otro extremo del puente, de una población de castrados, comerciantes, profesores, amas de casa, desnudos y enseñando sus testículos y sus vaginas rebanadas en las palmas de las manos. Qué sueño más curioso, te dices. No cabe duda que quieres darte ánimos.

A través de los ventanales de un restaurante veo al librero de una de las principales librerías de Gerona. Es alto, un poco grueso, y tiene el pelo blanco y las cejas negras. Está de pie en la acera, de espaldas a mí. Yo estoy sentado en el fondo del restaurante con un libro sobre la mesa. Al cabo de un rato el librero cruza la calle con pasos lentos, se diría estudiados, y la cabeza inclinada. Me pregunto en quién estará pensando. En cierta ocasión escuché, mientras curioseaba por su establecimiento, que le confesaba a una señora gerundense que él *también había cometido locuras*. Después alcancé a distinguir palabras sueltas: «trenes», «dos asesinos», «la noche del hotel», «un emisario», «tuberías defectuosas», «nadie estaba al otro lado», «la mirada hipotética de». Llegado ahí tuve que taparme la mitad de la cara con un libro para que no me sorprendieran riendo. ¿La mirada hipotética de su novia, de su esposa? ¿La mirada hipotética de la dueña del hotel? (También puedo preguntarme: ¿la mirada de la pasajera del tren?, ¿la señorita que iba junto a la ventanilla y vio al vagabundo poner la cabeza sobre un raíl?) Y finalmente: ¿por qué una mirada hipotética?

Ahora, en el restaurante, mientras lo veo llegar a la otra vereda y contemplar algo sobre los ventanales, detrás de los cuales estoy, pienso que tal vez no entendiera sus palabras aquel día, en parte por el catalán cerrado de esta región, en parte por la distancia que nos separaba. Pronto un muchacho horrible reemplaza al librero en el espacio que éste ocupaba hace unos segundos. Luego el muchacho se mueve y el lugar lo ocupa un perro, luego otro perro, luego una mujer de unos cuarenta años, rubia, luego el camarero que sale a retirar las mesas porque empieza a llover.

Ahora llenas la pantalla —una especie de miniperíodo barroco— con la voz de la desconocida hablándote de sus amigos. En realidad tú también conoces a esa gente, hace tiempo incluso llegaste a escribir dos o cuatro poemas podridamente cínicos sobre la relación terapéutica entre tu verga y tu pasaporte y ellos. Es decir, en la sala de baile fantasmal se reconocían todos los hoyos inmaculados que tú podías poner, en una esquina, y ellos, los Burgueses de Calais de sus propios miedos, en la otra. La voz de la desconocida echa paladas de mierda sobre sus amigos (desde este momento puedes llamarlos *los desconocidos*). Es tan triste. Paisajes satinados donde la gente se divierte antes de la guerra. La voz de la desconocida describe, explica, aventura causas de efectos nunca desastrosos y siempre anémicos. Un paisaje que jamás necesitará un termómetro, cenas tan amables, maneras tan increíbles de despertar por la mañana. Por favor, sigue hablando, te escucho, dices mientras te escabulles corriendo a través de la habitación negra, del momento de la cena negra, de la ducha negra en el baño negro.

La realidad. Había regresado a Gerona, solo, después de tres meses de trabajo. No tenía ninguna posibilidad de conseguir otro y tampoco tenía muchas ganas. La casa, durante mi ausencia, se había llenado de telarañas y las cosas parecían recubiertas por una película verde. Me sentía vacío, sin ganas de escribir y, cuando lo intentaba, incapaz de permanecer sentado durante más de una hora ante una hoja en blanco. Los primeros días ni siquiera me lavaba y pronto me acostumbré a las arañas. Mi actividad se reducía a bajar al correo, donde muy rara vez encontraba una carta de mi hermana, desde México, y en ir al mercado a comprar carne de despojos para la perra.

La realidad. De alguna manera que no podría explicar la casa parecía tocada por algo que no tenía en el momento de ausentarme. Las cosas parecían más claras, por ejemplo, mi sillón me parecía claro, brillante, y la cocina, aunque llena de polvo pegado a costras de grasa, daba una impresión de blancura, como si se pudiera ver a través de ella. (¿Ver qué? Nada, más blancura.) De la misma manera, las cosas eran más excluyentes. La cocina era la cocina y la mesa era sólo la mesa. Algún día intentaré explicarlo, pero si entonces, a los dos días de haber regresado, ponía las manos o los codos sobre la mesa, experimentaba un dolor agudo, como si estuviera *mordiendo* algo irreparable.

Llama al jefe y dile que ha empezado a nevar. En la pantalla: la espalda del personaje. Está sentado en el suelo, las rodillas levantadas; delante, como colocados allí por él mismo para estudiarlos, vemos un caleidoscopio, un espejo empañado, una desconocida.

El caleidoscopio observado. La pasión es geometría. Rombos, cilindros, ángulos latidores. La pasión es geometría que cae al abismo, observada desde el fondo del abismo.

La desconocida observada. Senos enrojecidos por el agua caliente. Son las seis de la mañana y la voz en off del hombre todavía dice que la acompañará al tren. No es necesario, dice ella, su cuerpo que se mueve de espaldas a la cámara. Con gestos precisos mete su pijama en la maleta, la cierra, coge un espejo, se mira (allí el espectador tendrá una visión de su rostro: los ojos muy abiertos, aterrorizados), abre la maleta, guarda el espejo, cierra la maleta, se funde...

Esta esperanza yo no la he buscado. Este pabellón silencioso de la Universidad Desconocida.

Manifiestos y posiciones

La poesía chilena es un gas

Nada que añadir. Buddy huele a pedo.

¿A quién coño le importará lo que escriba?

¿A quién le servirá de algo lo que yo escriba?
Sin contarme a mí, por otra parte arruinado por mi propia
   escritura.

El fracaso. La miseria. La degeneración. La angustia.
El deterioro. La derrota. Dos artículos masculinos
y cuatro femeninos.

Yo soy un gas.

Horda

Poetas de España y de Latinoamérica, lo más infame
De la literatura, surgieron como ratas del fondo de mi sueño
Y enfilaron sus chillidos en un coro de voces blancas:
No te preocupes, Roberto, dijeron, nosotros nos
    encargaremos
De hacerte desaparecer, ni tus huesos inmaculados
Ni tus escritos que escupimos y plagiamos hábilmente
Emergerán del naufragio. Ni tus ojos, ni tus huevos
Se salvarán de este ensayo general del hundimiento. Y vi
Sus caritas satisfechas, graves agregados culturales y
    sonrosados
Directores de revistas, lectores de editorial y pobres
Correctores, los poetas de lengua española, cuyo nombre es
Horda, los mejores, las ratas apestosas, duchas
En el duro arte de sobrevivir a cambio de excrementos,
De ejercicios públicos de terror, los Neruda
Y los Octavio Paz de bolsillo, los cerdos fríos, ábside
O rasguño en el Gran Edificio del Poder.
Horda que detenta el sueño del adolescente y la escritura.
¡Dios mío! Bajo este sol gordo y seboso que nos mata
Y nos empequeñece.

La poesía latinoamericana

Algo horrible, caballeros. La vacuidad y el espanto.
Paisaje de hormigas
En el vacío. Pero en el fondo, útiles.
Leamos y contemplemos su diario discurrir:
Allí están los poetas de México y Argentina, de
Perú y Colombia, de Chile, Brasil
Y Bolivia
Empeñados en sus parcelas de poder,
En pie de guerra (permanentemente), dispuestos a defender
Sus castillos de la acometida de la Nada
O de los jóvenes. Dispuestos a pactar, a ignorar,
A ejercer la violencia (verbal), a hacer desaparecer
De las antologías a los elementos subversivos:
Algunos viejos cucú.
Una actividad que es el fiel reflejo de nuestro continente.
Pobres y débiles, son nuestros poetas
Quienes mejor escenifican esa contingencia.
Pobres y débiles, ni europeos
Ni norteamericanos,
Patéticamente orgullosos y patéticamente cultos
(Aunque más nos valdría aprender matemáticas o mecánica,
¡Más nos valdría arar y sembrar! ¡Más nos valdría
Hacer de putos y putas!),
Pavos rellenos de pedos dispuestos a hablar de la muerte
En cualquier universidad, en cualquier barra de bar.
Así somos, vanidosos y lamentables,
Como América Latina, estrictamente jerárquicos, todos
En la fila, todos con nuestras obras completas
Y un curso de inglés o francés,

Haciendo cola en las puertas
De lo Desconocido:
Un Premio o una patada
En nuestros culos de cemento.
Epílogo: Y uno y dos y tres, mi corazón al revés, y cuatro y cinco y seis, está roto, ya lo veis, y siete y ocho y nueve, llueve, llueve, llueve...

Manifiesto mexicano

Laura y yo no hicimos el amor aquella tarde. Lo intentamos, es verdad, pero no resultó. O al menos eso fue lo que creí entonces. Ahora no estoy tan seguro. Probablemente hicimos el amor. Eso fue lo que dijo Laura y de paso me introdujo en el mundo de los baños públicos, a los que desde entonces y durante mucho tiempo asociaría al placer y al juego. El primero fue sin duda el mejor. Se llamaba Gimnasio Moctezuma y en el recibidor algún artista desconocido había realizado un mural en donde se veía al emperador azteca sumergido hasta el cuello en una piscina. En los bordes, cercanos al monarca, pero mucho más pequeños, se lavan hombres y mujeres sonrientes. Todo el mundo parece despreocupado excepto el rey, que mira con fijeza hacia afuera del mural, como si persiguiera al improbable espectador, con unos ojos oscuros y muy abiertos en donde muchas veces creí ver el terror. El agua de la piscina era verde. Las piedras eran grises. En el fondo se aprecian montañas y nubarrones de tormenta. El muchacho que atendía el Gimnasio Moctezuma era huérfano y ése era su principal tema de conversación. A la tercera visita nos hicimos amigos. No tenía más de 18 años, deseaba comprar un automóvil y para eso ahorraba todo lo que podía: las propinas, escasas. Según Laura era medio subnormal. A mí me caía simpático. En todos los baños públicos suele haber alguna bronca de vez en cuando. Allí nunca vimos o escuchamos ninguna. Los clientes, condicionados por algún mecanismo desconocido, respetaban y obedecían al pie de la letra las instrucciones del huérfano. Tampoco, es cierto, iba demasiada gente, y eso es algo que jamás sabré explicarme pues era un sitio limpio, relativamente moderno, con cabinas individuales para tomar baños de vapor, servicio de bar en las cabinas y, sobre todo, barato. Allí, en la cabina 10, vi a Laura desnuda por vez primera y sólo atiné a sonreír y a tocarle el hombro y decir que no sabía qué llave debía mover para que saliera el vapor. Las cabinas, aunque más correcto sería decir los reservados, eran un conjunto de dos cuartos diminutos unidos por una puerta de cristal; en el primero solía haber un diván, un diván viejo con reminiscencia de psicoanálisis y de burdel, una mesa plegable y un perchero; el segundo cuarto era el baño de vapor propiamente dicho, con una ducha de agua caliente y fría y una banca de azulejos adosada a la pared, debajo de la cual se disimulaban los tubos por donde salía el vapor. Pasar de una habitación a otra era extraordinario, sobre todo si en una el vapor ya era tal que nos impedía vernos. Entonces abríamos la puerta y entrábamos al cuarto del diván, donde todo era nítido, y detrás de nosotros, como los filamentos de un sueño, se colaban nubes de vapor que no tardaban en desaparecer. Tendidos allí, tomados de la mano, escuchábamos o intentábamos escuchar los ruidos apenas perceptibles del gimnasio mientras nuestros cuerpos se iban enfriando. Casi helados, sumidos en el silencio, podíamos oír, por fin, el run run que brotaba del piso y de las paredes, el murmullo gatuno de las cañerías calientes y de las calderas que en algún lugar secreto del edificio alimentaban el negocio. Un día me perderé por aquí, dijo Laura. Su experiencia en incursiones a baños públicos era mayor que la mía, cosa bastante fácil, pues hasta entonces yo jamás había cruzado el umbral de un establecimiento semejante. No obstante ella decía que de baños no sabía nada. No lo suficiente. Con X había estado un par de veces y antes de X con un tipo que la doblaba en edad y al que siempre se refería con frases misteriosas. En total no había ido más de diez veces, todas al mismo lugar, el Gimnasio Moctezuma. Juntos, montados en la Benelli que por entonces ya dominaba, intentamos recorrer todos los baños del DF, guiados por un afán absoluto que era una mezcla de amor y de juego. Nunca lo logramos. Por el contrario, a medida que avanzábamos se fue abriendo alrededor nuestro el abismo, la gran escenografía negra de los baños públicos. Así como el rostro oculto de otras ciudades son los teatros, los parques, los muelles, las playas, los laberintos, las iglesias, los burdeles, los bares, los cines baratos, los edificios viejos y hasta los supermercados, el rostro oculto del DF se hallaba en la enorme red de baños públicos, legales, semilegales y clandestinos. El método empleado al inicio de la travesía fue sencillo: le pedí al muchacho del Gimnasio Moctezuma que me diera un par de direcciones de baños baratos. Obtuve cinco tarjetas y anotó en un papel las señas de una decena de establecimientos. Éstos fueron los primeros. A partir de cada uno de ellos la búsqueda se bifurcó innumerables veces. Los horarios variaban tanto como los edificios. A algunos llegábamos a las diez de la mañana y nos íbamos a la hora de comer. Éstos, por regla general, eran locales claros, desconchados, donde a veces podíamos escuchar risas de adolescentes y toses de tipos solitarios y perdidos, los mismos que al poco rato, repuestos, se ponían a cantar boleros. Allí la divisa parecía ser el limbo, los ojos cerrados del niño muerto. No eran sitios muy limpios o puede que la limpieza la hicieran pasado el mediodía. En otros hacíamos nuestra aparición a las 4 o 5 de la tarde y no nos íbamos hasta que anochecía. Ése era nuestro horario más usual. Los baños a esa hora parecían disfrutar, o padecer, una sombra permanente. Quiero decir, una sombra de artificio, un domo o una palmera, lo más parecido a una bolsa marsupial, que al principio uno agradecía pero que al cabo terminaba pesando más que una losa fúnebre. Los baños de las 7 de la tarde, 7.30, 8 de la noche eran los más concurridos. En la vereda, junto a la puerta, montaban guardia los jóvenes hablando de béisbol y de canciones de moda. Los pasillos resonaban con las bromas siniestras de los obreros recién salidos de las fábricas y talleres. En el recibidor, aves de paso, los viejos maricas saludaban por su nombre de pila o de guerra a los recepcionistas y a los que mataban el tiempo sentados en los sillones. Perderse por los pasillos, alimentar una cierta indiscreción en dosis pequeñas, como pellizcos, no dejaba de ser altamente instructivo. Las puertas abiertas o semiabiertas, semejantes a corrimientos de tierra, grietas de terremoto, solían ofrecer cuadros vivos al feliz observador: grupos de hombres desnudos donde el movimiento, la acción, corría a cargo del vapor; adolescentes perdidos como jaguares en un laberinto de duchas; gestos, mínimos pero terroríficos, de atletas, culturistas y solitarios; las ropas colgadas de un leproso; viejitos bebiendo Lulú y sonriendo apoyados en la puerta de madera del baño turco. Era fácil hacer amistades y las hicimos. Las parejas, si se cruzaban un par de veces por los pasillos, ya se creían con la obligación de saludarse. Esto era debido a una especie de solidaridad heterosexual; las mujeres, en muchos baños públicos, estaban en absoluta minoría y no era raro oír historias extravagantes de ataques y de acosos, aunque, la verdad, esas historias no eran nada fiables. Las amistades de esta clase no pasaban de una cerveza en el bar o una copa. En los baños nos saludábamos y como máximo tomábamos cabinas vecinas. Al cabo de un rato los primeros en terminar tocaban la puerta de la pareja amiga y sin esperar respuesta avisaban que estarían en el restaurante tal, aguardando. Luego los otros salían, iban al restaurante, se tomaban un par de copas y se despedían hasta la próxima. A veces la pareja hacía confidencias, la mujer o el hombre, sobre todo si estaban casados, pero no entre sí, contaban su vida y uno tenía que asentir, decir que el amor, que una pena, que el destino, que los niños. Tierno pero aburrido. Las otras amistades, más turbulentas, eran de las que visitaban tu propio reservado. Éstas podían llegar a ser tan aburridas como las primeras, pero muchísimo más peligrosas. Se presentaban sin preámbulos, simplemente llamaban a la puerta, un toque extraño y rápido, y decían ábreme. Pocas veces iban solos, casi siempre eran tres, dos hombres y una mujer, o tres hombres; los motivos que esgrimían para semejante visita solían ser poco creíbles o estúpidos: fumar un poco de hierba, cosa que no podían hacer en las duchas colectivas, o vender lo que fuera. Laura siempre los dejaba pasar. Las primeras veces yo me ponía tenso, dispuesto a pelear y a caer manchado de sangre sobre las losas del reservado. Pensaba que lo más lógico era que entraran a robarnos o a violar a Laura, e incluso a violarme a mí, y los nervios los tenía a flor de piel. Los visitantes, de alguna manera, eso lo sabían y sólo se dirigían a mí cuando la necesidad o los buenos modales lo hacían indispensable. Todas las proposiciones, tratos y cuchicheos iban dirigidos a Laura. Era ella quien les abría, era ella quien les preguntaba qué chingados se les ofrecía, era ella quien los hacía pasar al cuartito del diván (yo escuchaba, desde el vapor, cómo se sentaban, primero uno, luego otro, luego el siguiente, y la espalda de Laura, quieta, se traslucía a través de la puerta de vidrio esmerilado que separaba el vapor de aquella antesala convertida de pronto en un misterio). Finalmente me levantaba, me ponía una toalla en la cintura y entraba. Los visitantes solían ser dos hombres y una mujer. O un hombre, un muchacho y una muchacha que al verme saludaban indecisos, como si contra toda razón desde el principio hubieran ido allí por Laura y no por los dos; como si sólo hubieran esperado encontrarla a ella. Sentados en el diván sus ojos oscuros no se perdían ni uno solo de sus gestos mientras con las manos, autónomas, liaban la hierba. Las conversaciones parecían cifradas en un lenguaje que no conocía, ciertamente no en el argot de los jóvenes, que por entonces dominaba, aunque ahora apenas recuerde un par de términos, sino en una jerga mucho más ominosa en donde cada verbo y cada frase tenían un deje de funeral y de hoyo. Tal vez el Hoyo Aéreo. Tal vez una de las caras deformes del Hoyo Inmaculado. Puede que sí. Puede que no. En cualquier caso yo también conversaba o intentaba hacerlo. No era fácil, pero lo intentaba. A veces, junto con la mota, sacaban botellas de alcohol. Las botellas no eran gratis, sin embargo nosotros no pagábamos. El negocio de los visitantes consistía en vender marihuana, whisky, huevos de tortuga en las cabinas, pocas veces con el beneplácito del recepcionista o de los encargados de la limpieza, que los perseguían implacables; por tal motivo era de suma importancia que alguien los cobijara; también vendían teatro, la pasta, en realidad, salía de allí, o concertaban representaciones privadas en los departamentos de soltero de los contratantes. El repertorio de estas compañías ambulantes podía ser raquítico o variadísimo, pero el eje dramático de su puesta en escena siempre era el mismo: el hombre mayor se quedaba en el diván (pensando, supongo) mientras el muchacho y la muchacha, o los dos muchachos, seguían a los espectadores a la cámara de vapor. La representación, por regla general, no duraba más de media hora o tres cuartos de hora, con o sin participación de los espectadores. Terminado el plazo, el hombre del diván abría la puerta y anunciaba al respetable público, entre toses producidas por el vapor que de inmediato intentaba colarse al otro cuarto, el fin del espectáculo. Los bis bis se pagaban caros aunque sólo duraran diez minutos. Los muchachos se duchaban de prisa y luego recibían sus ropas de manos del hombre. Recuerdo que se vestían aún mojados. Los últimos minutos los aprovechaba el cabizbajo pero emprendedor director artístico en ofrecer a los satisfechos espectadores los manjares de su cesto o maleta: whisky servido en vasitos de papel, canutos de maría liados con mano experta, y huevos de tortuga que abría valiéndose de la uña enorme que festoneaba su pulgar, y que, ya en el vaso, rociaba con jugo de limón y chile. En nuestro reservado las cosas eran distintas. Hablaban a media voz. Fumaban marihuana. Dejaban que el tiempo pasara consultando de vez en cuando sus relojes mientras los rostros se iban cubriendo de gotitas de sudor. A veces se tocaban, nos tocábamos, cosa por lo demás inevitable si todos estábamos sentados en el diván, y el roce de las piernas, de los brazos, podía llegar a ser doloroso. No el dolor del sexo sino el de lo irremisiblemente perdido o el de la única pequeña esperanza vagando por el país Imposible. A los conocidos, Laura los invitaba a desnudarse y entrar con nosotros en el vapor. Raras veces aceptaron. Preferían fumar y beber y oír historias. Descansar. Al cabo de un rato cerraban la maleta y se marchaban. Luego, dos o tres veces en la misma tarde, volvían y la rutina era la misma. Laura, si estaba de humor, les abría, si no ni siquiera se molestaba en decirles a través de la puerta que no jodieran. Las relaciones, salvo uno o dos altercados aislados, fueron en todo momento armoniosas. A veces creo que ellos apreciaban a Laura mucho antes de conocerla. Una noche, el viejo que los llevaba (aquella vez eran tres, un viejo y dos muchachos) nos ofreció una función. Nunca habíamos visto una. ¿Cuánto cuesta?, dije. Nada. Laura dijo que pasaran. El cuarto del vapor estaba frío. Laura se quitó la toalla y giró la llave de entrada: el vapor comenzó a salir desde el suelo. Tuve la sensación de que estábamos en un baño nazi y que nos iban a gasear; la sensación se acentuó al ver entrar a los dos muchachos, muy flacos y morenos, y cerrando la marcha el viejo alcahuete cubierto sólo con unos calzoncillos indescriptiblemente sucios. Laura se rio. Los muchachos la miraron, un poco cohibidos, de pie en medio del cuarto. Luego también se rieron. Entre Laura y yo, y sin quitarse su horrorosa prenda íntima, se sentó el viejo. ¿Quieren mirar, no más, o mirar y participar? Mirar, dije. Ya veremos, dijo Laura, muy dada a estos albures. Los muchachos, entonces, como si hubieran escuchado una voz de mando, se arrodillaron y comenzaron a enjabonarse mutuamente los sexos. En sus gestos, aprendidos y mecánicos, se traslucía el cansancio y una serie de temblores que era fácil relacionar con la presencia de Laura. Pasó el tiempo. El cuarto recobró su espesura de vapor. Los actores, inmóviles en la postura inicial, parecían, no obstante, helados: arrodillados frente a frente, pero arrodillados de una manera grotescamente artística, con la mano izquierda se masturbaban mientras con la derecha mantenían el equilibrio. Semejaban pájaros. Pájaros de láminas de metal. Deben estar cansados, no se les levanta, dijo el viejo. En efecto, las vergas enjabonadas sólo tímidamente apuntaban hacia arriba. Chavos, no la amuelen, dijo el viejo. Laura volvió a reírse. ¿Cómo quieres que nos concentremos si te estás riendo a cada rato?, dijo uno de los muchachos. Laura se levantó, pasó junto a ellos y se apoyó en la pared. Ahora, entre ella y yo estaban los cansados ejecutantes. Sentí que el tiempo, dentro de mí, se rajaba. El viejo murmuró algo. Lo miré. Tenía los ojos cerrados y parecía dormido. Desde hace un montón de tiempo no dormimos, dijo uno de los muchachos soltando el pene de su compañero. Laura le sonrió. A mi lado el viejo empezó a roncar. Los muchachos sonrieron aliviados y adoptaron una postura más cómoda. Oí cómo les crujían los huesos. Laura se dejó resbalar por la pared hasta dar con las nalgas en las baldosas. Estás muy flaco, le dijo a uno. ¿Yo? Éste también, y tú, respondió el muchacho. En realidad todos estábamos flacos. El silbido del vapor, en ocasiones, hacía difícil distinguir las voces, demasiado bajas. El cuerpo de Laura, la espalda apoyada en la pared, las rodillas levantadas, estaba cubierto de transpiración: las gotas resbalaban por su nariz, por su cuello, se acanalaban entre sus senos e incluso colgaban de los pelos del pubis antes de caer sobre las baldosas calientes. Nos estamos derritiendo, murmuré, y de inmediato me sentí triste. Laura asintió con la cabeza. Qué dulce pareció en aquel instante. ¿En dónde estamos?, pensé. Con el dorso me limpié las gotitas que resbalaban de las cejas a los ojos y no me dejaban ver. Uno de los muchachos suspiró. Qué sueño, dijo. Duerme, aconsejó Laura. Era extraño: creí que las luces decrecían, perdían intensidad; temí desmayarme; luego supuse que sería el excesivo vapor el causante del cambio de colores y tonos, ahora mucho más oscuros. Como si estuviéramos viendo el atardecer, aquí, encerrados, sin ventanas, pensé. Whisky y maría no son buena compañía. Laura, como si leyera mi pensamiento, dijo no te preocupes, todo está bien. Y luego volvió a sonreír, no una sonrisa burlona, no como si se divirtiera, sino una sonrisa terminal, una sonrisa anudada entre una sensación de belleza y miseria, pero ni siquiera belleza y miseria tal cual, sino Pequeña Belleza y Pequeña Miseria, enanas paradójicas, enanas caminantes e inaprehensibles. Tranquilo, sólo es vapor, dijo Laura. Los muchachos, dispuestos a considerar irrebatible todo lo que Laura dijera, asintieron repetidas veces. Luego uno de ellos se dejó caer sobre las baldosas, la cabeza apoyada en un brazo, y se durmió. Me levanté, cuidando no despertar al viejo, y me acerqué a Laura; en cuclillas junto a ella hundí la cara en su cabellera húmeda y olorosa. Sentí los dedos de Laura que me acariciaban el hombro. Al poco rato me di cuenta de que Laura jugaba, muy suavemente, pero era un juego: el meñique tomaba el sol sobre mi hombro, luego pasaba el anular y se saludaban con un beso, luego aparecía el pulgar y ambos, meñique y anular, huían brazo abajo. El pulgar quedaba dueño del hombro y se ponía a dormir, incluso, me parece a mí, comía alguna verdura que crecía por allí pues la uña se clavaba en mi carne, hasta que retornaban el meñique y el anular acompañados por el dedo medio y el dedo índice y entre todos espantaban al pulgar, que se escondía detrás de una oreja y desde allí espiaba a los otros dedos, sin comprender por qué lo habían echado, mientras los otros bailaban en el hombro, y bebían, y hacían el amor, y perdían, de puro borrachos, el equilibrio, despeñándose espalda abajo, accidente que Laura aprovechó para abrazarme y tocar apenas mis labios con sus labios, en tanto los cuatro dedos, magulladísimos, volvían a subir agarrados de mis vértebras, y el pulgar los observaba sin ocurrírsele en ningún momento dejar su oreja. Te brilla la cara, susurré. Los ojos. La punta de los pezones. Tú también, dijo Laura, un poco pálido tal vez, pero brillas. Es el vapor mezclado con el sudor. Uno de los muchachos nos observaba en silencio. ¿Lo quieres de verdad?, le preguntó a Laura. Sus ojos eran enormes y negros. Me senté en el suelo. Sí, dijo Laura. Él te debe querer con frenesí, dijo el muchacho. Laura se rio como un ama de casa. Sí, dije yo. No es para menos, dijo el muchacho. No, no es para menos, dije yo. ¿Sabes qué gusto tiene el vapor mezclado con el sudor? Depende del sabor particular de cada uno. El muchacho se recostó junto a su compañero, de lado, la sien apoyada directamente sobre la baldosa, sin cerrar los ojos. Su verga, ahora, estaba dura. Con las rodillas tocaba las piernas de Laura. Parpadeó un par de veces antes de hablar. Cojamos un poco, dijo. Laura no contestó. El muchacho parecía hablar para sí mismo. ¿Sabes a qué sabe el vaporcete mezclado con sudorcete? ¿A qué sabrá, realmente? ¿Cuál será su gusto? El calor nos estaba adormeciendo. El viejo resbaló hasta quedar acostado del todo sobre la banca. El cuerpo del muchacho dormido se había ovillado y uno de sus brazos pasaba por encima de la cintura del que estaba despierto. Laura se levantó y nos contempló largamente desde arriba. Pensé que iba a abrir la ducha con resultados funestos para los que dormían. Hace calor, dijo. Hace un calor insoportable. Si no estuvieran aquí (se refería al trío) pediría que me trajeran un refresco del bar. Puedes hacerlo, dije yo, nadie se va a meter hasta aquí. No, dijo Laura, no es eso. ¿Corto el vapor? No, dijo Laura. El muchacho, la cabeza ladeada, miraba fijamente mis pies. Tal vez quiera hacer el amor contigo, dijo Laura. Antes que pudiera responder el muchacho, casi sin mover los labios, pronunció un lacónico no. Bromeaba, dijo Laura. Luego se arrodilló junto a él y con una mano le acarició las nalgas. Vi, fue una visión fugaz y perturbadora, cómo las gotas de sudor del muchacho pasaban al cuerpo de Laura y viceversa. Los largos dedos de la mano de mi amiga y las nalgas del muchacho brillaban húmedas e idénticas. Debes estar cansado, dijo Laura, ese viejo está loco, cómo podía pretender que se pusieran a coger aquí. Su mano resbalaba por las nalgas del muchacho. No es culpa suya, susurró éste, el pobre ya ha olvidado lo que es una cama. Y lo que es ponerse calzoncillos limpios, añadió Laura. Más le valiera no llevar nada. Sí, dije, es más cómodo. Menos comprometido, dijo el muchacho, pero qué maravilla ponerse calzoncillos limpios y blancos. Y estrechos, pero que no aprieten. Laura y yo nos reímos. El muchacho nos reprendió con suavidad: no se rían, es algo serio. Sus ojos parecían borrados, ojos grises como de cemento bajo la lluvia. Laura cogió su verga con las dos manos y la estiró. Me escuché diciendo ¿corto el vapor?, pero la voz era débil y lejana. ¿Dónde chingados duerme tu mánager?, dijo Laura. El muchacho se encogió de hombros; me haces un poco de daño, susurró. Sujeté a Laura de un tobillo, con la otra mano limpié el sudor que se me metía en los ojos. El muchacho se irguió hasta quedar sentado, con gestos medidos, evitando despertar a su compañero, y besó a Laura. Incliné la cabeza para verlos mejor: los labios del muchacho, gruesos, succionaron los labios de Laura, cerrados, en donde se insinuaba, apenas, una sonrisa. Entrecerré los ojos. Nunca la había visto sonreír tan pacíficamente. De pronto el vapor la ocultó. Sentí una especie de terror ajeno, ¿miedo a que el vapor matara a Laura? Cuando los labios se separaron, el muchacho dijo que no sabía dónde dormía el viejo. Se llevó una mano al cuello e hizo el gesto de rebanarlo. Luego acarició el cuello de Laura y la atrajo aún más. El cuerpo de Laura, elástico, se adaptó a la nueva postura. Su mirada estaba fija en la pared, en lo que el vapor permitía ver de la pared, el torso hacia adelante, los senos rozando el pecho del muchacho o presionándolo con una suave firmeza. El vapor, por momentos, los hacía invisibles, o los cubría a medias, o los plateaba, o los hundía en algo parecido a un sueño. Finalmente me fue imposible verla. Primero una sombra encima de otra sombra. Luego nada. La cámara parecía a punto de estallar. Esperé unos segundos pero nada cambió, al contrario, tuve la impresión de que cada vez se espesaba más el vapor. Extendí una mano y toqué la espalda de Laura, arqueada encima de lo que supuse era el cuerpo del muchacho. Me levanté y di dos pasos siguiendo la pared. Sentí que Laura me llamaba. Una Laura con la boca llena. ¿Qué quieres?, dije. Me estoy ahogando. Retrocedí, con menos precaución que al avanzar, y me incliné tanteando en el sitio donde supuse que debía estar. Sólo toqué las baldosas calientes. Pensé que estaba soñando o volviéndome loco. Me mordí una mano para no gritar. ¿Laura?, gemí. Junto a mí sonó como un trueno lejano la voz del muchacho: según quién, el sabor del vapor mezclado con el sudor es distinto. Volví a levantarme, esta vez dispuesto a tirar patadas a ciegas, pero me contuve. Detén el vapor, dijo Laura desde alguna parte. A tropezones pude llegar hasta la banqueta. Al agacharme para buscar las llaves de paso, casi pegado a mi oreja, oí los ronquidos del viejo. Aún vive, pensé, y apagué el vapor. Al principio no ocurrió nada. Luego, antes de que las siluetas recobraran su visibilidad, alguien abrió la puerta y abandonó la cámara de vapor. Esperé, quienquiera que fuese estaba en el otro cuarto y hacía bastante ruido. Laura, llamé muy bajito. Nadie respondió. Por fin pude ver al viejo, que seguía durmiendo. En el suelo, uno en posición fetal y el otro extendido, los dos actores. El insomne parecía dormir de verdad. Salté por encima de ellos. En el cuarto del diván Laura ya estaba vestida. Me tiró las ropas sin decir una palabra. ¿Qué pasó?, dije. Vámonos, dijo Laura. Volvimos a encontrar a este trío un par de veces, una en aquellos mismos baños, la otra en unos de Azcapotzalco, los baños del infierno, como los llamaba Laura, pero las cosas nunca volvieron a ser iguales. A lo sumo nos fumábamos un cigarrillo y adiós. Durante mucho tiempo seguimos frecuentando estos lugares. Podíamos haber hecho el amor en otros sitios, pero había algo en la ruta de los baños públicos que nos atraía como un imán. No faltaron, como era lógico, otro tipo de incidentes, carreras por los pasillos de tipos poseídos por la desesperación, un intento de estupro, una redada que supimos sortear con fortuna y astucia; astucia, la de Laura; fortuna, la solidaridad de bronce de los bañistas. De la suma de todos los establecimientos, ahora ya una amalgama que se confunde con el rostro de Laura sonriendo, extrajimos la certeza de nuestro amor. El mejor de todos, tal vez porque allí lo hicimos por primera vez, fue el Gimnasio Moctezuma, al que siempre volvíamos. El peor, un local de Casas Alemán llamado convenientemente El Holandés Errante, que era lo más parecido que he visto a una morgue. Triple morgue: de la higiene, del proletariado y de los cuerpos. No así del deseo. Dos son los recuerdos más indelebles que aún conservo de aquellos días. El primero es una sucesión de imágenes de Laura desnuda (sentada en la banqueta, en mis brazos, bajo la ducha, tirada en el diván, pensando) hasta que el vapor que gradualmente va creciendo la hace desaparecer del todo. Fin. Imagen blanca. El segundo es el mural del Gimnasio Moctezuma. Los ojos de Moctezuma, insondables. El cuello de Moctezuma suspendido sobre la superficie de la piscina. Los cortesanos (o tal vez no eran cortesanos) que ríen y conversan intentando con todas sus fuerzas ignorar aquello que el emperador ve. Las bandadas de pájaros y de nubes que se confunden en el fondo. El color de las piedras de la piscina, sin duda el color más triste que vi a lo largo de nuestras expediciones, tan sólo comparable al color de algunas miradas, obreros en los pasillos, que ya no recuerdo pero que sin duda existieron.

TERCERA PARTE

Poemas perdidos

Las pulsaciones de tu corazón

La Belleza. Tema de Composición.
Una muchacha abre los ojos, se levanta,
abre la ventana, sale al patio.
En el patio hay hierba y rocío y basura,
hay ruedas pinchadas, roídas
por ácidos, esqueletos de bicicletas,
grandes trancas podridas en el suelo.
La Belleza. Tema de Composición.
La muchacha sale de la oscuridad
al patio, camina
tres o cinco pasos en dirección
a la cerca, levanta
los brazos, un escalofrío
la sacude, junta
las cejas en un gesto de disgusto,
se pasa el dorso de la mano
por la cara, vuelve
a la casa. La Belleza.
Tema para una franja.
Un pedazo de algo
iluminado por una cosa
parecida a la luz.
Pero que no es luz.
Algo parecido al gris,
siempre que el gris fuera luz,
o que la muchacha
estuviera un poco más quieta,
o que pudiéramos ordenar por bloques
el granito y las arpilleras.

Tema de Composición. La Belleza.
Un momento bucólico.
Todo el desorden se cuela
por una fisura llamada muchacha.
En ella hay dos o tres cosas
—dos o tres islas—
negociables. Pero no
la razón o el desencanto.
Pese a todos los inconvenientes:
un paisaje sólido.
La muchacha pone agua
en la tetera, enciende el gas,
pone la tetera a calentar,
se sienta sobre una silla de paja
y mientras espera
tal vez piense
en la luz que se mueve
ganando y perdiendo baldosas.
La Belleza no suspirará: querrá verlo
todo. Pero los regalos y la paciencia
son para ella:
cauce inevitable.
Tema. Espacio donde los ojos luchan.
Espacio, palabra, donde los ojos
imponen su voluntad.
La muchacha sale al patio.
La muchacha toma té. La muchacha
busca los terrones de azúcar.
A través de ese espejo ella busca
las colinas con costras de bosques verdes,
oscuros, los más distantes casi azules.
Tema de Composición. El Oxígeno.
Prepara sus arpilleras. Se sienta.
Hay rocas redondas como bacinicas.
Toma té. Remoja
la taza en un lavatorio de porcelana

que está sobre una banqueta de madera
sin desbastar. Bebe agua.
Luego bebe té.
Mira la lejanía: nubes.
Junto a ella emerge el esqueleto
de una bicicleta,
oxidado, pero firme aún el cuadro.
Tema de Composición. Una bicicleta
que es la Belleza y no la muerte.
No la amante salvaje
—la muerte—
corriendo por las calles
del sueño
simplemente porque ya no queda nada
por hacer. No los golpes
en la puerta de la cabaña abandonada.
La muchacha bebe té, lava
el vaso en el lavatorio, tira
el agua en el patio.
Luego entra en la casa
y tras un instante sale
con una chaqueta de lana
sobre la espalda. Como una santa
atraviesa la cerca
y empieza a diluirse
entre los abrojos y la hierba alta.
Ése es el tema de la composición:
la Belleza aparece, se pierde,
reaparece, se pierde,
vuelve a aparecer, se diluye.
Al final sólo escuchas
las pulsaciones de un pozo,
que es tu corazón.

Napo

Allá va hacia su última campaña
Envuelto en nubes o en niebla
El careto serio como si masticara
Los grandes funerales la maroma definitiva
En el espacio negro de los campos
Donde desplegará su imaginación ya lenta
Envuelto en adoquines o en fajas de cemento
El gran ojo que tira las campañas
Hacia el olvido

Posdata:

No te asustes soy el ojo de Napo arrastrando las nubes
Hacia la última campaña soy el ojo en el espacio negro
    envuelto
En neblina y misterios planificando la pesadilla (pero al
    mismo
Tiempo intentando escapar de ella) envuelto en un careto
Demasiado grave soy el ojo que tira las campañas
Hacia el olvido

Gitanos

Insoportablemente libres, dice la voz.
Detrás del paisaje cercado, en la curva,
Junto a los matorrales, justo en ese hueco
Tuve el sueño de los cadáveres. Algo
Muy sencillo. Un montón de fiambres
En el atardecer. Pero entonces uno de ellos
Dijo: no te asustes, soy el libro de
Los gitanos, voy a revelarte dos cosas
Antes de seguir por la línea.
Te lo resumo: la libertad y la pobreza
Eran una bandera. La bandera de quienes
Cayeron en la curva.

Bruno Montané cumple treinta años

Vi pasar a B. M. por la veintena
Lo vi amar y caminar
Lo vi emborracharse y ser generoso
Lo vi meter sus ojos azules en el balde del terror
Y ver el paso rápido de la luna
Como si estuviéramos otra vez en una calle mexicana
Y oí sus ruegos por la felicidad
De una muchacha desaparecida
Aunque no puedo afirmar a quién se refería
Tal vez a Alejandra
Más posible: Inma

En algún lugar seco y enorme, 1949

Tú y yo vestidos confortablemente observando la línea recta
mientras en el cielo las nubes corren como en la película
que a veces sueñas hacer Tú y yo sin hijos observando
la línea recta entre dos amarillos que antes fueron
la masa amarilla y que nunca sabremos en qué demonios se
convertirán (¡ni nos importa!) Tú y yo en una casa alquilada
sentados junto al ventanal la verdad dices es que podría
llorar toda la tarde la verdad es que no tengo hambre y sí
un poco de miedo a emborracharme otra vez sentados junto
a un ventanal recto ¿no? mientras a nuestras espaldas
los pájaros saltan de rama en rama y la luz de la cocina
parpadea Tú y yo en una cama ¡allí estamos! observando
las paredes blancas —dos perfiles que se continúan—
   ayudados
por la luz de la calle y por la luz de nuestros corazones fríos
que se niegan a morir

La suerte

Él venía de una semana de trabajo en el campo
en casa de un hijo de puta y era diciembre o enero,
no lo recuerdo, pero hacía frío y al llegar a Barcelona la nieve
comenzó a caer y él tomó el metro y llegó hasta la esquina
de la casa de su amiga y la llamó por teléfono para que
bajara y viera la nieve. Una noche hermosa, sin duda,
y su amiga lo invitó a tomar café y luego hicieron el amor
y conversaron y mucho después él se quedó dormido y soñó
que llegaba a una casa en el campo y caía la nieve
detrás de la casa, detrás de las montañas caía la nieve
y él se encontraba atrapado en el valle y llamaba por teléfono
a su amiga y la voz fría (¡fría pero amable!) le decía
que de ese hoyo inmaculado no salía ni el más valiente
a menos que tuviera mucha suerte

Nueve poemas

Nueve poemas

Procura no dormir, Roberto, me digo... Aunque el sueño te cierre
   los párpados, procura no quedarte dormido... Recuerda imágenes felices,
los cromos de México DF, los poetas de hierro en el Café La Habana...
Pero no te duermas...
No dejes que el sueño cierre la puerta... Piensa en películas de terror: Freddy,
Jason, Norman, ¡el Demonio!... Pero no te duermas... Piensa en Drácula,
en Frankenstein, en el Doctor Sinuoso... Las sombras que recorrían
los párpados de aquella muchacha... Tirada sobre un sofá-cama... Y sólo
un biombo de seda la separaba de los Ojos... Recuerda adolescentes vagando
por los alrededores de Guadalupe: los tacos de carnita, el manto
de Juan Diego, los implorantes de rodillas... ¿Qué hacías allí? Mirabas...
El tráfico de mota, los autobuses repletos, las tiendas de electrodomésticos,
los bares... Como entonces, haz un esfuerzo y vence al sueño... No dejes
que las sombras cierren (o abran) las puertas...

La muerte es un automóvil con dos o tres amigos lejanos. Rostros
que no puedo olvidar: cerúleos, fríos, a un paso tan sólo
del atardecer.
La muerte es un automóvil en marcha por las avenidas de
Ciudad de México
buscando inútilmente tu casa: una estela de carbón, una
cola de
carbón, unos dedos de carbón que se hunden en la
oscuridad. La muerte
son los labios de R. B. y L. J. en el asiento posterior de un
pesero: ahora sé
que de esas avenidas no escapa nadie. Te lo dejo como
prenda:
el final de mi infancia.

La vi caminar calle abajo. El viento pasaba por encima de
   ella: movía
las hojas de los árboles y la ropa tendida, pero su pelo
   parecía
el de una estatua. Calle abajo, con pasos regulares, en
   línea recta
hacia el azul del cruce. Luego ya no la vi más. Cerré los
   ojos y recordé
a una muchacha tirada sobre una estera en el rincón de un
   cuarto
oscuro, como un garaje... Hola, dije, acabo de llegar y no
   conozco a nadie
en este pueblo encantador... El viento golpeó la puerta,
   removió las ventanas:
su sombra, como una peonza, se perdió en el cruce,
   imperturbable. Sólo entonces
me di cuenta de que había llegado a la Ciudad Fantasma.
   Helado, cerré
los ojos y volví a verla... Reina de los reflejos... Reina de las
   calles que descienden...

En coches perdidos, con dos o tres amigos lejanos, vimos
de cerca
a la muerte.
Borrachos y sucios, al despertar, en suburbios pintados de
amarillo,
vimos a la Pelona bajo la sombra de un tenderete.
¡Qué clase de duelo es éste!, gritó mi amigo.
La vimos desaparecer y aparecer como una estatua griega.
La vimos estirarse.
Pero sobre todo la vimos fundirse con las colinas y el
horizonte.

Cada día los veo, junto a sus motos, en el otro lado del río.
Con buen o mal tiempo ellos siempre están ahí,
    confabulando
o jugando a ser estatuas. Bajo las nubes y bajo las sombras:
nunca cambian. Esperan y desesperan, dicen las viejitas
    en este lado
del río. Pero se equivocan: nada esperan, su serenidad
    metálica
es la bandera secreta de su pueblo.

Llegué a los Estadios con mucho frío, patrón, y los Estadios
comenzaron a moverse.
Llovía a cántaros y yo estaba parado en una esquina, que es
como decir que estaba parado en medio del desierto
y los Estadios se alejaban de aquel lugar para no volver.
¿Se mueven por el Sonido?, me pregunté.
¿Y hacia dónde se dirigen, hacia donde el Sonido disponga?
Tenía frío y tenía miedo, patrón, pero comprendí
que los Estadios, los compartimentos estancos,
marchaban de cabeza rumbo al pasado.
Todo lo que un día poseímos o quisimos poseer
marchaba de cabeza rumbo al pasado.
Después cesó la lluvia, patrón, y en el horizonte
aparecieron las agujas.

En la película de la tele el gángster toma un avión
que se eleva lentamente contra un atardecer en blanco
  y negro.
Sentado en tu sillón mueves la cabeza: en la ventana
ves el mismo atardecer, las mismas nubes en blanco
y negro. Te levantas y pegas las manos en el cristal:
el reactor del gángster se abre paso entre las nubes,
nubes increíblemente hermosas, ondas de la cabellera
de tu primer amor, labios ideales que formulan
una promesa para ti, pero que no entiendes.
La imagen que se desplaza por el cielo, la imagen
del televisor, son idénticas, el mismo anhelo, la misma
mirada. Y sin embargo tiemblas y no entiendes.

Volví en sueños al país de la infancia. En el cielo
había una espada azul. Una gran espada azul sobrevolando
los tejados marrones y rojos de Quilpué.
Entré caminando, con las manos en los bolsillos, y busqué
las viejas películas: el riachuelo, el caballo, la plaza
cubierta de hojas, el porche de mi casa. No vi
a nadie. Hasta el Duque había desaparecido.
De alguna manera intuí que el pueblo había entrado
en una suerte de operación geométrica sin fin. La espada
se reproducía en el cielo mas siempre era una e indivisible.

El Último Salvaje

1

Salí de la última función a las calles vacías. El esqueleto
pasó junto a mí, temblando, colgado del asta
de un camión de basura. Grandes gorros amarillos
ocultaban el rostro de los basureros, aun así creí reconocerlo:
un viejo amigo. ¡Aquí estamos!, me dije a mí mismo
unas doscientas veces,
hasta que el camión desapareció en una esquina.

2

No tenía adonde ir. Durante mucho tiempo
vagué por los alrededores del cine
buscando una cafetería, un bar abierto.
Todo estaba cerrado, puertas y contraventanas, pero
lo más curioso era que los edificios parecían vacíos, como
si la gente ya no viviera allí. No tenía nada que hacer
salvo dar vueltas y recordar
pero incluso la memoria comenzó a fallarme.

3

Me vi a mí mismo como «El Último Salvaje» montado en
una motocicleta blanca, recorriendo los caminos
de Baja California. A mi izquierda el mar, a mi derecha el
mar,

349

y en mi centro la caja llena de imágenes que paulatinamente
se iban desvaneciendo. ¿Al final la caja quedaría vacía?
¿Al final la moto se iría junto con las nubes?
¿Al final Baja California y «El Último Salvaje» se fundirían
con el Universo, con la Nada?

4

Creí reconocerlo: debajo del gorro amarillo de basurero un
    amigo
de la juventud. Nunca quieto. Nunca demasiado tiempo
    en un solo
registro. De sus ojos oscuros decían los poetas: son como
    dos volantines
suspendidos sobre la ciudad. Sin duda el más valiente. Y sus
    ojos
como dos volantines negros en la noche negra. Colgado
del asta del camión el esqueleto bailaba con la letra de
    nuestra
juventud. El esqueleto bailaba con los volantines y con las
    sombras.

5

Las calles estaban vacías. Tenía frío y en mi cerebro se
    sucedían
las escenas de *El Último Salvaje*. Una película de acción,
    con trampa:
las cosas sólo ocurrían aparentemente. En el fondo: un valle
    quieto,
petrificado, a salvo del viento y de la historia. Las motos, el
    fuego
de las ametralladoras, los sabotajes, los 300 terroristas
    muertos, en realidad

estaban hechos de una sustancia más leve que los sueños.
   Resplandor
visto y no visto. Ojo visto y no visto. Hasta que la
   pantalla
volvió al blanco, y salí a la calle.

                                6

Los alrededores del cine, los edificios, los árboles, los
   buzones de correo,
las bocas del alcantarillado, todo parecía más grande que
   antes
de ver la película. Los artesonados eran como calles
   suspendidas en el aire.
¿Había salido de una película de la fijeza y entrado en una
   ciudad
de gigantes? Por un momento creí que los volúmenes y las
   perspectivas
enloquecían. Una locura natural. Sin aristas. ¡Incluso mi
   ropa
había sido objeto de una mutación! Temblando, metí las
   manos
en los bolsillos de mi guerrera negra y eché a andar.

                                7

Seguí el rastro de los camiones de basura sin saber a ciencia
   cierta
qué esperaba encontrar. Todas las avenidas
desembocaban en un Estadio Olímpico de magnitudes
   colosales.
Un Estadio Olímpico dibujado en el vacío del universo.
Recordé noches sin estrellas, los ojos de una mexicana, un
   adolescente

con el torso desnudo y una navaja. Estoy en el lugar donde
   sólo
se ve con la punta de los dedos, pensé. Aquí no hay nadie.

8

Había ido a ver *El Último Salvaje* y al salir del cine
no tenía adonde ir. De alguna manera yo era
el personaje de la película y mi motocicleta negra me
   conducía
directamente hacia la destrucción. No más lunas rielando
sobre las vitrinas, no más camiones de basura, no más
desaparecidos. Había visto a la muerte copular con el sueño
y ahora estaba seco.

Mi vida en los tubos de supervivencia

Follow, poet, follow right
To the bottom of the night.
AUDEN

Resurrección dijo el viajero en la posada, tal vez un árabe
o un sudamericano
y se durmió junto al fuego.
En la hoguera crepitaban los Arnolfini:
estela que atraviesa los campos y las lluvias,
los períodos de fecundación y de cosecha, la historia
es inasible
pero a veces el misterio cae en nuestros sueños
como un pájaro en el regazo de una niña.
Los Arnolfini, amor mío, la resurrección
dijo el viajero,
nuestro tiempo no tiene fin.

Policías

Romeo y Julieta en un sistema policiaco
Todo Dante todo Boccaccio todo Ariosto
Marlowe en un sistema policiaco
El fulgor oculto de Velázquez
Acuático desértico arbóreo aéreo mi cuerpo en un
sistema
de comisarías y coches patrulla y la radio
a medianoche
sólo diciendo que algo marcha mal en el Distrito V
entre la calle Hospital y la calle del Carmen
¡bloqueen Jerusalén, saquen a los negros
del bar Jerusalén!
Y entre los pescados y los puestos de fruta
y los puestos de verdura y los puestos de carne
pasean los hombros y las rodillas de los polis
¡Cada vez más jóvenes!
Busca en Arquíloco la presencia inevitable
de los detectives
busca en Anacreonte las estelas de los policías
Armados hasta los dientes o desnudos
son los únicos capaces de mirar
como si sólo ellos tuvieran ojos
son los únicos que podrán reconocernos
más allá de cualquier gesto:
brazo inmovilizado en indicaciones
que ya nada querrán decir

Los detectives perdidos

Los detectives perdidos en la ciudad oscura
Oí sus gemidos
Oí sus pasos en el Teatro de la Juventud
Una voz que avanza como una flecha
Sombra de cafés y parques
Frecuentados en la adolescencia
Los detectives que observan
Sus manos abiertas
El destino manchado con la propia sangre
Y tú no puedes ni siquiera recordar
En dónde estuvo la herida
Los rostros que una vez amaste
La mujer que te salvó la vida

Los detectives helados

Soñé con detectives helados, detectives latinoamericanos
que intentaban mantener los ojos abiertos
en medio del sueño.
Soñé con crímenes horribles
y con tipos cuidadosos
que procuraban no pisar los charcos de sangre
y al mismo tiempo abarcar con una sola mirada
el escenario del crimen.
Soñé con detectives perdidos
en el espejo convexo de los Arnolfini:
nuestra época, nuestras perspectivas,
nuestros modelos del Espanto.

Los hombres duros no bailan
Una estructura de sombras en
el continente americano

Dirigida por Norman Mailer

Los hombres duros no bailan
Los hombres duros llegan a pueblos limítrofes en horas
    oscuras
Los hombres duros no tienen dinero, malgastan el dinero,
    buscan un poco de dinero en habitaciones minúsculas
    y húmedas
Los hombres duros no usan pijama
Los hombres duros tienen vergas grandes y duras que el
    tiempo va cuarteando y emblandeciendo
Los hombres duros cogen sus vergas con una mano y
    mean largamente sobre acantilados y desiertos
Los hombres duros viajan en trenes de carga por los
    grandes espacios de Norteamérica
Los grandes espacios de las películas de serie B
Películas violentas en donde el alcalde es infame y el sheriff
    es un hijo de puta y las cosas van de mal en peor
Hasta que aparece el hombre duro disparando a diestra y
    siniestra
Pechos reventados por balas de grueso calibre se
    proyectan
Hacia nosotros
Como hostias de redención definitiva
Los hombres duros hacen el amor con camareras
En habitaciones femeninas pobremente decoradas
Y se marchan antes de que amanezca
Los hombres duros viajan en transportes miserables por los
    grandes espacios de Latinoamérica

Los hombres duros comparten el paisaje del viaje y la
    melancolía del viaje con cerdos y gallinas
Atrás quedan bosques, llanuras, montañas como dientes
    de tiburón, ríos sin nombre, esfuerzos vanos
Los hombres duros recogen las migajas de la memoria sin
    una queja
Hemos comido, dicen, hemos culeado, nos hemos
    drogado, hemos conversado hasta el amanecer con
    amigos de verdad
¿Qué más podemos pedir?
Los hombres duros dejan a sus hijos desperdigados por los
    grandes espacios de Norteamérica y Latinoamérica
Antes de enfrentarse con la muerte
Antes de recibir con el rostro vaciado de esperanzas la
    visita de la Flaca, de la Calaca
Antes de recibir con el rostro arrugado por la indiferencia
    la visita de la Madrina, de la Soberana
De la Pingüina, de la Peluda, de la Más Fea del Baile
De la Más Fea y la Más Señalada del Baile

Los hombres duros
Comentario crítico y etnográfico

¿Una estructura de sombras *chinas* en el continente
    americano?
¿Una estructura de sombras *checas*? ¿Una estructura de
    sombras
       gallegas
Surgidas de la pura nada y que se han multiplicado
Simplemente porque América es un Espejo?
Los vi en el sueño, les dije cuidado, esta tierra feraz es un
    espejo,
El espejo buscado en la leyenda, la copa-espejo de Jesucristo,
El gran plano-espejo donde se buscó y no se halló Cabeza de
    Vaca:
Una alucinación que nos comprende.
Pero mi padre y sus amigos no me escucharon.

El nómade

El mismo. Sin brazos.
Con la boca abierta.
¿Qué demonios intenta decirme?
El nómade. El sin esperanzas.
Con pictogramas en lugar de ojos.
Con historias negras en lugar de rodillas.
Ligero como el viento,
pero odia el viento.
¿Qué demonios intenta decirme?
Sólo escucho el ruido lejano de una televisión.
Sólo intento dormir o leer en paz,
pero allí está él.
Sin brazos.
La boca abierta.
Saltando.
De la sartén al fuego.
Del fuego a la sartén.

El atardecer

Ese atardecer vio pasar al padre de Lisa
hacia abajo
hacia México DF.
Ese atardecer vio a mi padre poniéndose los guantes
antes de su última pelea.
Ese atardecer vio al padre de Carolina
derrotado y enfermo tras la guerra. El mismo
atardecer sin brazos
y con los labios
delgados como un gemido.
El que vio al padre de Lola trabajando en una
fábrica de Bilbao y el que vio
al padre de Edna buscando las palabras
exactas de su plegaria.
¡Ese atardecer fantástico!
El que contempló al padre de Jennifer
en un barco en el Pacífico
durante la Segunda Guerra Mundial
y el que contempló al padre de Margarita
a la salida de una taberna
sin nombre.
Ese atardecer valeroso y tembloroso, ¡indivisible!
como una flecha lanzada al corazón.

Autorretrato a los veinte años

Me dejé ir, lo tomé en marcha y no supe nunca
hacia dónde hubiera podido llevarme. Iba lleno de miedo,
se me aflojó el estómago y me zumbaba la cabeza:
yo creo que era el aire frío de los muertos.
No sé. Me dejé ir, pensé que era una pena
acabar tan pronto, pero por otra parte
escuché aquella llamada misteriosa y convincente.
O la escuchas o no la escuchas, y yo la escuché
y casi me eché a llorar: un sonido terrible,
nacido en el aire y en el mar.
Un escudo y una espada. Entonces,
pese al miedo, me dejé ir, puse mi mejilla
junto a la mejilla de la muerte.
Y me fue imposible cerrar los ojos y no ver
aquel espectáculo extraño, lento y extraño,
aunque empotrado en una realidad velocísima:
miles de muchachos como yo, lampiños
o barbudos, pero latinoamericanos todos,
juntando sus mejillas con la muerte.

El sudamericano

Hay algo que golpea el corazón, jefe. El tipo alto y pálido
se volvió. ¿Qué demonios intentas decir? Hay algo como
   una nube
que de repente bajó hasta esta zona y se puso a latir
al mismo ritmo que nosotros, jefe.
El tipo cerró la cámara. No pienso quedarme atrapado
en esta historia.
Una nube larga extendida desde Castelldefels hasta
   Barcelona
y ¡muy baja!
Movimiento del ojo ocupando toda la pantalla.
Después el corazón salta.
Saca tu pistola, dijo mientras se echaba a rodar por el suelo
de la galería.
Olor a sopas putrefactas, jefe, como si ya estuviéramos
atrapados.
El corazón ha descendido esta noche.
No me cogerán vivo.

Lupe

Trabajaba en la Guerrero, a pocas calles de la casa de Julián
y tenía 17 años y había perdido un hijo.
El recuerdo la hacía llorar en aquel cuarto del Hotel Trébol,
espacioso y oscuro, con baño y bidet, el sitio ideal
para vivir durante algunos años. El sitio ideal para escribir
un libro de memorias apócrifas o un ramillete
de poemas de terror. Lupe
era delgada y tenía las piernas largas y manchadas
como los leopardos.
La primera vez ni siquiera tuve una erección:
tampoco esperaba tener una erección. Lupe habló de su vida
y de lo que para ella era la felicidad.
Al cabo de una semana nos volvimos a ver. La encontré
en una esquina junto a otras putitas adolescentes,
apoyada en los guardabarros de un viejo Cadillac.
Creo que nos alegramos de vernos. A partir de entonces
Lupe empezó a contarme cosas de su vida, a veces llorando,
a veces cogiendo, casi siempre desnudos en la cama,
mirando el cielo raso tomados de la mano.
Su hijo nació enfermo y Lupe prometió a la Virgen
que dejaría el oficio si su bebé se curaba.
Mantuvo la promesa un mes o dos y luego tuvo que volver.
Poco después su hijo murió y Lupe decía que la culpa
era suya por no cumplir con la Virgen.
La Virgen se llevó al angelito por una promesa no sostenida.
Yo no sabía qué decirle. Me gustaban los niños, seguro,
pero aún faltaban muchos años para que supiera
lo que era tener un hijo.
Así que me quedaba callado y pensaba en lo extraño

que resultaba el silencio de aquel hotel.
O tenía las paredes muy gruesas o éramos los únicos
    ocupantes
o los demás no abrían la boca ni para gemir.
Era tan fácil manejar a Lupe y sentirte hombre
y sentirte desgraciado. Era fácil acompasarla
a tu ritmo y era fácil escucharla referir
las últimas películas de terror que había visto
en el cine Bucareli.
Sus piernas de leopardo se anudaban en mi cintura
y hundía su cabeza en mi pecho buscando mis pezones
o el latido de mi corazón.
Eso es lo que quiero chuparte, me dijo una noche.
¿Qué, Lupe? El corazón.

Lisa

Cuando Lisa me dijo que había hecho el amor
con otro, en la vieja cabina telefónica de aquel
almacén de la Tepeyac, creí que el mundo
se acababa para mí. Un tipo alto y flaco y
con el pelo largo y una verga larga que no esperó
más de una cita para penetrarla hasta el fondo.
No es algo serio, dijo ella, pero es
la mejor manera de sacarte de mi vida.
Parménides García Saldaña tenía el pelo largo y hubiera
podido ser el amante de Lisa, pero algunos
años después supe que había muerto en una clínica
    psiquiátrica
o que se había suicidado. Lisa ya no quería
acostarse más con perdedores. A veces sueño
con ella y la veo feliz y fría en un México
diseñado por Lovecraft. Escuchamos música
(Canned Heat, uno de los grupos preferidos
de Parménides García Saldaña) y luego hicimos
el amor tres veces. La primera se vino dentro de mí,
la segunda se vino en mi boca y la tercera, apenas un hilo
de agua, un corto hilo de pescar, entre mis pechos. Y todo
en dos horas, dijo Lisa. Las dos peores horas de mi vida,
dije desde el otro lado del teléfono.

El recuerdo de Lisa se descuelga otra vez
por el agujero de la noche.
Una cuerda, un haz de luz
y ya está:
la aldea mexicana ideal.
En medio de la barbarie, la sonrisa de Lisa,
la película helada de Lisa,
el refrigerador de Lisa con la puerta abierta
rociando con un poco de luz
este cuarto desordenado que yo,
próximo a cumplir cuarenta años,
llamo México, llamo DF,
llamo Roberto Bolaño buscando un teléfono público
en medio del caos y la belleza
para llamar a su único y verdadero amor.

Te regalaré un abismo, dijo ella,
pero de tan sutil manera que sólo lo percibirás
cuando hayan pasado muchos años
y estés lejos de México y de mí.
Cuando más lo necesites lo descubrirás,
y ése no será
el final feliz,
pero sí un instante de vacío y de felicidad.
Y tal vez entonces te acuerdes de mí,
aunque no mucho.

La francesa

Una mujer inteligente
Una mujer hermosa
Conocía todas las variantes, todas las posibilidades
Lectora de los aforismos de Duchamp y de los relatos de
    Defoe
En general con un autocontrol envidiable
Salvo cuando se deprimía y se emborrachaba
Algo que podía durar dos o tres días
Una sucesión de burdeos y valiums
Que te ponía la carne de gallina
Entonces solía contarte las historias que le sucedieron
Entre los 15 y los 18
Una película de sexo y de terror
Cuerpos desnudos y negocios en los límites de la ley
Una actriz vocacional y al mismo tiempo una chica con
    extraños rasgos de avaricia
La conocí cuando acababa de cumplir los 25
En una época tranquila
Supongo que tenía miedo de la vejez y de la muerte
La vejez para ella eran los treinta años
La guerra de los Treinta Años
Los treinta años de Cristo cuando empezó a predicar
Una edad como cualquier otra, le decía mientras cenábamos
A la luz de las velas
Contemplando el discurrir del río más literario del planeta
Pero para nosotros el prestigio estaba en otra parte
En las bandas poseídas por la lentitud, en los gestos
    exquisitamente lentos del desarreglo nervioso
En las camas oscuras

En la multiplicación geométrica de las vitrinas vacías
Y en el hoyo de la realidad
Nuestro lujo
Nuestro absoluto
Nuestro Voltaire
Nuestra filosofía de dormitorio y tocador
Como decía, una muchacha inteligente
Con esa rara virtud previsora
(Rara para nosotros latinoamericanos)
Que es tan común en su patria
En donde hasta los asesinos tienen una cartilla de ahorros
Y ella no iba a ser menos
Una cartilla de ahorros y una foto de Tristan Cabral,
La nostalgia de lo no vivido
Mientras aquel prestigioso río arrastraba un sol moribundo
Y sobre sus mejillas rodaban lágrimas aparentemente
    gratuitas
No me quiero morir susurraba mientras se corría
En la perspicaz oscuridad del dormitorio
Y yo no sabía qué decir
En verdad no sabía qué decir
Salvo acariciarla y sostenerla mientras se movía
Arriba y abajo como la vida
Arriba y abajo como las poetas de Francia
Inocentes y castigadas
Hasta que volvía al planeta Tierra
Y de sus labios brotaban
Pasajes de la adolescencia que de improviso llenaban
    nuestra habitación
Con duplicados que lloraban en las escaleras automáticas
    del metro
Con duplicados que hacían el amor con dos tipos a la vez
    mientras afuera caía la lluvia
Sobre las bolsas de basura y sobre las pistolas abandonadas
    en las bolsas de basura
La lluvia que todo lo lava

Menos la memoria y la razón
Vestidos, chaquetas de cuero, botas italianas, lencería para
    volverse loco
Para volverla loca
Aparecían y desaparecían en nuestra habitación
    fosforescente y pulsátil
Y trazos rápidos de otras aventuras menos íntimas
Fulguraban en sus ojos heridos como luciérnagas
Un amor que no iba a durar mucho
Pero que a la postre resultaría inolvidable
Eso dijo
Sentada junto a la ventana
Su rostro suspendido en el tiempo
Sus labios: los labios de una estatua
Un amor inolvidable
Bajo la lluvia
Bajo ese cielo erizado de antenas en donde convivían
Los artesonados del siglo XVII
Con las cagadas de palomas del siglo XX
Y en medio
Toda la inextinguible capacidad de provocar dolor
Invicta a través de los años
Invicta a través de los amores
Inolvidables
Eso dijo, sí
Un amor inolvidable
Y breve
¿Como un huracán?
No, un amor breve como el suspiro de una cabeza
    guillotinada
La cabeza de un rey o un conde bretón
Breve como la belleza
La belleza absoluta
La que contiene toda la grandeza y la miseria del mundo
Y que sólo es visible para quienes aman

Ojos

Nunca te enamores de una jodida drogadicta:
Las primeras luces del día te sorprenderán
Con sangre en los nudillos y empapado de orines.
Ese meado cada vez más oscuro, cada vez
Más preocupante. Como cuando en una isla griega
Ella se escondía entre las rocas o en un cuarto
De pensión en Barcelona, recitando a Ferrater
En catalán y de memoria mientras calentaba
La heroína en una cuchara que se doblaba
Como si el cabrón de Uri Geller estuviera
En la habitación vecina. Nunca, nunca te encoñes
De una jodida puta suicida: al alba tu rostro
Se dividirá en figuras geométricas semejantes
A la muerte. Inútil y con los bolsillos vacíos
Vagarás entre la luz cenicienta de la mañana
Y entonces el deseo, extinguido, te parecerá
Una broma que nadie se tomó la molestia
De explicarte, una frase vacía, una clave
Grabada en el aire. Y luego el azur. El jodido
Azur. Y el recuerdo de sus piernas sobre tus
Hombros. Su olor penetrante y extraño. Su mano
Extendida esperando el dinero. Ajena a las confesiones
Y a los gestos establecidos del amor. Ajena al dictado
De la tribu. Un brazo y unos pies pinchados
Una y otra vez: espejeantes en la raya que separaba
O que unía lo esperado de lo inesperado, el sueño
Y la pesadilla que se deslizaba por las baldosas
Como la orina cada vez más negra: whisky, coca-cola
Y finalmente un grito de miedo o de sorpresa, pero no

Una llamada de auxilio, no un gesto de amor,
Un jodido gesto de amor a la manera de Hollywood
O del Vaticano. ¿Y sus ojos, recuerdas sus ojos detrás
De aquella cabellera rubia? ¿Recuerdas sus dedos sucios
    restregando
Esos ojos limpios, esos ojos que parecían mirarte desde otro
Tiempo? ¿Recuerdas esos ojos que te hacían llorar
De amor, retorcerte de amor en la cama sin hacer
O en el suelo, como si el mono lo tuvieras tú y no ella?
Ni siquiera deberías recordar esos ojos. Ni un segundo.
Esos ojos como borrados que parecían seguir con interés
Los movimientos de una pasión que no era de este jodido
    planeta:
La verdadera belleza de los fuertes brillaba allí,
En sus pupilas dilatadas, en las palpitaciones de su
Corazón mientras la tarde se retiraba como en cámara
    rápida,
Y en nuestra pensión de mierda se oían de nuevo los
    ruidos,
Los vagidos de la noche, y sus ojos se cerraban.

Ella reina sobre las destrucciones

Qué me lleva hacia ti.
El sueño que se convierte en pesadilla.
El rumor del mar y de las ratas
En la fábrica abandonada.
Saber que después de todo estás allí,
En la oscuridad. Sola y con los ojos abiertos.
Como el pájaro leproso, el pájaro cagado
De las historias de terror de nuestra infancia.
Firme. No: ondulante, como las luces
Más allá del bosque, más allá de las dunas.
Las luces de los automóviles
Que toman la curva y luego desaparecen.
Pero tus ojos no son como los ojos
De los conductores. Ellos
Se deslizan plácidamente hacia el hogar
O la muerte. Tú estás fija en la oscuridad:
Sin luces ni promesas. Las ratas velan tu mirada.
Las olas velan tu mirada.
El viento que levanta remolinos en los linderos
Del bosque me lleva hacia ti: apenas
Una señal ininteligible en el camino de los perros.

Lluvia

Llueve y tú dices «es como si las nubes
lloraran». Luego te cubres la boca y apresuras
el paso. ¿Como si esas nubes escuálidas lloraran?
Imposible. Pero entonces, ¿de dónde esa rabia,
esa desesperación que nos ha de llevar a todos al diablo?
La Naturaleza oculta algunos de sus procedimientos
en el Misterio, su hermanastro. Así esta tarde
que consideras similar a una tarde del fin del mundo
más pronto de lo que crees te parecerá tan sólo
una tarde melancólica, una tarde de soledad perdida
en la memoria: el espejo de la Naturaleza. O bien
la olvidarás. Ni la lluvia, ni el llanto, ni tus pasos
que resuenan en el camino del acantilado importan.
Ahora puedes llorar y dejar que tu imagen se diluya
en los parabrisas de los coches estacionados a lo largo
del Paseo Marítimo. Pero no puedes perderte.

El Gusano

Demos gracias por nuestra pobreza, dijo el tipo vestido con
   harapos.
Lo vi con este ojo: vagaba por un pueblo de casas chatas,
hechas de cemento y ladrillos, entre México y Estados
   Unidos.
Demos gracias por nuestra violencia, dijo, aunque sea
   estéril
como un fantasma, aunque a nada nos conduzca,
tampoco estos caminos conducen a ninguna parte.
Lo vi con este ojo: gesticulaba sobre un fondo rosado
que se resistía al negro, ah, los atardeceres de la frontera,
leídos y perdidos para siempre.
Los atardeceres que envolvieron al padre de Lisa
a principios de los cincuenta.
Los atardeceres que vieron pasar a Mario Santiago,
arriba y abajo, aterido de frío, en el asiento trasero
del coche de un contrabandista. Los atardeceres
del infinito blanco y del infinito negro.

Lo vi con este ojo: parecía un gusano con sombrero de
   paja
y mirada de asesino
y viajaba por los pueblos del norte de México
como si anduviera perdido, desalojado de la mente,
desalojado del sueño grande, el de todos,
y sus palabras eran, madre mía, terroríficas.

Parecía un gusano con sombrero de paja,
ropas blancas
y mirada de asesino.
Y viajaba como un trompo
por los pueblos del norte de México
sin atreverse a dar el paso
sin decidirse
a bajar al DF.
Lo vi con este ojo
ir y venir
entre vendedores ambulantes y borrachos
temido
con el verbo desbocado por calles
de casas de adobe
Parecía un gusano blanco
con un Bali entre los labios
o un Delicados sin filtro
Y viajaba de un lado a otro
de los sueños
tal que un gusano de tierra
arrastrando su desesperación
comiéndosela

Un gusano blanco con sombrero de paja
bajo el sol del norte de México
en las tierras regadas con sangre y palabras mendaces
de la frontera, la puerta del Cuerpo que vio Sam
    Peckinpah
la puerta de la Mente desalojada, el puritito
azote, y el maldito gusano blanco allí estaba
con su sombrero de paja y su pitillo colgando
del labio inferior, y tenía la misma mirada
de asesino de siempre.

Lo vi y le dije tengo tres bultos en la cabeza
y la ciencia ya no puede hacer nada conmigo.
Lo vi y le dije sáquese de mi huella so mamón
la poesía es más valiente que nadie
las tierras regadas con sangre me la pelan, la Mente
    desalojada
apenas si estremece mis sentidos.
De estas pesadillas sólo conservaré
estas pobres casas
estas calles barridas por el viento
y no su mirada de asesino

Parecía un gusano blanco con su sombrero de paja
y su pistola automática debajo de la camisa
y no paraba de hablar solo o con cualquiera
acerca de un poblado que tenía
por lo menos dos mil o tres mil años
allá por el norte cerca de la frontera
con los Estados Unidos
un lugar que todavía existía
digamos cuarenta casas
dos cantinas
una tienda de comestibles
un pueblo de vigilantes y asesinos
como él mismo,
casas de adobe y patios encementados
donde los ojos no se despegaban
del horizonte
(de ese horizonte color carne
como la espalda de un moribundo)
¿Y qué esperaban que apareciera por allí?, pregunté
El viento y el polvo, tal vez
Un sueño mínimo
pero en el que empeñaban
toda su obstinación, toda su voluntad

Parecía un gusano blanco con sombrero de paja y un
   Delicados
colgando del labio inferior
Parecía un chileno de veintidós años entrando en el Café
   La Habana
y observando a una muchacha rubia
sentada en el fondo,
en la Mente desalojada
Parecían las caminatas a altas horas de la noche
de Mario Santiago
En la Mente desalojada
En los espejos encantados
En el huracán del DF.
Los dedos cortados renacían
con velocidad sorprendente
Dedos cortados, quebrados, esparcidos
en el aire del DF.

Atole

Vi a Mario Santiago y Orlando Guillén
los poetas perdidos de México
tomando atole con el dedo

En los murales de una nueva universidad
llamada Infierno o algo que podría ser
una especie de infierno pedagógico

Pero os aseguro que la música de fondo
era una huasteca veracruzana o tamaulipeca
no soy capaz de precisarlo

Amigos míos era el día en que se estrenaba
«Los poetas perdidos de México»
así que ya se lo pueden imaginar

Y Mario y Orlando reían pero como en cámara lenta
como si en el mural en el que vivían
no existiera la prisa o la velocidad

No sé si me explico
como si sus risas se desplegaran minuciosamente
sobre un horizonte infinito

Esos cielos pintados por el Dr. Atl, ¿los recuerdas?
sí, los recuerdo, y también recuerdo las risas
de mis amigos
Cuando aún no vivían dentro del mural laberíntico
apareciendo y desapareciendo como la poesía verdadera
esa que ahora visitan los turistas

Borrachos y drogados como escritos con sangre
ahora desaparecen por el esplendor geométrico
que es el México que les pertenece

El México de las soledades y los recuerdos
el del metro nocturno y los cafés chinos
el del amanecer y el del atole

La luz

Luz que vi en los amaneceres de México DF,
En la Avenida Revolución o en Niño Perdido,
Jodida luz que dañaba los párpados y te hacía
Llorar y esconderte en alguno de aquellos buses
Enloquecidos, aquellos peseros que te hacían viajar
En círculos por los suburbios de la ciudad oscura.
Luz que vi como una sola daga levitando en
El altar de los sacrificios del DF, el aire
Cantado por el Dr. Atl, el aire inmundo que
Intentó atrapar a Mario Santiago. Ah, la jodida
Luz. Como si follara consigo misma. Como si
Se mamase su propia vulva. Y yo, el espectador
Insólito, no sabía hacer otra cosa que reír
Como un detective adolescente perdido en las calles
De México. Luz que avanzaba de la noche al día
Igual que una jirafa. Luz de la orfandad encontrada
En la vacía e improbable inmensidad de las cosas.

Nopal

Vio el nopal, pero allí, tan lejos,
no debía ser sino un sueño.
De entre la neblina surgían: formas
redondas y blandas, repetidas,
en una larga marcha de un sueño
a otro sueño,
conteniendo, en sus formas de espejo y uña,
la imagen fulgurante
de un adolescente solo,
de pie, con los brazos extendidos,
mientras en el horizonte interminable de México
aparecían las tormentas.
Pero sobreviviría.
Y al igual que los nopales de los precipicios
su vida se suspendería en el sueño
y la monotonía
a intervalos irregulares y durante mucho tiempo.
Pero eso no era lo importante.
Importaban los nopales
y allí estaban otra vez:
de entre sus lágrimas surgían.

El último canto de amor
de Pedro J. Lastarria, alias «El Chorito»

Sudamericano en tierra de godos,
Éste es mi canto de despedida
Ahora que los hospitales sobrevuelan
Los desayunos y las horas del té
Con una insistencia que no puedo
Sino remitir a la muerte.
Se acabaron los crepúsculos
Largamente estudiados, se acabaron
Los juegos graciosos que no conducen
A ninguna parte. Sudamericano
En tierra más hostil
Que hospitalaria, me preparo
Para entrar en el largo
Pasillo incógnito
Donde dicen que florecen
Las oportunidades perdidas.
Mi vida fue una sucesión
De oportunidades perdidas,
Lector de Catulo en latín
Apenas tuve valor para pronunciar
Sine qua non o *Ad hoc*
En la hora más amarga
De mi vida. Sudamericano
En hospitales de godos, ¿qué hacer
Sino recordar las cosas amables
Que una vez me acaecieron?
Viajes infantiles, la elegancia
De padres y abuelos, la generosidad
De mi juventud perdida y con ella

La juventud perdida de tantos
Compatriotas
Son ahora el bálsamo de mi dolor,
Son ahora el chiste incruento
Desencadenado en estas soledades
Que los godos no entienden
O que entienden de otra manera.
También yo fui elegante y generoso:
Supe apreciar las tempestades,
Los gemidos del amor en las barracas
Y el llanto de las viudas,
Pero la experiencia es una estafa.
En el hospital sólo me acompañan
Mi inmadurez premeditada
Y los resplandores vistos en otro planeta
O en otra vida.
La cabalgata de los monstruos
En donde «El Chorito»
Tiene un papel destacado.
Sudamericano en tierra de
Nadie, me preparo
Para entrar en el lago
Inmóvil, como mi ojo
Donde se refractan las aventuras
De Pedro Javier Lastarria
Desde el rayo incidente
Hasta el ángulo de incidencia,
Desde el seno del ángulo
De refracción
Hasta la constante llamada
Índice de refracción.
En plata: las malas cosas
Convertidas en buenas,
En apariciones gloriosas
Las metidas de pata,
La memoria del fracaso

Convertida en la memoria
Del valor. Un sueño,
Tal vez, pero
Un sueño que he ganado
A pulso.
Que nadie siga mi ejemplo
Pero que sepan
Que son los músculos de Lastarria
Los que abren este camino.
Es el córtex de Lastarria,
El entrechocar de dientes
De Lastarria, los que iluminan
Esta noche negra del alma,
Reducida, para mi disfrute
Y reflexión, a este rincón
De habitación en sombras,
Como piedra afiebrada,
Como desierto detenido
En mi palabra.
Sudamericano en tierra
De sombras,
Yo que siempre fui
Un caballero,
Me preparo para asistir
A mi propio vuelo de despedida.

Ernesto Cardenal y yo

Iba caminando, sudado y con el pelo pegado
en la cara
y entonces vi a Ernesto Cardenal que venía
en dirección contraria
y a modo de saludo le dije:
Padre, en el Reino de los Cielos
que es el comunismo
¿tienen un sitio los homosexuales?
Sí, dijo él.
¿Y los masturbadores impenitentes?
¿Los esclavos del sexo?
¿Los bromistas del sexo?
¿Los sadomasoquistas, las putas, los fanáticos
de los edemas,
los que ya no pueden más, los que de verdad
ya no pueden más?
Y Cardenal dijo sí.
Y yo levanté la vista
y las nubes parecían
sonrisas de gatos levemente rosadas
y los árboles que pespunteaban la colina
(la colina que hemos de subir)
agitaban las ramas.
Los árboles salvajes, como diciendo
algún día, más temprano que tarde, has de venir
a mis brazos gomosos, a mis brazos sarmentosos,
a mis brazos fríos. Una frialdad vegetal
que te erizará los pelos.

Los perros románticos

En aquel tiempo yo tenía 20 años
y estaba loco.
Había perdido un país
pero había ganado un sueño.
Y si tenía ese sueño
lo demás no importaba.
Ni trabajar, ni rezar,
ni estudiar en la madrugada
junto a los perros románticos.
Y el sueño vivía en el vacío de mi espíritu.
Una habitación de madera,
en penumbras,
en uno de los pulmones del trópico.
Y a veces me volvía dentro de mí
y visitaba el sueño: estatua eternizada
en pensamientos líquidos,
un gusano blanco retorciéndose
en el amor.
Un amor desbocado.
Un sueño dentro de otro sueño.
Y la pesadilla me decía: crecerás.
Dejarás atrás las imágenes del dolor y del laberinto
y olvidarás.
Pero en aquel tiempo crecer hubiera sido un crimen.
Estoy aquí, dije, con los perros románticos
y aquí me voy a quedar.

La Gran Fosa

Pasamos a las tres de la mañana
por la Gran Fosa
y nuestro barco que antaño siempre crujía
se replegó instantáneamente
en un silencio oscuro
medroso
mientras flotábamos sobre miles y miles de metros o
　espantos
Eso fue todo, tal como lo viví lo cuento
la Gran Fosa
la oscuridad de las tres de la mañana
envolviendo el barco profusamente engalanado
con guirnaldas de luz y reflectores
los marinos y los pasajeros
unidos
por la juventud y por el miedo
por el frío
todos en la misma carraca que flotaba
arriba o abajo de la realidad
una realidad, ¿cómo te diría?
ajena a nuestros conocimientos, a nuestros libros
a nuestra historia
una realidad que me hizo recordar
la pasión final, el misterio de un poeta surrealista
un poeta menor
en la antología de Aldo Pellegrini, ¿sabes
a quién me refiero?
No importa
Aunque he olvidado su nombre jamás olvidaré

su última aventura
Breton y sus amigos llegaron a Marsella o a Tolón
en el 40 o en el 41
buscando una manera de escapar hacia los Estados Unidos
Entre ellos, con sus maletas, él, Pellegrini publica su foto
una cara vulgar
un tipo más bien gordo
con ojos de funcionario y no de surrealista
aunque ahora todos los surrealistas, todos los poetas
tienen ojos de funcionarios
en el 41 no era así
aún vivían Desnos, Artaud, Char
Tzara, Péret, Éluard
pero nuestro poeta era un poeta menor
y los poetas menores sufren como animales de laboratorio
y tienen los ojos secos y malignos
de los funcionarios
Abreviando: algunos, como Breton, consiguieron el visado
y un pasaje en barco y pudieron dejar atrás
la Francia de Vichy, otros
como Tzara, no pudieron salir
En medio de ellos, como una alfombra
el poeta innombrado
Preparados sus bártulos para entrar en el destino oscuro
tangencialmente distinto
al destino de Tzara y de Breton: simplemente
se perdió
salió de su hotel, vagabundeó por las calles del puerto
bebió y observó el fluir de la gente
y después se esfumó
¿se lo tragó la noche?
¿se suicidó?, ¿lo mataron?
lo único cierto es que su cadáver jamás apareció
Supongamos que una corriente submarina lo fue a buscar
al club de yates de Marsella
y lo arrastró lejos de sus maletas, de sus libros surrealistas

a las profundidades verdaderas
fuera del Mediterráneo
más allá de las luces de Tánger
en medio del Atlántico
bajo toneladas y toneladas de agua
allí donde sólo viven los peces ciegos
los peces sin colores
en una región donde no existen los colores
sólo oscuridad
y vida extraña y densa
como su desaparición sin una carta de despedida
sin un cuerpo
hechos que despiertan la curiosidad de Pellegrini
lector de novelas policiacas y surrealista latinoamericano
mas no la de Breton
ocupado en el apocalipsis
literario
Un poeta menor cuya muerte es similar a la muerte
de Empédocles
o a un rapto llevado a cabo por extraterrestres
Supongamos que precisamente fue aquello lo que él
quiso fingir o representar
Pero las aguas malolientes del puerto de Marsella
no son un volcán
y tarde o temprano su cuerpo
aunque bien atado a una piedra de 20 kilos
hubiera sido hallado
En el 40 o 41, pese a las apariencias
no existía aún el crimen perfecto
Y ésa es la historia, la misteriosa desaparición
de un poeta menor
(¿se llamaba Gui?, ¿Gui Rosey?)
del parnaso surrealista
Un poeta arrastrado por las corrientes desconocidas del mar
hacia la Gran Fosa
la misma que detuvo nuestra carraca y nuestros

jóvenes corazones, el hoyo
que se alimenta de pobres poetas en retirada
y de pensamientos puros, el hoyo
que devora surrealistas belgas y checos
ingleses, daneses, holandeses
españoles y franceses, sin tomarse
una pausa, inocentemente

Posdata: Finalmente pudimos alejarnos de aquellas aguas,
mas no de aquella noche al parecer interminable. Días más
tarde, un amanecer, tuve la revelación: el barco y la Fosa
estaban unidos por una línea perpendicular y jamás se
separarían.

Mi vida en los tubos de supervivencia

Como era pigmeo y amarillo y de facciones agradables
Y como era listo y no estaba dispuesto a ser torturado
En un campo de trabajo o en una celda acolchada
Me metieron en el interior de este platillo volante
Y me dijeron vuela y encuentra tu destino, ¿pero qué
Destino iba a encontrar? La maldita nave parecía
El holandés errante por los cielos del mundo, como si
Huir quisiera de mi minusvalía, de mi singular
Esqueleto: un escupitajo en la cara de la Religión,
Un hachazo de seda en la espalda de la Felicidad,
Sustento de la Moral y de la Ética, la escapada hacia
Adelante de mis hermanos verdugos y de mis hermanos
    desconocidos.
Todos finalmente humanos y curiosos, todos huérfanos y
Jugadores ciegos en el borde del abismo. Pero todo eso
En el platillo volador no podía sino serme indiferente.
O lejano. O secundario. La mayor virtud de mi traidora
    especie
Es el valor, tal vez la única real, palpable hasta las lágrimas
Y los adioses. Y valor era lo que yo demandaba encerrado en
El platillo, asombrando a los labradores y a los borrachos
Tirados en las acequias. Valor invocaba mientras la maldita
    nave
Rielaba por guetos y parques que para un paseante
Serían enormes, pero que para mí sólo eran tatuajes sin
    sentido,
Palabras magnéticas e indescifrables, apenas un gesto
Insinuado bajo el manto de nutrias del planeta.
¿Es que me había convertido en Stefan Zweig y veía avanzar

A mi suicida? Respecto a esto la frialdad de la nave
Era incontrovertible, sin embargo a veces soñaba
Con un país cálido, una terraza y un amor fiel y desesperado.
Las lágrimas que luego derramaba permanecían en la
    superficie
Del platillo durante días, testimonio no de mi dolor, sino de
Una suerte de poesía exaltada que cada vez más a menudo
Apretaba mi pecho, mis sienes y caderas. Una terraza,
Un país cálido y un amor de grandes ojos fieles
Avanzando lentamente a través del sueño, mientras la nave
Dejaba estelas de fuego en la ignorancia de mis hermanos
Y en su inocencia. Y una bola de luz éramos el platillo y yo
En las retinas de los pobres campesinos, una imagen
    perecedera
Que no diría jamás lo suficiente acerca de mi anhelo
Ni del misterio que era el principio y el final
De aquel incomprensible artefacto. Así hasta la
Conclusión de mis días, sometido al arbitrio de los vientos,
Soñando a veces que el platillo se estrellaba en una serranía
De América y mi cadáver casi sin mácula surgía
Para ofrecerse al ojo de viejos montañeses e historiadores:
Un huevo en un nido de hierros retorcidos. Soñando
Que el platillo y yo habíamos concluido la danza
    peripatética,
Nuestra pobre crítica de la Realidad, en una colisión
    indolora
Y anónima en alguno de los desiertos del planeta. Muerte
Que no me traía el descanso, pues tras corromperse mi carne
Aún seguía soñando.

F. B. —He dead

Francis Bacon
Aprendió a vivir
Solo
Aprendió a soportar
La lentitud
De los atardeceres humanos
Su insoportable hedor
Aprendió
El arte de la paciencia
Similar en tantas cosas
Al arte de la indiferencia
Francis Bacon aprendió
A convivir con las horas
A convivir con las sombras
Máscaras
De la misma libertad
Ilegible

Sophie Podolski

Aterido: hastiado,
Me voy
Al país de Sophie:
Allí donde
La nada: el círculo
Cantan
La gesta
De tu duro
Corazón: la metamorfosis
Lunar; el reptil
Entre los matorrales,
Una forma
De olvido: luna
Que recogí
En la oscuridad
De tus ojos.

Homenaje a Resortes

Rostro doloroso, escéptico, apaleado, trasnochado, rostro
sumergido en el bote de orines de las pesadillas, amargo e
    imbécil,
duro como el pellejo de las ratas de Chapultepec, vanidoso
y triste, rostro en las lindes del cero, metálico por dentro,
lleno de ecos propicios a la risa, a su risa, a sus muecas
gratuitas y secretas, rostro de los barrios aéreos de México,
el rostro de Resortes

¿Te acuerdas de Resortes?
El perfecto ciudadano
Del Distrito Federal
Sus muecas atroces
Su risa atroz
Iluminan el camino de mis sueños
Cuando regreso a México
Paso a paso
Siguiendo las huellas torcidas
De las estrellas

Homenaje a Tin Tan

Cuando hayamos muerto y nuestros gusanos sean como
   Tin Tan,
Resortes y Calambres en la película extendida como una
   manta
sobre la Ciudad de México y las lavanderas cuneiformes y
      los
gángsters cuneiformes se persignen en el altar de nuestra
cinematografía, ¡Tin Tan, Resortes y Calambres en el
      Estudio
Churubusco de nuestros corazones rotos! ¿lo recuerdas?
¿puedes recordarlo todavía?

Tin Tan, Resortes y Calambres
En el final feliz
Buscándose la vida
Y no olvidemos
Ingratos
A Mantequilla
O al amigo de Tin Tan
Marcelo creo que se llamaba
Ni a doña Sara García

El burro

A veces sueño que Mario Santiago
Viene a buscarme con su moto negra.
Y dejamos atrás la ciudad y a medida
Que las luces van desapareciendo
Mario Santiago me dice que se trata
De una moto robada, la última moto
Robada para viajar por las pobres tierras
Del norte, en dirección a Texas,
Persiguiendo un sueño innombrable,
Inclasificable, el sueño de nuestra juventud,
Es decir el sueño más valiente de todos
Nuestros sueños. Y de tal manera
Cómo negarme a montar la veloz moto negra
Del norte y salir rajados por aquellos caminos
Que antaño recorrieran los santos de México,
Los poetas mendicantes de México,
Las sanguijuelas taciturnas de Tepito
O la Colonia Guerrero, todos en la misma senda,
Donde se confunden y mezclan los tiempos:
Verbales y físicos, el ayer y la afasia.

Y a veces sueño que Mario Santiago
Viene a buscarme, o es un poeta sin rostro,
Una cabeza sin ojos, ni boca, ni nariz,
Sólo piel y voluntad, y yo sin preguntar nada
Me subo a la moto y partimos
Por los caminos del norte, la cabeza y yo,
Extraños tripulantes embarcados en una ruta

Miserable, caminos borrados por el polvo y la lluvia,
Tierra de moscas y lagartijas, matorrales resecos
Y ventiscas de arena, el único teatro concebible
Para nuestra poesía.

Y a veces sueño que el camino
Que nuestra moto o nuestro anhelo recorre
No empieza en mi sueño sino en el sueño
De otros: los inocentes, los bienaventurados,
Los mansos, los que para nuestra desgracia
Ya no están aquí. Y así Mario Santiago y yo
Salimos de Ciudad de México que es la prolongación
De tantos sueños, la materialización de tantas
Pesadillas, y remontamos los estados
Siempre hacia el norte, siempre por el camino
De los coyotes, y nuestra moto entonces
Es del color de la noche. Nuestra moto
Es un burro negro que viaja sin prisa
Por las tierras de la Curiosidad. Un burro negro
Que se desplaza por la humanidad y la geometría
De estos pobres paisajes desolados.
Y la risa de Mario o de la cabeza
Saluda a los fantasmas de nuestra juventud,
El sueño innombrable e inútil
De la valentía.

Y a veces creo ver una moto negra
Como un burro negro alejándose por los caminos
De tierra de Zacatecas y Coahuila, en los límites
Del sueño, y sin alcanzar a comprender
Su sentido, su significado último,
Comprendo no obstante su música:
Una alegre canción de despedida.

Y acaso son los gestos de valor los que
Nos dicen adiós, sin resentimiento, ni amargura,
En paz con su gratuidad absoluta y con nosotros mismos.
Son los pequeños desafíos inútiles —o que
Los años y la costumbre consintieron
Que creyéramos inútiles— los que nos saludan,
Los que nos hacen señales enigmáticas con las manos,
En medio de la noche, a un lado de la carretera,
Como nuestros hijos queridos y abandonados,
Criados solos en estos desiertos calcáreos,
Como el resplandor que un día nos atravesó
Y que habíamos olvidado.

Y a veces sueño que Mario llega
Con su moto negra en medio de la pesadilla
Y partimos rumbo al norte,
Rumbo a los pueblos fantasmas donde moran
Las lagartijas y las moscas.
Y mientras el sueño me transporta
De un continente a otro
A través de una ducha de estrellas frías e indoloras,
Veo a la moto negra, como un burro de otro planeta,
Partir en dos las tierras de Coahuila.
Un burro de otro planeta
Que es el anhelo desbocado de nuestra ignorancia,
Pero que también es nuestra esperanza
Y nuestro valor.

Un valor innombrable e inútil, bien cierto,
Pero reencontrado en los márgenes
Del sueño más remoto,
En las particiones del sueño final,
En la senda confusa y magnética
De los burros y de los poetas.

He vuelto a ver a mi padre

Para León Bolaño

La historia comienza con la llegada del sexto enfermo,
un tipo de más de sesenta, solo, de enormes patillas,
con una radio portátil y una o dos novelas de aquellas
que escribía Lafuente Estefanía.
Los cinco que ya estábamos en la habitación éramos
        amigos,
es decir nos hacíamos bromas y conocíamos
los síntomas verdaderos de la muerte,
aunque ahora ya no estoy tan seguro.
El sexto, mi padre, llegó silenciosamente
y durante todo el tiempo que estuvo en nuestra habitación
casi no habló con nadie.
Sin embargo una noche, cuando uno de los enfermos se
        moría
(Rafael, el de la cama n.° 4)
fue él quien se levantó y llamó a las enfermeras.
Nosotros estábamos paralizados de miedo.
Y mi padre obligó a las enfermeras a venir y salvó al enfermo
de la cama n.° 4
y luego volvió a quedarse dormido
sin darle ninguna importancia.
Después, no sé por qué, lo cambiaron de habitación.
A Rafael lo mandaron a morir a su casa y a otros dos
los dieron de alta.
Y a mi padre hoy lo volví a ver.
Como yo, sigue en el hospital.

Lee su novela de vaqueros y cojea de la pierna izquierda.
Su rostro está terriblemente arrugado.
Aún lo acompaña la radio portátil de color rojo.
Tose un poco más que antes y no le da mucha importancia
    a las cosas.
Hoy hemos estado juntos en la salita, él con su novela
y yo con un libro de William Blake.
Afuera atardecía lentamente y los coches fluían como
    pesadillas.
Yo pensaba y pensaba en mi padre, una y otra vez,
hasta que éste se levantó, dijo algo
con su voz aguardentosa
que no entendí
y encendió la luz.
Eso fue todo. Él encendió la luz y volvió a la lectura.
Praderas interminables y vaqueros de corazones fieles.
Afuera, sobre el Monte Carmelo, pendía la luna llena.

Los blues taoístas
del Hospital Valle Hebrón

1

Crecí junto a jóvenes duros.
Duros y sensibles a los grandes espacios desolados.
Amaneceres de cristal en América, lejos. ¿Sabes
Lo que quiero decir? Esos amaneceres sin hospitales, a vida
    o muerte,
En casuchas de adobe azotadas por el viento,
Cuando la muerte abrió la puerta de lata y asomó su sonrisa:
Una sonrisa de pobre
Que jamás —lo supimos de golpe— comprenderíamos.
Una sonrisa atroz en donde de alguna manera se resumían
Nuestros esfuerzos y nuestros desafíos tal vez inútiles.
Y vimos nuestras muertes reflejadas
En la sonrisa de aquella muerte
Que abrió la puerta de lata de la casucha de adobes
E intentó fundirse con nosotros.

2

Estabas tú junto a nosotros.
Y tú no te moviste
Cuando emprendimos la marcha.
Te quedaste en la casucha de adobe
Y no vimos tus lágrimas, oh hermana.
Meruit habere redemptorem.
Meruit tam sacra membra tangere.
Digna tam sacra membra tangere.

3

Y resueltos salimos de nuestros agujeros.
De nuestros cálidos nidos.
Y habitamos el huracán.
Ahora todos muertos.
También los que recordaron
Un amanecer de cristal
En el territorio de la Quimera y del Mito.

4

Así, tú y yo nos convertimos
En sabuesos de nuestra propia memoria.
Y recorrimos, como detectives latinoamericanos,
Las calles polvorientas del continente
Buscando al asesino.
Pero sólo encontramos
vitrinas vacías, manifestaciones equívocas
De la verdad.

5

En los territorios de la Quimera
Volveré a encontrarte.
Y te daré diez besos
Y luego
Diez más.

Las enfermeras

Una estela de enfermeras emprenden el regreso a casa.
   Protegido
por mis polaroid las observo ir y volver.
Ellas están protegidas por el crepúsculo.
Una estela de enfermeras y una estela de alacranes.
Van y vienen.
¿A las siete de la tarde? ¿A las ocho
de la tarde?
A veces alguna levanta la mano y me saluda. Luego alcanza
su coche, sin volverse, y desaparece
protegida por el crepúsculo como yo por mis polaroid.
Entre ambas indefensiones está el jarrón de Poe.
El florero sin fondo que contiene todos los crepúsculos,
todos los lentes negros, todos
los hospitales.

El fantasma de Edna Lieberman

Te visitan en la hora más oscura
todos tus amores perdidos.
El camino de tierra que conducía al manicomio
se despliega otra vez como los ojos
de Edna Lieberman,
como sólo podían sus ojos
elevarse por encima de las ciudades,
y brillar.
Y brillan nuevamente para ti
los ojos de Edna
detrás del aro de fuego
que antes era el camino de tierra,
la senda que recorriste de noche,
ida y vuelta,
una y otra vez,
buscándola o acaso
buscando tu sombra.
Y despiertas silenciosamente
y los ojos de Edna
están allí.
Entre la luna y el aro de fuego,
leyendo a sus poetas mexicanos
favoritos.
¿Y a Gilberto Owen,
lo has leído?,
dicen tus labios sin sonido,
dice tu respiración
y tu sangre que circula
como la luz de un faro.

Pero son sus ojos el faro
que atraviesa tu silencio.
Sus ojos que son como el libro
de geografía ideal:
los mapas de la pesadilla pura.
Y tu sangre ilumina
los estantes con libros, las sillas
con libros, el suelo
lleno de libros apilados.
Pero los ojos de Edna
sólo te buscan a ti.
Sus ojos son el libro
más buscado.
Demasiado tarde
lo has entendido, pero
no importa.
En el sueño vuelves
a estrechar sus manos,
y ya no pides nada.

El rey de los parques

¿Qué hace un tipo como tú en este lugar?
¿Planeas un crimen?
¿Pasó por tu cabeza la idea de entrar en aquella casa
silenciosamente, forzando una ventana
o por la puerta de la cocina?
Ya no eres el rey de los parques y jardines,
tu rostro está en los archivos de la policía
y con sólo apretar un botón la computadora escupe
una fotografía tuya de frente
y de perfil.
Ya no eres el rey de los parques, escúchame, un botón
y caes entre los dientes de la máquina, tu jeta
en la retina de todos, sargentos de la brigada criminal
y forenses, enfermeros y fotógrafos, peritos de la
policía científica y espaldas cuadradas que vigilan
las puertas del paraíso:
sombras crepusculares
que intentarán evitar una nueva caída. Sombras que dicen:
no te metas en líos, sonofabich, sigue recto bajo los
    reflectores
y no mires atrás.

Los crepúsculos de Barcelona

Qué decir sobre los crepúsculos ahogados de Barcelona. ¿Recordáis
El cuadro de Rusiñol *Erik Satie en el seu estudi*? Así
Son los crepúsculos magnéticos de Barcelona, como los ojos y la
Cabellera de Satie, como las manos de Satie y como la simpatía
De Rusiñol. Crepúsculos habitados por siluetas soberanas, magnificencia
Del sol y del mar sobre estas viviendas colgantes o subterráneas
Para el amor construidas. La ciudad de Sara Gibert y de Lola Paniagua,
La ciudad de las estelas y de las confidencias absolutamente gratuitas.
La ciudad de las genuflexiones y de los cordeles.

Palingenesia

Estaba conversando con Archibald MacLeish en el bar Los
    Marinos
De la Barceloneta cuando la vi aparecer, una estatua de yeso
Caminando penosamente sobre los adoquines. Mi
    interlocutor
También la vio y envió a un mozo a buscarla. Durante los
    primeros
Minutos ella no dijo una palabra. MacLeish pidió consomé
    y tapas
De mariscos, pan de payés con tomate y aceite, y cerveza
    San Miguel.
Yo me conformé con una infusión de manzanilla y rodajas
    de pan
Integral. Debía cuidarme, dije. Entonces ella se decidió a
    hablar:
Los bárbaros avanzan, susurró melodiosamente, una masa
    disforme,
Grávida de aullidos y juramentos, una larga noche manteada
Para iluminar el matrimonio de los músculos y la grasa.
    Luego
Su voz se apagó y dedicose a ingerir las viandas. Una mujer
Hambrienta y hermosa, dijo MacLeish, una tentación
    irresistible
Para dos poetas, si bien de diferentes lenguas, del mismo
    indómito
Nuevo mundo. Le di la razón sin entender del todo sus
    palabras
Y cerré los ojos. Cuando desperté MacLeish se había ido.
    La estatua

Estaba allí, en la calle, sus restos esparcidos entre la irregular
Acera y los viejos adoquines. El cielo, horas antes azul, se
    había vuelto
Negro como un rencor insuperable. Va a llover, dijo un niño
Descalzo, temblando sin motivo aparente. Nos miramos un
    rato:
Con el dedo indicó los trozos de yeso en el suelo. Nieve,
    dijo.
No tiembles, respondí, no ocurrirá nada, la pesadilla,
    aunque cercana,
Ha pasado sin apenas tocarnos.

Devoción de Roberto Bolaño

A finales de 1992 él estaba muy enfermo
y se había separado de su mujer.
Ésa era la puta verdad:
estaba solo y jodido
y solía pensar que le quedaba poco tiempo.
Pero los sueños, ajenos a la enfermedad,
acudían cada noche
con una fidelidad que conseguía asombrarlo.
Los sueños que lo trasladaban a ese país mágico
que él y nadie más llamaba México DF
y Lisa y la voz de Mario Santiago
leyendo un poema
y tantas otras cosas buenas y dignas
de los más encendidos elogios.
Enfermo y solo, él soñaba
y afrontaba los días que marchaban inexorables
hacia el fin de otro año.
Y de ello extraía un poco de fuerza y de valor.
México, los pasos fosforescentes de la noche,
la música que sonaba en las esquinas
donde antaño se helaban las putas
(en el corazón de hielo de la Colonia Guerrero)
le proporcionaban el alimento que necesitaba
para apretar los dientes
y no llorar de miedo.

El regreso de Roberto Bolaño

1

Volví con las putas de Chile y no hubo burdel
donde no fuera recibido como un hijo
como el hermano que regresa entre brumas
y escuché una música deliciosa
una música de guitarra y piano y tumbadoras
buena para bailar
buena para dejarse ir
y rebotar de mesa en mesa
de pareja en pareja
saludando a los presentes
para todos una sonrisa
para todos una palabra
de reconocimiento

2

Volví pálido como la luna
y sin demasiado entusiasmo
a los burdeles de mi patria
y las putas me sonrieron
con una calidez inesperada
y una que probablemente no tenía
30 años
aunque aparentaba 50
me sacó a bailar
una samba o un tango

juro que no lo recuerdo
en medio de la pista iluminada
por la luna y las estrellas

3

Volví ya pacificado
más bien enfermo
flaco y sin dinero
y sin planes para conseguirlo
sin amigos
sin una triste pistola
que me ayudara a abrir
algunas puertas
y cuando todo parecía llevarme
al lógico desastre final
aparecieron las putas y los burdeles
las canciones que bailaban
los viejos macrós
y todo volvió a brillar

La griega

Vimos a una mujer morena construir el acantilado.
No más de un segundo, como alanceada por el sol. Como
Los párpados heridos del dios, el niño premeditado
De nuestra playa infinita. La griega, la griega,
Repetían las putas del Mediterráneo, la brisa
Magistral: la que se autodirige, como una falange
De estatuas de mármol, veteadas de sangre y voluntad,
Como un plan diabólico y risueño sostenido por el cielo
Y por tus ojos. Renegada de las ciudades y de la República,
Cuando crea que todo está perdido a tus ojos me fiaré.
Cuando la derrota compasiva nos convenza de lo inútil
Que es seguir luchando, a tus ojos me fiaré.

Los años

Me parece verlo todavía, su rostro marcado a fuego
en el horizonte
Un muchacho hermoso y valiente
Un poeta latinoamericano
Un perdedor nada preocupado por el dinero
Un hijo de las clases medias
Un lector de Rimbaud y de Oquendo de Amat
Un lector de Cardenal y de Nicanor Parra
Un lector de Enrique Lihn
Un tipo que se enamora locamente
y que al cabo de dos años está solo
pero piensa que no puede ser
que es imposible no acabar reuniéndose
otra vez con ella
Un vagabundo
Un pasaporte arrugado y manoseado y un sueño
que atraviesa puestos fronterizos
hundido en el légamo de su propia pesadilla
Un trabajador de temporada
Un santo selvático
Un poeta latinoamericano lejos de los poetas
latinoamericanos
Un tipo que folla y ama y vive aventuras agradables
y desagradables cada vez más lejos
del punto de partida
Un cuerpo azotado por el viento
Un cuento o una historia que casi todos han olvidado
Un tipo obstinado probablemente de sangre india
criolla y gallega

Una estatua que a veces sueña con volver a encontrar
el amor en una hora inesperada y terrible
Un lector de poesía
Un extranjero en Europa
Un hombre que pierde el pelo y los dientes
pero no el valor
Como si el valor valiera algo
Como si el valor fuera a devolverle
aquellos lejanos días de México
la juventud perdida y el amor
(Bueno, dijo, pongamos que acepto perder México y la
    juventud
pero jamás el amor)
Un tipo con una extraña predisposición
a sobrevivir
Un poeta latinoamericano que al llegar la noche
se echa en su jergón y sueña
Un sueño maravilloso
que atraviesa países y años
Un sueño maravilloso
que atraviesa enfermedades y ausencias

Reencuentro

Esta noche se parece
a un enano que crece.
De Ory

Dos poetas de 20 y 23 años,
Desnudos en la cama con las persianas cerradas
Se entrelazan, se chupan las tetillas y las vergas
Enhiestas, entre gemidos
Vagamente literarios
Mientras la hermana mayor de uno de ellos encogida en el
     sillón del televisor,
Los ojos enormes y asustados,
Observa la gran ola metálica del Pacífico,
Aquella que se escande en fragmentos caprichosos y en
     estelas discontinuas,
Y grita: el fascismo, el fascismo, pero sólo yo
La escucho, yo
El escritor encerrado en el cuarto de huéspedes
Tratando de soñar inútilmente
Una carta ideal
Llena de aventuras y de escenas sin sentido
Que encubran la carta verdadera,
La carta terrorífica del adiós
Y de cierto tipo de amnesia
Infrecuente,
Mientras la hermana del poeta golpea las puertas de las
     habitaciones vacías
Como quien golpea las puertas sucesivas del Pensamiento

Y grita o susurra el fascismo,
Al tiempo que el poeta de 20 encula con dos golpes secos
Al poeta de 23 y éste hace ug ug,
Una verga de 23 centímetros como un gusano de acero
En el recto del poeta de 23,
Y la boca del poeta de 20 se pega como un hisopo
En el cuello
Del poeta de 23
Y los pequeños dientes de nácar del poeta de 20
Buscan los músculos, las articulaciones, el hueso en el
    cuello,
En la nuca, huelen los cerebelos
Del poeta de 23.
Y la hermana grita
El fascismo, el fascismo, un fascismo extraño, ciertamente,
    un fascismo casi translúcido
Como la mariposa de los bosques profundos,
Aunque en las retinas de ella lo que prevalece es la Gran
    Ola Metálica
Del Pacífico
Y los poetas gritan
Hartos de tanto histerismo:
¡Acaba de una puta vez tu putañera lectura
De Raúl Zurita!
Y justo en el momento de decir Zurita
Se corren,
De suerte que el apellido de nuestro poeta nacional
Es proferido casi agónicamente
Como una caída libre en la sopa de letras hirviente
De la poesía
Y luego el silencio se instaura en los juguetes
Y el viento, un viento venido de otro continente e incluso
    puede
Que de otro tiempo, recorre
La casa de madera, se mete
Por debajo de las puertas, por debajo de las

Camas, por debajo de los sillones,
Y los jóvenes poetas se visten y salen a cenar
Al restaurante Los Meandros, también llamado
La Sevillana Ilustrada
En homenaje a la patrona,
Una especialista o tal vez sólo una redicha
En Bocángel y Juan del Encina
Y la hermana mayor llora
Ovillada en el sillón tocado por la luna
Y sus hipos recorren la casa de madera
Como un pelotón de fantasmas,
Como un pelotón de soldados de plomo,
Hasta arrancarme de mi sueño lleno de candidez y
	mutaciones,
Mi sueño de vapor
Del que emerjo de un salto
Avisado por un ángel del peligro
Y entonces me aliso el pelo y la camisa floreada
Antes de salir al pasillo a investigar qué sucede,
Pero sólo la brisa nocturna y el sonido del mar
Contestan mis preguntas.
¿Y qué es eso que crece como el pelo en las cabezas
	muertas?
¿Y qué es eso que crece como las uñas en las garras que el
	Destino
Se encargó —porque sí— de velar y enterrar
En las faldas de una montaña de ceniza?
La vida, supongo, o esta inercia regida por las estrellas,
La epifanía en la doble boca del degollado.
Y yo vi a los jóvenes poetas caminando de la mano
Por el Paseo Marítimo, alejándose como juncos mágicos
	del Club de Yates
Rumbo a la Roca de las Palomas,
La que corta en dos la bahía.

Y vi a la hermana mayor escondida
Debajo de la cama
Y dije sal de ahí, no llores más, nadie le hará daño a nadie,
    soy yo,
El que os alquila la habitación de arriba.
Y en sus ojos, en la condensación que eran sus ojos,
Vi a la noche navegar a 30 nudos por hora
Por el mar de los sobresaltos, y vi al amanecer,
Allí, en la vesícula de la luna, emprender la persecución
A 35 nudos por hora.
Y vi salir a las mujeres del «Trianón», del «Eva», del
    «Ulises»
Con las faldas arrugadas y los escotes inseguros: un café
    con leche
Y dos donuts en el «Pitu Colomer» para después volver
A la gran corriente.
Y dije: salgamos, está amaneciendo, que la mañana
    deshaga los restos de la pesadilla.
Y los poetas ascendieron hasta el mirador de la Roca de
    las Palomas
Y después volvieron a bajar, pero por la pared del mar,
Hasta el acomodo de un saliente
Como un nido de Pájaro Roc
En donde a merced de los vientos, pero protegidos por la
    piedra,
Se besaron, se acariciaron las revueltas cabelleras,
Hundieron sus rostros en el cuello del otro
Riendo y acezando.
Y la hermana mayor salió conmigo: seguimos
La ruta de los camiones cisterna hasta el deslinde
    geométrico del pueblo,
hasta el lugar donde explotaban
Las casas, las flores, los hoyos ayer abiertos por trabajadores
    olvidados
Y hoy convertidos en marmitas de un caldo
Más duradero que nosotros.

Y en un bar junto a los riscos pronunciamos
Nuestros nombres
Y comprendí que el vacío podía ser
Del tamaño de una nuez.
Ella acababa de llegar de Madrid y en su cansancio
Crecían pesadillas y fantasmas. ¿Qué
Edad tienes?, dijo riendo. 39, respondí.
¡Qué viejo! Yo tengo 25, dijo.
Y tu nombre empieza por L, pensé,
Una L como un bumerang que vuelve una y otra vez
Aunque sea arrojado al Infierno.

El señor Wiltshire

Todo ha terminado, dice la voz del sueño, y ahora eres el
   reflejo
de aquel señor Wiltshire, comerciante de copra en los
   mares del sur,
el blanco que desposó a Uma, que tuvo muchos hijos,
el que mató a Case y el que jamás volvió a Inglaterra,
eres como el cojo a quien el amor convirtió en héroe:
nunca regresarás a tu tierra (¿pero cuál es tu tierra?),
nunca serás un hombre sabio, vaya, ni siquiera un hombre
razonablemente inteligente, pero el amor y tu sangre
te hicieron dar un paso, incierto pero necesario, en medio
de la noche, y el amor que guio ese paso te salva.

Versos de Juan Ramón

Malherido en un bar que podía ser o podía no ser mi
   victoria,
Como un charro mexicano de finos bigotes negros
Y traje de paño con recamados de plata, sentencié
Sin mayores reflexiones la pena de la lengua española. No
   hay
Poeta mayor que Juan Ramón Jiménez, dije, ni versos
   más altos
En la lírica goda del siglo xx que estos que a
   continuación
recito:

> *Mare, me jeché arena zobre la quemaúra.*
> *Te yamé, te yamé dejde er camino... ¡Nunca*
> *ejtubo ejto tan zolo! Laj yama me comían,*
> *mare, y yo te yamaba, y tú nunca benía!*

Después permanecí en silencio, hundido de quijada en
   mis fantasmas,
Pensando en Juan Ramón y pensando en las islas que se
   hinchan,
Que se juntan, que se separan.
Como un charro mexicano del Infierno, dijo horas o días
   más tarde
La mujer con la que vivía. Es posible.
Como un charro mexicano de carbón
Entre la legión de inocentes.

Los versos de J. R. J. pertenecen al poema «La carbonerilla que-
mada», de *Historias para niños sin corazón. Antolojía poética*,
Editorial Losada, Buenos Aires, 1944.

Los Neochilenos

A Rodrigo Lira

El viaje comenzó un feliz día de noviembre
Pero de alguna manera el viaje ya había terminado
Cuando lo empezamos.
Todos los tiempos conviven, dijo Pancho Ferri,
El vocalista. O confluyen,
Vaya uno a saber.
Los prolegómenos, no obstante,
Fueron sencillos:
Abordamos con gesto resignado
La camioneta
Que nuestro mánager en un rapto
De locura
Nos había obsequiado
Y enfilamos hacia el norte,
El norte que imanta los sueños
Y las canciones sin sentido
Aparente
De los Neochilenos,
Un norte, ¿cómo te diría?,
Presentido en el pañuelo blanco
Que a veces cubría
Como un sudario
Mi rostro.
Un pañuelo blanco impoluto
O no
En donde se proyectaban

430

Mis pesadillas nómadas
Y mis pesadillas sedentarias.
Y Pancho Ferri
Preguntó
Si sabíamos la historia
Del Caraculo
Y el Jetachancho
Asiendo con ambas manos
El volante
Y haciendo vibrar la camioneta
Mientras buscábamos la salida
De Santiago,
Haciéndola vibrar como si fuera
El pecho
Del Caraculo
Que soportaba un peso terrible
Para cualquier humano.
Y recordé entonces que el día
Anterior a nuestra partida
Habíamos estado
En el Parque Forestal
De visita en el monumento
A Rubén Darío.
Adiós, Rubén, dijimos borrachos
Y drogados.
Ahora los hechos banales
Se confunden
Con los gritos anunciadores
De sueños verdaderos.
Pero así éramos los Neochilenos,
Pura inspiración
Y nada de método.
Y al día siguiente rodamos
Hasta Pilpico y Llay Llay
Y pasamos sin detenernos
Por La Ligua y Los Vilos

Y cruzamos el río Petorca
Y el río
Quilimari
Y el Choapa hasta llegar
A La Serena
Y el río Elqui
Y finalmente Copiapó
Y el río Copiapó
En donde nos detuvimos
Para comer empanadas
Frías.
Y Pancho Ferri
Volvió con las aventuras
Intercontinentales
Del Caraculo y del Jetachancho,
Dos músicos de Valparaíso
Perdidos
En el barrio chino de Barcelona.
Y el pobre Caraculo, dijo
El vocalista,
Estaba casado y tenía que
Conseguir plata
Para su mujer y sus hijos
De la estirpe Caraculo,
De tal forma que se puso a traficar
Con heroína
Y un poco de cocaína
Y los viernes algo de éxtasis
Para los súbditos de Venus.
Y poco a poco, obstinadamente,
Empezó a progresar.
Y mientras el Jetachancho
Acompañaba a Aldo Di Pietro,
¿Lo recuerdan?,
En el Café Puerto Rico,
El Caraculo veía crecer

Su cuenta corriente
Y su autoestima.
¿Y qué lección podíamos
Sacar los Neochilenos
De la vida criminal
De aquellos dos sudamericanos
Peregrinos?
Ninguna, salvo que los límites
Son tenues, los límites
Son relativos: gráfilas
De una realidad acuñada
En el vacío.
El horror de Pascal
Mismamente.
Ese horror geométrico
Y oscuro
Y frío
Dijo Pancho Ferri
Al volante de nuestro bólido,
Siempre hacia el
Norte, hasta
Toco
En donde descargamos
La megafonía
Y dos horas después
Estábamos listos para actuar:
Pancho Relámpago
Y los Neochilenos.
Un fracaso pequeño
Como una nuez,
Aunque algunos adolescentes
Nos ayudaron
A volver a meter en la camioneta
Los instrumentos: niños
De Toco
Transparentes como

Las figuras geométricas
De Blaise Pascal.
Y después de Toco, Quillagua,
Hilaticos, Soledad, Ramaditas,
Pintados y Humberstone,
Actuando en salas de fiestas vacías
Y burdeles reconvertidos
En hospitales de Liliput,
Algo muy raro, muy raro que tuvieran
Electricidad, muy
Raro que las paredes
Fueran semisólidas, en fin,
Locales que nos daban
Un poco de miedo
Y en donde los clientes
Estaban encaprichados con
El *fist-fucking* y el
Feet-fucking,
Y los gritos que salían
De las ventanas y
Recorrían el patio encementado
Y las letrinas al aire libre,
Entre almacenes llenos
De herramientas oxidadas
Y galpones que parecían
Recoger toda la luz lunar,
Nos ponían los pelos
De punta.
¿Cómo puede existir
Tanta maldad
En un país tan nuevo,
Tan poquita cosa?
¿Acaso es éste
El Infierno de las Putas?
Se preguntaba en voz alta
Pancho Ferri.

Y los Neochilenos no sabíamos
Qué responder.
Yo más bien reflexionaba
Cómo podían progresar
Esas variantes neoyorkinas del sexo
En aquellos andurriales
Provincianos.
Y con los bolsillos pelados
Seguimos subiendo:
Mapocho, Negreiros, Santa
Catalina, Tana,
Cuya y
Arica,
En donde tuvimos
Algo de reposo —e indignidades.
Y tres noches de trabajo
En el *Camafeo* de
Don Luis Sánchez Morales, oficial
Retirado.
Un lugar lleno de mesitas redondas
Y lamparitas barrigonas
Pintadas a mano
Por la mamá de don Luis,
Supongo.
Y la única cosa
Verdaderamente divertida
Que vimos en Arica
Fue el sol de Arica:
Un sol como una estela de
Polvo.
Un sol como arena
O como cal
Arrojada ladinamente
Al aire inmóvil.
El resto: rutina.
Asesinos y conversos

Mezclados en la misma discusión
De sordos y de mudos,
De imbéciles sueltos
Por el Purgatorio.
Y el abogado Vivanco,
Un amigo de don Luis Sánchez,
Preguntó qué mierdas queríamos decir
Con esa huevada de los Neochilenos.
Nuevos patriotas, dijo Pancho,
Mientras se levantaba
De la reunión
Y se encerraba en el baño.
Y el abogado Vivanco
Volvió a enfundar la pistola
En una sobaquera
De cuero italiano,
Un fino detalle de los chicos
De Ordine Nuovo,
Repujada con primor y pericia.
Blanco como la luna
Esa noche tuvimos que meter
Entre todos
A Pancho Ferri en la cama.
Con cuarenta de fiebre
Empezó a delirar:
Ya no quería que nuestro grupo
Se llamara *Pancho Relámpago*
Y los Neochilenos,
Sino *Pancho Misterio*
Y los Neochilenos:
El terror de Pascal.
El terror de los vocalistas,
El terror de los viajeros,
Pero jamás el terror
De los niños.
Y un amanecer,

Como una banda de ladrones,
Salimos de Arica
Y cruzamos la frontera
De la República.
Por nuestros semblantes
Hubiérase dicho que cruzábamos
La frontera de la Razón.
Y el Perú legendario
Se abrió ante nuestra camioneta
Cubierta de polvo
E inmundicias,
Como una fruta sin cáscara,
Como una fruta quimérica
Expuesta a las inclemencias
Y a las afrentas.
Una fruta sin piel
Como una adolescente desollada.
Y Pancho Ferri, desde
Entonces llamado Pancho
Misterio, no salía
De la fiebre,
Musitando como un cura
En la parte de atrás
De la camioneta
Los avatares —palabra india—
Del Caraculo y del Jetachancho.
Una vida delgada y dura
Como soga y sopa de ahorcado,
La del Jetachancho y su
Afortunado hermano siamés:
Una vida o un estudio
De los caprichos del viento.
Y los Neochilenos
Actuaron en Tacna,
En Mollendo y Arequipa,
Bajo el patrocinio de la Sociedad

Para el Fomento del Arte
Y la Juventud.
Sin vocalista, tarareando
Nosotros mismos las canciones
O haciendo mmm, mmm, mmmm,
Mientras Pancho se fundía
En el fondo de la camioneta,
Devorado por las quimeras
Y por las adolescentes desolladas.
Nadir y cenit de un anhelo
Que el Caraculo supo intuir
A través de las lunas
De los narcotraficantes
De Barcelona: un fulgor
Engañoso,
Un espacio diminuto y vacío
Que nada significa,
Que nada vale, y que
Sin embargo se te ofrece
Gratis.
¿Y si no estuviéramos
En el Perú?, nos
Preguntamos una noche
Los Neochilenos.
¿Y si este espacio
Inmenso
Que nos instruye
Y limita
fuera una nave intergaláctica,
Un objeto volador
No identificado?
¿Y si la fiebre
De Pancho Misterio
Fuera nuestro combustible
O nuestro aparato de navegación?
Y después de trabajar

Salíamos a caminar por
Las calles del Perú:
Entre patrullas militares, vendedores
Ambulantes y desocupados,
Oteando
En las colinas
Las hogueras de Sendero Luminoso,
Pero nada vimos.
La oscuridad que rodeaba los
Núcleos urbanos
Era total.
Esto es como una estela
Escapada de la Segunda
Guerra Mundial
Dijo Pancho acostado
En el fondo de la camioneta.
Dijo; filamentos
De generales nazis como
Reichenau o Model
Evadidos en espíritu
Y de forma involuntaria
Hacia las Tierras Vírgenes
De Latinoamérica:
Un hinterland de espectros
Y fantasmas.
Nuestra casa
Instalada en la geometría
De los crímenes imposibles.
Y por las noches solíamos
Recorrer algunos cabaretuchos:
Las putas quinceañeras
Descendientes de aquellos bravos
De la Guerra del Pacífico
Gustaban escucharnos hablar
Como ametralladoras.
Pero sobre todo

Les gustaba ver a Pancho
Envuelto en varias y coloridas mantas
Y con un gorro de lana
Del altiplano
Encasquetado hasta las cejas
Aparecer y desaparecer
Como el caballero
Que siempre fue,
Un tipo con suerte,
El gran amante enfermo del sur de Chile,
El padre de los Neochilenos
Y la madre del Caraculo y el Jetachancho,
Dos pobres músicos de Valparaíso,
Como todo el mundo sabe.
Y el amanecer solía encontrarnos
En una mesa del fondo
Hablando del kilo y medio de materia gris
Del cerebro de una persona
Adulta.
Mensajes químicos, decía
Pancho Misterio ardiendo de fiebre,
Neuronas que se activan
Y neuronas que se inhiben
En las vastedades de un anhelo.
Y las putitas decían
Que un kilo y medio de materia
Gris
Era bastante, era suficiente, para qué
Pedir más.
Y a Pancho se le caían
Las lágrimas cuando las escuchaba.
Y luego llegó el diluvio
Y la lluvia trajo el silencio
Sobre las calles de Mollendo,
Y sobre las colinas,
Y sobre las calles del barrio

De las putas,
Y la lluvia era el único
Interlocutor.
Extraño fenómeno: los Neochilenos
Dejamos de hablarnos
Y cada uno por su lado
Visitamos los basurales de
La Filosofía, las arcas, los
Colores americanos, el estilo inconfundible
De Nacer y Renacer.
Y una noche nuestra camioneta
Enfiló hacia Lima, con Pancho
Ferri al volante, como en
Los viejos tiempos,
Salvo que ahora una puta
Lo acompañaba
Una puta delgada y joven,
De nombre Margarita,
Una adolescente sin par,
Habitante de la tormenta
Permanente.
Sombra delgada y ágil
La ramada oscura
Donde curar sus heridas
Pancho pudiera.
Y en Lima leímos a los poetas
Peruanos:
Vallejo, Martín Adán y Jorge Pimentel.
Y Pancho Misterio salió
al escenario y fue convincente
Y versátil.
Y luego, aún temblorosos
Y sudorosos
Nos contó una novela
llamada Kundalini
De un viejo escritor chileno.

Un tragado por el olvido.
Un nec spes nec metus
Dijimos los Neochilenos.
Y Margarita.
Y el fantasma,
El hoyo doliente
En que todo esfuerzo
Se convierte,
Escribió —parece ser—
Una novela llamada Kundalini,
Y Pancho apenas la recordaba,
Hacía esfuerzos, sus palabras
Hurgaban en una infancia atroz
Llena de amnesia, de pruebas
Gimnásticas y mentiras,
Y así nos la fue contando,
Fragmentada,
El grito Kundalini.
El nombre de una yegua turfista
Y la muerte colectiva en el hipódromo.
Un hipódromo que ya no existe.
Un hueco anclado
En un Chile inexistente
Y feliz.
Y aquella historia tuvo
La virtud de iluminar
Como un paisajista inglés
Nuestro miedo y nuestros sueños
Que marchaban de Este a Oeste
Y de Oeste a Este,
Mientras nosotros, los Neochilenos
Reales
Viajábamos de Sur
A Norte.
Y tan lentos
Que parecía que no nos movíamos.

Y Lima fue un instante
De felicidad,
Breve pero eficaz.
¿Y cuál es la relación, dijo Pancho,
Entre Morfeo, dios
Del sueño
Y morfar, vulgo
Comer?
Sí, eso dijo,
Abrazado por la cintura
De la bella Margarita,
Flaca y casi desnuda
En un bar de Lince, una noche
Leída y partida y
Poseída
Por los relámpagos
De la quimera.
Nuestra necesidad.
Nuestra boca abierta
Por la que entra
La papa
Y por la que salen
Los sueños: estelas
Fósiles
Coloreadas con la paleta
Del apocalipsis.
Sobrevivientes, dijo Pancho
Ferri.
Latinoamericanos con suerte.
Eso es todo.
Y una noche antes de partir
Vimos a Pancho
Y a Margarita
De pie en medio de un lodazal
Infinito.
Y entonces supimos

Que los Neochilenos
Estarían para siempre
Gobernados
Por el azar.
La moneda
Saltó como un insecto
Metálico
De entre sus dedos:
Cara, al sur,
Cruz, al norte,
Y luego nos subimos todos
A la camioneta
Y la ciudad
De las leyendas
Y del miedo
Quedó atrás.
Un feliz día de enero
Cruzamos
Como hijos del Frío,
Del Frío Inestable
O del Ecce Homo,
La frontera con Ecuador.
Por entonces Pancho tenía
28 o 29 años
Y pronto moriría.
Y 17 Margarita.
Y ninguno de los Neochilenos
Pasaba de los 22.

Mejor aprender a leer que aprender a morir

Mucho mejor
Y más importante
La alfabetización
Que el arduo aprendizaje
De la Muerte
Aquélla te acompañará toda la vida
E incluso te proporcionará
Alegrías
Y una o dos desgracias ciertas
Aprender a morir
En cambio
Aprender a mirar cara a cara
A la Pelona
Sólo te servirá durante un rato
El breve instante
De verdad y asco
Y después nunca más

Epílogo y moraleja: Morir es más importante que leer, pero dura mucho menos. Podríase objetar que vivir es morir cada día. O que leer es aprender a morir, oblicuamente. Para finalizar, y como en tantas cosas, el ejemplo sigue siendo Stevenson. Leer es aprender a morir, pero también es aprender a ser feliz, a ser valiente.

Resurrección

La poesía entra en el sueño
como un buzo en un lago.
La poesía, más valiente que nadie,
entra y cae
a plomo
en un lago infinito como Loch Ness
o turbio e infausto como el lago Balatón.
Contempladla desde el fondo:
un buzo
inocente
envuelto en las plumas
de la voluntad.
La poesía entra en el sueño
como un buzo muerto
en el ojo de Dios.

Un final feliz

Finalmente el poeta como niño y el niño del poeta.

Un final feliz
En México
Una habitación blanca
El atardecer
Rojo
Y las figuras
Posadas vueltos a encarnar
Animando la velada
Nosotros
Los de antes
Sin fotografías
De las aventuras
Pasadas
Sin recuerdos
Humildes y dichosos
En México
En el atardecer
Sin mácula
De México

Autorretrato

Nací en Chile en 1953 y viví en varias y
distintas casas.
Después llegaron los amigos pintados por Posadas
y la región más transparente del mundo
pintada por un viejo y clásico pintor mexicano
del siglo 19 cuyo nombre he conseguido
olvidar por completo.
Entre una punta y otra sólo veo
mi propio rostro
que sale y entra del espejo
repetidas veces.
Como en una película de terror.
¿Sabes a lo que me refiero?
Aquellas que llamábamos de terror psicológico.

Autorretrato

Jefe de banda a los 8 años, nadie sospechó
que el que tenía más miedo era yo.
El pelirrojo Barrientos y el loco Herrera
fueron mis más fieles capitanes
en aquellas mañanas rosadas de Quilpué
cuando todo a mi alrededor se desmoronaba,
pero Bernardo Ugalde fue mi más sabio amigo.
Vísperas del Mundial del 62
Raúl Sánchez y Eladio Rojas nos amparaban
en la defensa y el medio campo: los delanteros
éramos nosotros.
Valientes y audaces, como para no morir nunca,
mi pandilla siguió peleando
mientras los autobuses mataban a los niños solitarios.
Así, sin darnos cuenta,
lo fuimos perdiendo todo.

(La verdad es que ya no recuerdo si Bernardo se apellidaba
Ugalde, Ugarte o Urrutia; ahora me parece que el nombre
era Urrutia, pero quién sabe.)

Cuatro poemas para Lautaro Bolaño

LAUTARO, NUESTRA FAMILIARIDAD

Llegará el día en que no hagamos
tantas cosas como ahora hacemos juntos
Dormir abrazados
Cagar el uno al lado del otro sin vergüenza alguna
Jugar con la comida a lo largo del pasillo
de nuestra casa en la calle Aurora
Este pasillo débilmente iluminado
que sin duda conduce al infinito

LAUTARO, NUESTRAS PESADILLAS

A veces te despiertas gritando y te abrazas
a tu madre o a mí con la fuerza y la lucidez
que sólo un niño menor de dos años puede tener
A veces mis sueños están llenos de gritos en la ciudad
     fantasma
y los rostros perdidos me hacen preguntas
que jamás sabré contestar
Tú te despiertas y sales corriendo de tu habitación
y tus pies descalzos resuenan
en la larga noche de invierno de Europa
Yo regreso a los lugares del crimen
sitios duros y brillantes
tanto que al despertar me parece mentira que aún esté vivo

LAUTARO, NUESTRAS SOMBRAS

Hay días en que todo lo imitas y así puedo verte
repitiendo mis gestos
mis palabras
(tú, que no sabes decir más que mamá y
papá, sí y no)
en una jerga extraña
el lenguaje de los seres pequeños
del otro lado de la cortina
y a veces olvido
cuál es mi sombra y cuál es
tu sombra
quién contempla el retrato de los Arnolfini
quién enciende la televisión

LAUTARO, LAS FACCIONES DE LEÓN

Hay días en que veo en tu rostro
el rostro de mi padre, el cual, según dicen,
se parecía a su padre
La mirada de León Bolaño aparece en tus
ojos entrecerrados
sobre todo cuando salimos a pasear
y la gente te saluda con ademanes cordiales
Otras veces pienso que no es así: esa quijada
de luchador, ese pelo rubio cenizo,
la disposición para la fiesta y el caos sólo remiten
a rescoldos de mi propia nostalgia
No obstante te pareces a él: sobre todo
estos días de enero
cuando salimos a pasear tomados de la mano
en medio de una luz frágil y persistente

Dos poemas para Lautaro Bolaño

LEE A LOS VIEJOS POETAS

Lee a los viejos poetas, hijo mío
y no te arrepentirás
Entre las telarañas y las maderas podridas
de barcos varados en el Purgatorio
allí están ellos
¡cantando!
¡ridículos y heroicos!
Los viejos poetas
Palpitantes en sus ofrendas
Nómades abiertos en canal y ofrecidos
a la Nada
(pero ellos no viven en la Nada
sino en los Sueños)
Lee a los viejos poetas
y cuida sus libros
Es uno de los pocos consejos
que te puede dar tu padre

BIBLIOTECA

Libros que compro
Entre las extrañas lluvias
Y el calor
De 1992
Y que ya he leído
O que nunca leeré

Libros para que lea mi hijo
La biblioteca de Lautaro
Que deberá resistir
Otras lluvias
Y otros calores infernales
—Así pues, la consigna es ésta:
Resistid queridos libritos
Atravesad los días como caballeros medievales
Y cuidad de mi hijo
En los años venideros

Retrato en mayo, 1994

Mi hijo, el representante de los niños
en esta costa abandonada por la Musa,
hoy cumple entusiasta y tenaz cuatro años.
Los autorretratos de Roberto Bolaño
vuelan fantasmales como las gaviotas en la noche
y caen a sus pies como el rocío cae
en las hojas de un árbol, el representante
de todo lo que pudimos haber sido,
fuertes y con raíces en lo que no cambia.
Pero no tuvimos fe o la tuvimos en tantas cosas
finalmente destruidas por la realidad
(la Revolución, por ejemplo, esa pradera
de banderas rojas, campos de feraz pastura)
que nuestras raíces fueron como las nubes
de Baudelaire. Y ahora son los autorretratos
de Lautaro Bolaño los que danzan en una luz
cegadora. Luz de sueño y maravilla, luz
de detectives errantes y de boxeadores cuyo valor
iluminó nuestras soledades. Aquella que dice:
soy la que no evita la soledad, pero también soy
la cantante de la caverna, la que arrastra
a los padres y a los hijos hacia la belleza.
Y en eso confío.

Un final feliz

Qué tiempos aquéllos, cuando vivía con mi padre y no veía la televisión. Las tardes eran interminables en la Colonia Tepeyac, cerca de la Villa, exactamente a dos cuadras de la Calzada de la Villa. Tardes dedicadas a traducir a los poetas franceses de la Generación Eléctrica, sentado en la cama, junto a la ventana del patio de cemento. Las palomas que mi padre se comía los domingos cantaban, es un decir, los jueves y los viernes, y ensanchaban la zanja. ¡Las palomas en el palomar de cemento! ¡Y sin el zumbido de la televisión!

Un final feliz
En México
En casa de mi padre
O en casa de mi madre
Un minuto de soledad
La frente apoyada
En el hielo de la ventana
Y los tranvías
En los alrededores
De Bucareli
Con muchachas fantasmales
Que se despiden
Al otro lado de la ventana
Y el ruido de los automóviles
A las 3 a. m.
Y los timbres
Y los paisajes de azotea

En México
Con 21 años
Y el alma aterida
Helada

Musa

Era más hermosa que el sol
y yo aún no tenía 16 años.
24 han pasado
y sigue a mi lado.

A veces la veo caminar
sobre las montañas: es el ángel guardián
de nuestras plegarias.
Es el sueño que regresa

con la promesa y el silbido.
El silbido que nos llama
y que nos pierde.
En sus ojos veo los rostros

de todos mis amores perdidos.
Ah, Musa, protégeme, le digo,
en los días terribles
de la aventura incesante.

Nunca te separes de mí.
Cuida mis pasos y los pasos
de mi hijo Lautaro.
Déjame sentir la punta de tus dedos

otra vez sobre mi espalda,
empujándome, cuando todo esté oscuro,
cuando todo esté perdido.
Déjame oír nuevamente el silbido.

Soy tu fiel amante
aunque a veces el sueño
me separe de ti.
También tú eres la reina de los sueños.

Mi amistad la tienes cada día
y algún día
tu amistad me recogerá
del erial del olvido.

Pues aunque tú vengas
cuando yo vaya
en el fondo somos amigos
inseparables.

Musa, adondequiera
que yo vaya
tú vas.
Te vi en los hospitales

y en la fila
de los presos políticos.
Te vi en los ojos terribles
de Edna Lieberman

y en los callejones
de los pistoleros.
¡Y siempre me protegiste!
En la derrota y en la rayadura.

En las relaciones enfermizas
y en la crueldad,
siempre estuviste conmigo.
Y aunque pasen los años

y el Roberto Bolaño de la Alameda
y la Librería de Cristal
se transforme,
se paralice,

se haga más tonto y más viejo
tú permanecerás igual de hermosa.
Más que el sol
y que las estrellas.

Musa, adondequiera
que tú vayas
yo voy.
Sigo tu estela radiante

a través de la larga noche.
Sin importarme los años
o la enfermedad.
Sin importarme el dolor

o el esfuerzo que he de hacer
para seguirte.
Porque contigo puedo atravesar
los grandes espacios desolados

y siempre encontraré la puerta
que me devuelva
a la Quimera,
porque tú estás conmigo,

Musa,
más hermosa que el sol
y más hermosa
que las estrellas.

Otros poemas

Esta sección contiene todos los poemas publicados por Roberto Bolaño a lo largo de su carrera literaria que no fueron incluidos por el autor en *La Universidad Desconocida*. En «Poemas dispersos» se recogen aquellos que aparecieron en revistas, *plaquettes* y obras colectivas desde la década de los setenta. Tras ellos, se han incluido separadamente los poemas de *Tres* y *Los perros románticos* que no forman parte de la obra citada. El lector puede encontrar la información sobre la procedencia de todos ellos en la «Bibliografía».

Hemos respetado el texto publicado originalmente por el autor, salvo algunas cuestiones evidentes de puesta en página —que se entienden como criterios editoriales y por ello se han regularizado aquí—. Asimismo hemos conservado los criterios del poeta en cuanto a la puntuación y al uso de mayúsculas iniciales de los versos en cada poema.

Los editores

Poemas dispersos

(Publicados por Roberto Bolaño en revistas,
plaquettes y obras colectivas)

Coigüe

Esto me sucedió en Coigüe
Llegué a las tres y media de la madrugada con todos mis
    bultos
marinos y terrestres
                    de Santiago venía sí
ramal a tomar el tren a Mulchén
que apareció a las once, esto en octubre de 1973

Y allí me tienen durmiendo en la estación solito en la
    noche con
libros y escuchando motores que parece venían de
    Argentina
porque me sonaban raras algunas voces
Yo no vi nada pero había más gente

Cuando aclaró tomé desayuno con una niña santiaguina

Esa niña me invitó galletas, leía un *Vanidades* viejo

Desperté como a las siete y la vi durmiendo en el cemento
Los Beatles, quería ser una beatle, pobre mafiosa
Doris Day proletaria ni siquiera explotada en Providencia
sino en Recoleta
                  pero la ternura en Coigüe era bárbara

Breve relato de su historia de amor

SE ENAMORÓ DE UN OBRERO SOCIALISTA
E HICIERON EL AMOR MUY BELLO MUY LINDO

Y NAVEGARON POR EL MAPOCHO EN UN BARCO
QUE ERA PALITO DE SAVORY

me lo dijo cuando tomábamos café en el restaurante casi
    fantasma,
esta huasita de ojos grandísimos

¡Los perros culean y ni eso! ¡Los momios culean!
    ¡Animales!
¡Los momios matan a los socialistas de diecisiete años!

Me observa la huasa en el andén, su pueblo es chico, yo lo
    miré

Y también miro unos álamos y una casa grande y blanca
    como abandonada
donde un viejito se churretea en un montón de
    periódicos a lo mejor
algunas páginas culturales, adiós adiós poesía chilena
Esto me sucedió en Coigüe.

Chincoles y tordos

Árboles superpoblados de chincoles y tordos,
estos son los árboles de la vida,
camina por aquí, mira éstos son los árboles verdes
negros cafés de la vida.
Este es el labiérnago anormal.
Tu retrato ampliado está como diciendo
vos utopista me dejaste plantada
en una población sureña y te fuiste leyendo
a Pezoa Véliz que eres tú
y yo aquí con mi juventud tremenda
qué me importa ese huevón
los milicos escriben con un palito en la tierra
rommel afrika korps parís
dunkerke y ja ja ja yo me río huevón
pero estoy llorando sangre
esto es trágico nos estamos muriendo de hambre
vamos a tener que comernos los chincoles y los tordos.
La bella se calla,
no más lunas, no más te amo, te amo.
Las estampillas están incomprables.

Los dos gordos

Los dos gordos
no están en un cementerio
sino en el campo
y sus narices florean en la superficie
bronceaditas por el sol.

Desde luego queridos lectores
Como quien dice para darnos un apoyo medio moral
un ejemplo tardío a nosotros
que no seremos poetas ni cagando.

Madona aullando

(Discurso de un joven artista chileno torturado en diciembre del 73 en el Regimiento Andino de Los Ángeles).

Y no sé por qué recuerdo la tarde soleada en que Nicanor Parra recitó sus poemas en la Universidad de Los Ángeles.

Y ni miro por la ventana y ni miro por la puerta, más bien me considero un afásico, y cierro con espanto los ojos, desde hace dos horas.

Y no sé por qué recuerdo la tarde en que bajaron del cielo los tordos, las golondrinas, las avutardas, mientras Nicanor leía en el patio y el viento levantaba su impermeable.

Y confieso que el patio del cuartel está limpio, y confieso que el pecho me tiembla, y confieso que me sangran los tobillos y mis uñas están insensibles.

Y no sé por qué, no sé, no sé, pero recuerdo la tarde en que las calles se llenaron de hojas de álamo, roble, eucalipto. Y Nicanor gritaba o reía, y nosotros reíamos.

Y ni me tapo las orejas, porque para qué tapármelas si ya hay un silencio de muerte, y sólo escucho gotitas resbalando por las grietas de la pared, y más bien, más bien me considero un sordo.

Y no sé por qué, repito, recuerdo orejas y labios, y todo tipo de artefactos humanos, atentos a unos signos, dibujados no en el aire, sino en los corazones de los corazones.

Y cuando el poeta dejó en paz sus cuerdas vocales, nosotros aplaudimos, nosotros reímos, nosotros salimos a jugar con nieve en la calle, oh Dios, a amarnos. Y ya era de noche.

Porque todo campo es nuestro

Si iniciada la fiesta yo desapareciera
   no me busquen, dejen tranquilos
a los que se aman, a los que empiezan a amarse,
al meón desaforado,
   a todos los invitados,
y sigan bailando, bebiendo
conversando hasta la madrugada

Desde cualquier hoyo de mierda
en que yo me encuentre
os mandaré saludos, besos de paloma con la mano
   ensangrentada

Míster invisible

«Caían con estrépito los portones del corazón»
Después de la guerra procesión de flores
por tu cuerpo
Y al disiparse el polvo aparece tu figura
como la de un pistolero legendario
Cae con estrépito el portón de acero y no ulula
la sirena de la fábrica y un puñado de ojos
se te clava en el corazón
Quizás, triste, abrochas tus zapatos y tientas
los blandos mecanismos de lo concreto
pero nadie responde al loco, crece el musgo en los
    escritorios
el azar construye retratos en las paredes
Harto ya de horror, devorando lentamente
caminos pavimentados y con historias inamovibles
¿Cuánto me ha costado la libertad?
Esquelético pájaro contemplando desde una cama
el volar de la Belleza por la estratósfera psicodélica
Escucho los cantos del Éxito desde el laberinto
de una supercárcel vacía en California
¿Cuál libertad sino esta parodia que hunde su lengua en
    mi boca?
Resbala tu saliva por mi garganta
Mis ojos se abren de repente
en la noche de las manos
marmóreas, y diente con diente
El vértigo de la estatua que me mira
Desconocimiento que linda con la visión de una brizna
    de Yerba detenida en tu retina

Un tropel de ancianos afásicos cruza tu imaginación
que se muere
Petróleo y carbón ensucian el paisaje
en la contraofensiva de Ardennes
Rimbaud dentro del bosque escuchaba el chirrido de las
    hélices
mientras su hermana Isabel adornaba sus cabellos con
    margaritas
Y el pájaro cruza el árbol
y la blancura de los huesos y la nieve
ya no se borran de tu mente
Hasta cuando lleguen nuevos tiempos, tu desencanto
El close-up en blanco y sepia
de tu perfil estático
Sonda intermitente entre un cuerpo y otro cuerpo
Latidos que terminarán por volverte loco y entonces más
    latidos
Buenas noches ave embalsamada que responde a los
    latidos
de mi olvido consumado de mis gestos consumados
Horizonte café de la verdad, pedazo de universo por
    donde aparecen
las siluetas de los tanques y los jóvenes de la Wehrmacht
silbando *Lili Marlene*
El asesino duerme entre sábanas sucias
mientras la víctima le toma fotografías
Caminabas por zonas de desastre platicando de Proust
con un voluntario de la Sociedad de Escritores
Sentías que mediante la violencia o la ternura ilimitada
podrías cambiar el orden de participar en el juego
sin modificar el juego mismo
Y a las flautas que te invitaban
a una agonía de poeta soldado con exemplos en la historia
simplemente no las oías
En fin, te asemejabas a Venecia hundiéndose,
a María Antonieta sentando cabeza,

a un pajarraco prehistórico
muriendo entre angélicos cantos e incienso
y renaciendo
entre risas, escupitajos y cuentos negros
Míster invisible: ardiendo

Dostoyevsky Blues Band

3 pájaros ———— 10 pájaros
           40 pájaros. Golondrinas
en los sauces
    de Quilpué
         o
kiwis comiendo pan en la selva

Esto es importante para mí
    «rondas y cantos, los arqueros del Vietcong
    en las alamedas de Da-Nang»
Esto es celeste
    o azul como el Jaybird
    e importante para mí
(el pájaro en el hombro de Dostoyevsky)

41 actores agradeciendo con sus alitas
el prolongado y solitario
APLAUSO del universo

Generación de los párpados eléctricos
Irlandesa n.º 2 Constelación Sanjinés

ese halo de luz naranja pudo haber sido una gran
poeta
esa muchacha que estudia el último semestre de Biología
y cena
en el Maxim's del subdesarrollo y fornica a la medianoche
en un edificio de cristal y vomita en la madrugada con
sudores
pudo haber sido una gran poeta
pudo haber sido una amazona y pudo galopar en
cierta manera
libre hasta que la hubieran derribado de un balazo entre
los senos
—esa mujer que vive con su esposo un paisaje de barrios
cercándolos
agradable monotonía de los desayunos americanos
envejeciendo irremediable entre la dureza del lirismo
nazi
y sagas que cantan nuevas juventudes —chicos picados de
viruela
o atomic morphine
esa mujer que llora en el laboratorio mientras las calles
arden y yo caigo, pudo haber sido una poeta
estamos muertos, nosotros somos los muertos
se oirá en esos días
su cuerpo blanco se mecerá se mecerá
mientras un falo va abriendo su vagina se mecerá se mecerá
sus ojos serán un desierto
—dios mío, sálvate
esa mujer de 30 años nunca tendrá un hijo, esa mujer

de 35 años irá al supermarket con un vestido de flores
      azules
—¿pero venderán mis poemas en la sección *libros*
y mi carne destazada en *conservas*, en *verduras*,
                              en *ropas-para-el-invierno?*
   esa mujer de 40 años blasfemando y riendo incrédula
mira, se acabó la menstruación, se acabó
oh multitudes de los grandes munerales niños de los
      grandes
acontecimientos deportivos muchachos de las futuras
concentraciones en campos rock
                     una nube roja se fragmenta por ustedes
            esa mujer detenida en una silla
sin duda recuerda por última vez a su primer compañero
—los adolescentes de diamante
y aunque su psicoanalista, su esposo, la esposa de su
      psicoanalista
y su madre conversen sobre la pacificación de los días
la desaparición de la peste
                        ella siente
que los motines volverán que la han vencido
         esa vieja ocupada en su manicomio
sintiendo próxima su muerte y que en realidad
quisiera volver atrás, a una verdadera cama
ese halo de luz naranja que se apaga
sin alegría ni sufrimiento
                        pudo haber sido una gran poeta
               la más amorosa
                  amada
                  mía

Enséñame a bailar

Enséñame a bailar
a mover mis manos entre el algodón de las nubes
a estirar mis piernas atrapadas por tus piernas
a conducir una moto por la arena
a pedalear en una bicicleta bajo alamedas de imaginación
a quedarme quieta como estatua de bronce
a quedarme inmóvil fumando Delicados en ntra. esquina
los reflectores azules del salón van a mostrar mi rostro
    goteado de rimmel y arañazos, ustedes van a ver una
    constelación
de lágrimas en mis mejillas, voy a salir corriendo
enséñame a pegar mi cuerpo a tus heridas
enséñame a sostener tu corazón un ratito en mi mano
a abrir mis piernas como se abren las flores para el viento
para sí mismas, para el rocío de la tarde
enséñame a bailar, esta noche quiero seguirte el compás
abrirte las puertas de la azotea
llorar en tu soledad mientras desde tan arriba miramos
automóviles, camiones, autopistas llenas de policías y
máquinas ardiendo
enséñame a abrir las piernas y métemelo
contén mi histeria dentro de tus ojos
acaricia mis cabellos y mi miedo con tus labios
que tanta maldición han pronunciado, tanta sombra
    sostenido
enséñame a dormir, esto es el fin

Reinventar el amor

I

Todo de pronto existe más allá del ojo azorado, entre
espesos eucaliptos ribereños
y aguas que arrastran cartones de leche y rosas.
Una cama que respira ya no es paisaje fotográfico ni
acuarela colgando sobre las llamas
sino cama que respira, profunda, grave como la vida
misma: péndulo
que se derrite sobre las llamas.
Inútil que un par de ojeras lánguidamente te contemplen
si el cuarto está oscuro
si la tierra se oscurece, si el maravilloso sol durazno se
desinfla
como clarinete ejecutado por un leproso ya sin fuerzas.
Miras el océano Pacífico y a unos niños enterrando
botellas
en la arena cubierta de estrellas marinas. Todo de pronto
existe. Todo de pronto pesa en la espalda.
En el horizonte se proyectan las pinturas de Altamira.
Todo nace en el corazón como de la nada nace el gusano
en el corazón de la manzana.
Todo un arco que se rompe, una flecha disparada, sola en
el viento, asombrada,
entre tanta geografía y arcoíris crepusculares, huérfana
abyecta que se ensarta en el pecho de un árbol
que da sombra a la comida de tres borrachos
que arrojan al río
cartones de leche y claveles.

De pronto existe más allá del ojo la pestaña. Espesos
    eucaliptos ribereños que las aguas arrastran.
Fin del mundo o cataratas. Carabelas a la vera de la vida.
    Todo existe más allá de pronto.
Lejos de los témpanos donde se curte el cuero. Lejos de
    los pámpanos donde la piel se suaviza.
Cuero y piel para el tambor de medianoche que toca un
    niño demente.
De pronto más allá. ¿Es el mundo la rosa de los vientos?
Amarga camanchaca que nos hace toser. Por decir algo.
    Por no enrojecer de vergüenza
delante de tanta vida, de tanta existencia.
End of the world or waterfalls: Cristóbal Colón
más ilusionado que una niña, atraviesa la franja de fuego
    en una camioneta,
a la hora que desaparecen las últimas estrellas.

II

En el borde de una cama de latón
        una muchacha rubia se pinta las uñas de azul
mientras las luces de la madrugada entibian
        los vidrios sucios de su única ventana.
El agua corre en el baño
        y su mesa de noche es una naturaleza muerta
de algún primitivista neoyorkino.
        Mientras en el radio tocan una marcha fúnebre
ella se sienta frente al espejo.

Descansa el cuerpo del presidente en un patio de
    cemento.
            Sus aves cantan en las alamedas,
            arrasan con los jardines
El telégrafo da a las capitales del mundo un retrato con
    los labios partidos

sangre negra en las solapas de su sobretodo abierto.
Y en los salones las damas se dejan apretar un poco más
por los transpirados caballeros.

III

Todo de pronto existe entre las verduras y las moscas de
los mercados en ruinas.
El abandono consumado es más real que tus gestos
consumados. La noche chilla.
Un marinero borracho te dice Lord, te dice cocaína.
Buscas el nombre de una calle entre la niebla
buscas un número, una aldaba con forma de mano
cercenada.
De vez en cuando los faroles nos muestran tu figura. El
rostro se te crispa
y sécanse las lágrimas alrededor de tu nariz que brilla.
Tu cabello me recuerda un animal, una película de
Tarzán, el primer acto sexual.
La gomina de tus patillas a Valentino.
Tu olor acidulado se confunde y mimetiza con la gelatina
de los alimentos podridos.
Eres un bolero consumado deambulando por los cerros.
Eres una máscara, el aborto de un tango, contemplando
las luces del puerto.
Todo de pronto se hace lento. Acontecen en tu mente las
galaxias.
Una sirena te invita una cerveza.

IV

Fin del mundo o cataratas en los ojos azules que recorren
las fisuras de una habitación.
Fin del mundo y dedos multiplicándose en las arrugas de
su rostro.

Fin del mundo o carabelas 30 nudos hacia el SO florido;
el viento que las impulsaba brotaba de los hinchados
    carrillos de Eolo,
«sus fruncidos labios rosa»;
la saliva que caía del cielo era bebida por marinos
    desnudos.
Y Cristóbal Colón escribió en su diario: temo que cunda
    el pánico, la maricornería:
Una clase de muchachos desertores,
una generación desnutrida y depravada,
                que lentamente invadía los autocinemas,
                        con cadenas,
                    y sienes ardiendo como brasas,
y mejillas más pálidas que una rosa blanca.
Pero *«el seno de la reina católica nube alba en los esplendores*
    de los campos castellanos».
                        Aquella tarde una visión del jardín
                            oculto:
huesos de Bestia, bajo el manzano, reposaban suspendidos
    entre la hiedra;
la contradicción, una quietud bárbara taladrando capiteles
    rococó
un canto grabado en la podredumbre del desierto:
el febril latido de la vida se te presentaba con dinamicidad
    antropofágica,
y una niña era signo del silencio.

                    Si Huidobro te hubiera visto entonces
Capitán de carabelas a la vera de la muerte.
Un Ojo azul, un ojo, un Ojo azul. Una sirena en el
    muelle con un jarro de cerveza negra.
Arcoíris como pájaros echaban a volar
                                y qué universo
si alguien con las uñas te hubiera levantado los párpados.
Amor, la vergüenza la culpa el ninguneo se alejan como
    buques en zoom-back por el océano, para siempre.

V

Quién sostuvo en la siniestra el corazón negro de la
   muerte
   Quién paralelo a los canales inventó la inmóvil muerte
Quién un beso para Cristóbal estampado en la aventura
         Quién el azoro la incertidumbre el viento
como volar de abejas tras el jardín de bugambilias
   sangrientas
                                       que era él
Y se movía. Y qué caderas.
               Y moscardones chapulines saltamontes
entre sus huellas,
como en un ajedrez de locos que delineara un gusano de
   seda
               Y su paciencia extinguida.
Y flores ferozmente prendidas
            entre sus dientes:
rubor en las mejillas de cerveza;
«*alba nube el seno*».
Y era él, con el agua bailándole alrededor de las tetillas,
         ríos erosionados y terribles
               las comisuras de sus labios
         que enfilaban a la Noche con un leve
               fruncimiento.
Quién sintió en cada poro los latidos del negro cotidiano
   corazón de la muerte
Quién paralelo a los canales y al desierto creó la muerte
   ardiente
                  Y era él,
con las nubes hasta el cuello y llorando
y eran sus nudillos que golpeaban mis experiencias con la
   distancia y el desconsuelo de.
Quién, quién. ¿El corazón de piedra?

Y el desenfrenado volar del tordo nos cierra los ojos.
Y el corazón de piedra que canta por el camino de los
   inventos, estremécenos.

VI

Un niño es el Árbol de la Revolución
        Tlayecac Huitzililla Amayuca Amilcingo Huazulco
Temoac Zacualpan: Ruta 64, miércoles. ¿Y qué hacías en
   Morelos
        acodado en un viejo Dodge?
Nepantla Jumiltepec Xochicalco Yecapixtla Metepec
   Tetela del Volcán:
Ruta 64, lunes. ¿Es que era una manera de cabalgar?
Y en la carretera de Amayuca a Cuautla el volcán y la
   volcana transformaban
los últimos rayos del sol en jugo de durazno
        y gotas de miel resbalaban por la nieve.
Quizás el Lazarillo de Tormes tenía una bufanda de rayas
   rojas
que el viento alborotaba
        —*Cómo te llamas*
        —*Cristóbal*
El poeta es el Loro, el poeta es el Mono, el poeta es el
   Lagarto.
Y el espacio de mi mente se pobló de planetas que
   cantaron:
        Flores para comer, flores violentas que el viento
           arrastra.
Reconócense los desesperados en la noche y se abrazan.
Mi sueño es una música que se reconoce en la aventura.
        La felicidad y no la humillación.
Vi niños de pueblos prehistóricos decirme buena suerte
   con las manos levantadas
o pedirme un agua de soda mientras el camión de
   Refresquerías Lulú

se perdía entre el sol del camino, inexorablemente.
Pequeñísimos volcancitos a la orilla de la vida.
                    Arbolitos delicados a la orilla del azoro.
Porque hoy el corazón reposa, duro y profundo,
en la lengua de los monstruos.

VII

Oh, haber bebido miel en donde nació Sor Juana Inés.
Un niño florece como tuna.
Una niña recoge margaritas y se las pone en el pelo
y su sonrisa es un fruto
blandito y miserable.
¿Y qué hacías en Morelia recostado en un neumático
comiendo tortillas con frijoles?
¿Y qué hacía el Lazarillo de Tormes en un pueblo
    mexicano
sino florecer?
¿Y de qué pozo surge la voz, de qué fisura la tormenta,
de qué nebulosa el amor?
Árbol de la Revolución.
Pueblos con nombres de Amor.
Zeus y Atenea fornicando bajo el polen del corazón.
Tu seno que es chiquito y apunta al Este.
De tus manos en jarra colgaban serpientes.
Y el pelo te cubría el rostro como diosa egipcia impúber.
Tu tiempo el rostro de la masacre.
Hasta que el viento.
Y margaritas en tu pelo.

VIII

¿Por qué la noche nos encuentra
                    extendidos en una alfombra persa

489

soñando nuestra música
soñando nuestros poemas?

¿Quién bebió miel?
¿Y quién abominó del esplendor
          por una mañana de humo y sudor?
¿Era la realidad una viejísima poeta clavando sus ojos
   verdes
          en la plaza de mi imaginación?
                              ¿o desorden en los sentidos?
End of the world or waterfalls
          Venus! Immortal! Child of Jove
          Who sitt'st on painted throne above
Es decir: fumamos cigarrillos de maíz
                              escuchando a la luna
                              contemplando a los grillos
Pero la vida pasa dijiste
                    y nos da
                         con sus caderas
Le decían «Mancha de Sangre»
                    sin embargo su novia
                              era Atenea
Manos y besos verticales
Labios abiertos en vano
          pero embellecían el paisaje
Pasado y presente un llamado seco en el portón del Amor
                              pero
¿nada más?
          Todo de pronto nace y entre la maleza húmeda
unos ojos de oro se abren

          Todo de pronto cobra substancia y aparece

De pronto los puntos y tan fugaces, las líneas
irremediables y la lucidez que arde

490

Pero tu visión de la geometría era una princesa egipcia
fornicando entre pieles y frutas. Nostalgia
    de una edad indefinible:
                        el canto de la piedra en los metales

De pronto todo y tan fugaz
¿Era una manera de cabalgar en los hombros de la
    historia?
Ya nunca más conversaremos y tiritan
nuestras manos en los bolsillos
¿Era una manera de ser destrozado por el viento
y si sí cómo?

IX

Vienen danzando por la colina el Loro que habla el Mono
    que gesticula y el Lagarto que mira y sobrevive.
Descubrirte es tener el alma como esponja seca
y estrujarla hasta el fin del mar o el comienzo del
    mundo:
así arde un mapa en los sueños de un niño;
arde una casa en una nube que arde.
        Sólo veo tu sonrisa como un arcoíris blanco sobre los
            manicomios.
¿Es que estoy solo?
        Si te amé ya no puedo estar solo: todo perdura.
¿Si te amé por qué enumero las camas donde hemos
    fornicado?
Y el fin de la mar no está en los náufragos
ni en los faros solitarios como aerolitos solitarios,
sino en los pobres bañistas alborozados
—piel negra bikini, pezones mordidos y tostados—
y en una muchacha, sentada en la arena, descansando.
Y Amor golpeará tu puerta y verás navegantes remando
    en los canales de tu corazón.

¿Y el trompo de la libertad bailará en tu uña?
¿Y si no te amo por qué enumero las camas donde hemos
    fornicado?
Y Amor vendrá con Lucha de Clases

                                        en un punto decisivo.
                        ¡Bang, bang!
De la infrarrealidad venimos, ¿a dónde vamos?

Sentados en los muelles debajo de las grúas

El misterio comienza en el aparente final de todos los
    caminos.
Adolfo Este y Filidor Lagos

El que mueve la cabeza sonriendo y tramando fechorías
Pánico si recuerda el pasado
Talcahuano Valparaíso Iquique, los puertos del pasado
El que se mete la mano en la boca ante el asombro
de los niños
    Los niños regresan a casa tomando helados

Conversaciones misteriosas en la frontera
Chilenos caminando estómago desesperadamente vacío
en la frontera
Baobabs en la frontera
Adolescentes chilenos durmiendo bajo la sombra de los
    baobabs

Meses después una calle y mujeres gordas lavando la
    vereda
Una azotea, muchas azoteas, y niños jugando con piedras

En la noche los relámpagos iluminan la ciudad
En la mañana los truenos la estremecen
Sé que todo es obvio

El hotelero me entrega una llave morada
abro la puerta de mi cuarto y el vicio está sentado
    en la cama

O enjuagándose el rostro en el baño espantoso
o haciendo toc toc con sus nudillos
   en mi arco cigomático

De madrugada viendo los árboles caídos no me explico
que sucedan estas cosas
Perras pariendo gatos en camas matrimoniales
Libros de Kipling orinados por algún loco lector
Las avenidas cubiertas de lodo hojas raíces
pequeños pájaros y zapatos

No me explico a la vieja Lillian vendiendo las pinturas
de su hijo el invisible y diciendo poemas
cuyos protagonistas aman y mueren en la época
de Maximiliano y Juárez o bien son vacas y gatos

A veces creo que no todo es obvio
A veces creo que existen corrientes invisibles
   como el hijo de Lillian

Pánico si recuerda el pasado
Pánico si recuerda el pasado
Esto es una cárcel y éstos son periodistas góticos
(corbatas desanudadas, cigarrillos)
y en el rincón más oscuro el inocente mira
cómo se filtra el sol por la extraña claraboya

Las paredes ornadas de mujeres varoniles
Retratos de policías casados en las paredes ornadas
de mujeres anormales
Y un graffiti a favor de la fe
«aquí estuvo el padre francisco tengan fe»

Y no tienen fe quienes engullen tres hot-dogs
y una botella de cerveza
a las cinco de la tarde

Quienes sacan la libretita y juegan al gato
o a los puntitos o escriben un cuento
¡Qué van a tener fe los periodistas!

Y el pirómano mueve las manos
como queriendo explicarlo todo
Pero no es Panurgo ni mucho menos
Ni mucho menos la cárcel universidad barroca
    o infanta piernas abiertas contemplando el film

Ah mi época increíble
en donde lo cotidiano fornica a todas horas
con lo trágico

Tocan tres veces y el esposo ordena
ponte una bata y sal a abrir la puerta
    La esposa grita horrorizada

Estos patios parecen playas

Para Mara Larrosa

La madrugada es de los sobrevivientes, un guerrero que siempre ha sido pobre, que nunca ha dejado de amar. Nuestras chaquetas blancas de escarcha y suspiros, nuestros besos más bien la certeza de sabernos acorralados por *el beso,* nuevo y peligroso. O Carla diciendo inventar otras armas para la revolución, lo cotidiano destazado; y su hijo de año y medio ha encontrado el puente para comunicarse con nosotros a través de la palabra pato. Qué si no el amor, el deseo —quizás unos muslos abiertos bajo mi peso— de evitar la carrera loca por el iris de tus ojazos. Qué, dime, o mañana aún es temprano, o toda la vergüenza aún no aflora, y quién entonces aflora, o mírame a mitad de este puente contemplando peces voladores sobre un río sepia, rostros prehistóricos en las nubes que irremediablemente se ahogan, se confunden con la neblina de la ciudad, murmurando pato, pato, pato, pato...

Vive tu tiempo

Vive tu tiempo
                    pero cuál es tu tiempo el tiempo
de la vida arrinconada por extrañas luces el
tiempo del sueño cargado de adolescentes el tiempo
de la soledad en carnicería el tiempo de los senos
    ensalivados
el cuello rojo vive tu tiempo querida
pero bajo qué condiciones pero sobre cuántos
cadáveres pero en medio de qué guerra de cuántas
    sensaciones
en pugna (de dónde llegaste tan bonita no sé no sé
no sé) vive tu tiempo querida
que las luces se enciendan para ti con dulzura
que los sueños inventen héroes de mejillas blancas
de felicidad que la soledad te sea un ejercicio
amoroso que forniques una vez a la semana por lo menos
y que tu tiempo se alargue como una caña de bambú
por la columna vertebral del que ames

Para María-Salomé

Y el horizonte es una sola nube negra:
  Por las montañas del Este baja la tormenta
o es Gauguin que se acerca.
                    Y nosotros
nos ponemos a hacer el amor de tanto júbilo.

Carlos Pezoa Véliz escritor chileno

Yo he traído ahora el caso
porque lo oí a un viejo cuque
Carlos Pezoa Véliz

Cómo estás. Tanto tiempo sin vernos. Qué es de tu
    muerte
Bien gracias hermano hermano

Invitado al banquete de la vida. Maniquí de hierba.
Carlitos tomando pisco
e imaginando perfectos círculos
de mariguana de cáñamo cordillerano
virgen improbable:
Invitado al banquete de la vida
o sea al de los ferrocarriles, las ocho horas
(en ese tiempo eran más de once)
las calles, los árboles frutales, la poesía:
invitado a todo pero en pedacitos
uno por uno conchaetumadre violento
el rostro lleno de sémola

Carlitos estremecido naonato
te ame
Spleen vete de aquí vete.
Si esto es una fiesta no me eche señor garzón
y deme pisco por favor
para que Nick Guzmán diga después que a mi
    alrededor

hip
sonaron los tambores magistrales de Rubén y la
    adjetivación
llena de onomatopeyas de Pedro Antonio Gonzales

Para que diga que me engañaron
que me metieron a la fuerza
en un brindis byroniano
(Cositas como *Invitado al banquete de la vida,*
vengo a brindar, de vuestro gozo en medio,
al levantar la copa del suicida,
llena hasta el borde de espantoso tedio me colman
el espíritu clasemediero bajo)

Mejor me voy a Valparaíso a trabajar
A mirar el mar en la tarde
Me voy precedido de palomas
Esta actitud se nos puso sospechosa
Esta vida esta hora
Evoluciona mi poesía.

Bueno, en la autopista del subdesarrollo, puaj, ve cómo
    pasan
deportivos a 90 por hora, la gente risueña
como en una película
como si fuera la dorada California y no Chile
húmedo y gris

Entonces mochilero errante necesitas inscribirte en el
    partido
porque los tiempos son duros para andar sin espalda.
Necesitas una compañera, una casa, una máquina
de escribir, un trabajo.
Ayúdanos a hacer la Revolución:
No puedo,
voy a Valparaíso,

voy a ser víctima del terremoto de Valparaíso.
Entienda.
Voy a quedar inválido.
        Voy a morir.
Y Nicanor Parra será el antipoeta, no yo.
1907: masacraron en el norte a los obreros del salitre:
no me estoy disculpando.

Deme un pisco por favor.
Deme un pisco negro.
Mi niña es una golondrina, una golondrina
no hace verano,
cuántas mitades de genios chilenos
se nos quedaron en las manos,
ah patria de amargos pajeros.
Deme un pisco por favor.

Pasa un auto blanco. De adentro miran rápidamente
a Pezoa Véliz que está afuera.

Carlitos piensa en los peces de los muelles de Valparaíso
Va a temblar —¿Cómo vivirán esos diablos pescados?
Carlitos en todos los idiomas
¿Cómo son esos pescados negros?

Invitado al banquete de la vida

Burgueses a un lado, proletarios y campesinos a otro
    (¿a cuál?)
Invitado al banquete de la vida
Huevones al lado de los burgueses, Marusiña al lado de la
    vida.

Mujer abajo
Poeta arriba
pegado sudando acariciando
piernas senos guatita increíbles
        Concha Inconmensurable Año 2000:
hambre en la tierra,
gorilaje, fascismo, fuego,
las dos clases en pugna se pueden hundir,
recuerden esclavos contra patricios: ceniza cósmica.
Ya me lo estropeaste todo, hombre.

Es terrible, pasa un auto blanco, es terrible,
del auto se baja una mujer,
orina en la cuneta,
tú puedes sentir el motor apagado,
el ruidito de la hierba.
La mujer mira el cielo azul y se va.

Me dan ganas de decir Carlos Pezoa Véliz es Chile.
En la cordillera vive.
Es buzo, vive en el mar.
Vuela como un angelito de esas despedidas de angelitos
de Violeta Parra.

Pero no es verdad.
A estas alturas de Pezoa sólo quedan poemas y cuentos
y puentes que dan a otros puentes.
«Gran Encrucijada De La Literatura Chilena»

Cine de mala muerte (1)

Es en el cine donde el hombre reposa
se saca la careta de loco y comulga con sí mismo
fuera de las verdes hojas de los poros abiertos
honradamente
comulga con los senos de cuatro metros y rosados
con la nariz gigantesca que flota en el espacio.

Es en el cine de barrio donde los hombres lloran
con la viejita cagada con el niño cagado ¡cáncer
por todos lados! mojando los libros y los periódicos
lloran con Brigitte Bardot y se masturban
no tan disimuladamente, muy tristes, con Brigitte Bardot
con cualquier rubia que surja del desierto
con cualquier morena que salga del mar
puertas abiertas transparentes sin espesor
a la aventura.

A la aventura sí, al cuchillo real que nos clavan
en la guata
mientras nos sonríen y nos cantan
mientras ese loco imbécil nos invita a la vida.

Es en el cine donde nos desangramos
a oscuras
solitos
desmayándonos en las butacas
mientras escuchamos el zapateo alucinante
de industriales y romanas
en la azotea
que —lo juro— creíamos no existía.

Cine de mala muerte (2)

Se encamina el cine a que no me quede más remedio
que vagar por sabanas
convertidas en basureros violetas
con una pajita entre los labios
sombra desprovista de ternura
hacia el sur
con tres cajetillas de cigarros abultándome los bolsillos
y un mapa de estrellas comprado ayer
en la única tienda de ultramarinos del pueblo:

El poeta atrozmente flaco y su novia puta
atrozmente fea, desastrosos caminos a Dios,
entran al cine por la puerta oscura
pero sin pedir permiso, entran sonriendo fieros
como animalitos del bosque, inocentes zorrillos
con estampillas tricolores de boletos.

«Mira qué gran silencio»
Directores líricos repartiendo expectación como pan
    caliente
«Mira qué gran aventura»
Niñas prosaicas de quince años fumando como locas
monótona repetición de celestes nombres,
ahí está todo, niños vomitando sobre la cartelera
sanguches asesinos, refrescos de otro mundo:

Se encamina el cine a que no me quede más remedio
que llenarme de ternura
desbordarme de ternura

dejarme lejos de ternura, revivir
las anchas bocas de las actrices
y los tragos dulces y amargos de las actrices.
Se encaminan las estrellas a la comuna mental reprimida,
al avión y a los paracaidistas, a los paracaidistas y al avión
de la noche negra extraordinariamente salvados.

Veterano de prehistóricas guerras
agusanadas orejas
boca sanísima

Y bueno, qué se le va a hacer

Apaguen las luces de una vez por todas
y que la gran conciencia nos tire a la cama de nuevo.
Apaguen las luces oh profetas,
saquen las brillantes navajas, límpiense las oscuras uñas,
toda la vida limpien
pero apaguen las luces primero:

Un hombre y una mujer se besan
en las mejillas
sabanas basureros violetas

Cine de mala muerte (3)

Cine de mala muerte engrupidor de incautos
    hombres que se dan enteros sin una lágrima en las
        pestañas
Cine de mala muerte cavidad del arte promesa
    de mejores luminosos claroscuros horizontes
Que Caravaggio te viera
Cine de mala muerte cuántas figuras
    de izquierda a derecha del beso al pañuelo
    que dice chao pero se queda lánguido mirando músicos
    alegres e irreales danzar de puntitas paranoicos elevando
    las rodillas hacia el cielo o los pararrayos
Cine de mala muerte he comido palomitas
Me he atragantado de palomas
He devorado todo lo que vislumbraba en los rincones
    tiritando de espalda en las esquinas
    como en una película
Y al salir a la calle el aliento de los peatones
    no seca mi transpiración
Yo qué voy a hacer
Dejé mi ego estampado en el dedo gordo de Brigitte
    Bardot
Voy a vivir en un prostíbulo voy a tocar la flauta
    mientras mueren mis hermanos
Cine de mala muerte se quedó solita mi esperanza
    cruzada de piernas en una butaca
La pobre soñando
    sin ojos sin corazón sin cerebro
    ¡sin-cinco-dedos!
Pero yo sin ella

Cine de mala muerte qué cuchillo te hará justicia
Hemos jugado un pulso ¿pero quién a favor de quién?
Caí como tonto
Te amé entre sabanas negras
    mano mano
    mano izquierda
Los pájaros vienen en picada hacia mi cuello amarillo
    es inútil es tarde para pedir perdón

El poema de la muerte

Elizabeth Taylor y Richard Burton
toman sol en Puerto Vallarta o en cualquier lugar
y el avión vuela con los perros pekineses a bordo
hola hola ya vamos a aterrizar

John Reed

Más o menos fue como el cartero
ese que aunque nevara
o se viniera el fin del mundo
entregaba las cartas de amor.
Desde un caballo tieso y flaco mira cómo galopa
un joven sin sombrero sin zapatos.
Carga un morral repleto de libros
postales hermosísimas:
muelle de San Francisco 1910
damas con sombrillas naranjas
mineros con la virgen del norte
la cara de un profesor barbudo
libros en inglés y español
mugeres se escribía tal como lo acaban de leer
qué mujeres.
A caballo alcanzaba a la tropa
lo amaban *¡qué tal gringo cabrón!*
¿Por qué luchan?
Por tal y tal cosa.
Aquí se va a hacer realidad el sueño de Oscar Wilde
sí, dice Lunacharsky.

Toma tequila con los generales del pueblo
y borracho mira pasar a las niñas
que le sonríen misteriosas
y atraviesa el ancho mar
recordando entre otras cosas
días soleados y días con fiebre
cuando se le iba la carne.

Para volverse loco o de una vez hombre.
Hoy podemos verlo en un documental de la revolución
sonriéndonos con su pelo largo
su esperanza larga
asumiendo su época y la historia
y qué época
mujeres fenomenales más bien parecían
ríos lagos mares
toda la claridad y la humedad del mundo.
Igual que las gloriosas cabras de hoy.
Qué poetazo fue el gallo ese.
Se iba en tren al sur, volvía en tren
a la frontera John Reed.

Overol blanco

Para Lisa Johnson

un hombre descarnado, de lacios cabellos castaños, vestido
con un overol que alguna vez fue blanco, se balanceaba en
una silla de madera, leyendo un periódico con los pies en-
caramados en un tablón situado encima de un calentador
eléctrico.
Dashiell Hammett

                    Ping Pong
Mañana va a llover   Quién te enseñó a besar

H. Díaz Casanueva

                              I

Qué caminos no he recorrido compañeros seriecito en el
    último asiento del bus filosofando sobre la selva curado
    muerto de risa en trenes antárticos jugando ping pong
    con la tripulación de un barco italiano frente a las
    costas de Ecuador
¡Qué caminos no he recorrido compañeros contándole
    mis penas a una azafata mexicana!
Y ahora mírenme:
Despierto en el miedo y el miedo no es una pieza oscura
    ni un paisaje de Lovecraft (oh inocente oh naonato oh
    teame) sino una pistola en la sien izquierda y un fusil
    ametralladora en la espalda

y un fusil ametralladora en el pecho
y el resto de la panamericana que ya no se va a conocer
y una pieza oscura
y la sombra de Lovecraft dormitando en un rincón

II

Overol blanco, overol de la historia
así me fui, de acacia en acacia,
metiéndome la lengua en las muelas cariadas.

La carretera se abría como una azalea blanca
el progreso en el cono sur de América
el viento en el pelo de todos (sospechosos como hansel
y gretel) sorprendidos como sabandijas y riéndonos
inocentemente ¿dónde quedó la selva?

Vi negras escuelas en el horizonte
vi maestras desnudas en tinas floreadas
vi flores que no tenían nombre
vi gordos poetas tomando el sol en la orilla.

Overoles rotos, abstractos, carreteras bordeadas
de ramadas carnívoras, afuera de un manicomio
recogiendo moras me contaron
que cinco gitanos se habían culiado un niño
primogénito bienamado del alcalde culto
película de los años cuarenta en blanco y negro.

Recuerdo a Rousseau tocando su violín
sus selvas ¿dónde quedaron?
su mujer muerta en el cielo.

Lo primero que vi fue a un poeta recitando
le pregunté cuál era el camino a Temuco
tenía un sombrero de fieltro amarillo y bigotes negros

su hija condimentaba la sopa
y me miraba
tupidas sus manos de callos
yo miraba su delantal
me puse a tocar la guitarra.

¿Usted qué esperaba? ¿Un automóvil del año
repleto de cadáveres?
¿Una calesa tirada por bueyes?
Usted es tonto.

Vimos peucos y tordos, garzas y pavorreales
volando de bosque a bosque
espantados por alguien.
Vimos los tres abrazados, cómo las moralejas
cambiaban lentamente de color, qué trenes
majestuosos, qué paisaje macabro se alzaba,
qué no vimos devorándonos los tres,
haciendo el amor a lo divino, a lo humano,
a lo paranoico, leyendo libros baratos
hasta la madrugada: nubes vacas gatos
montañas escuchando la risa crecida del poeta.

¡Cállese hombre que lo van a meter al manicomio
y ya vio lo que le pasó al niñito!
La poesía no es sórdida. Los gitanos nunca pasaron
por esta provincia. ¿Quién vive aquí?
Empiezo de nuevo
pero a buscar otras cosas

Nos dijimos chao entre besos y abrazos incómodos
sinceros,
en el tren los campesinos dormían parados,
por la ventana vi un ovni aterrizando en la cordillera,
cosas maravillosas sucedían en el cielo,
tomando vino tinto, comiendo tortillas al rescoldo,

escuché los cuentos del Bonete Maulino
en mil versiones
mientras el tren hacía chucu-chucu, chucu-chucu,
cosas asquerosas sucedían en la tierra,
tenía que decidirme carajo.

Sí, de acuerdo
¿pero qué experiencia puede aguantar tantos viajes?
¿qué experiencia se echa al bolsillo perro
sin transpirar siquiera, tantos peligros gratuitos?
Gratuitos si se toma en cuenta que mis colegas amados
se quedaron en casa o alrededores
a susurrarle a medio mundo
que cada quien evoluciona a su manera.

Un dancing antiguo, lleno de misteriosas iniciales
CPV y PdR; VH y PN; GM y NP.
¿Qué experiencia salta abismos históricos
no como caballito de polo sino de circo?
¿Qué experiencia se pierde noches y días nublados
para rescatar, loquita ella, overoles de lavanderías
    inimaginables?
¿Qué experiencia se sonroja en el fondo
con un cuchillo en cada mano
e inventa peleas macanudas y canta y duerme
soñando Babeles enanas y cañones naturales y
enanos Tomás Moro afiebrados, agónicos?

12 a. m. Sentado en la puerta de un restaurante
con veinte cholgas en la guata
y una botella de blanco en la sangre
medité sobre mi pasado y mi porvenir
7 p. m.
Desperté con los aullidos de San Pedro en la playa
ni me reía ni lloraba
con los desamparados en la playa
mientras el sol se iba por el mar a Japón.

III

Y así como se va el sol a Japón yo me iré a Australia
lento cangrejo sin mar ni arena
ni árboles en el desierto: indestructible casamata,
piel de canguro, botella de leche hirviendo,
y un tomito alegre de poesía popular chilena
«que se canta para alejar maldiciones insistentes del
    toldo».

Oh desierto Oh pequeñas ciudades reaccionarias Oh
    actores
¿quién con fina solicitud me ha de cuidar?
¿quién pondrá torrejas de papas crudas con vinagre en mi
    frente?
¿quién me soplará al oído que ya no hay nacionalidad
que valga y que Mulchén y Coigüe, de espuma y madera
instaladas, cagaron a la isla con cuecas anormales?

Por abajo de las desgracias latinoamericanas,
aburrido de correr literalmente una aventura diaria,
cansado de exponer mi pellejo a la muerte amiguita,
harto de ver fosas comunes llenas de hermanos.

En australiano creo que me voy a convertir.

IV

«Última noticia tanto Australia como Canadá
cerraron por tiempo indefinido sus fronteras
a causa del grave problema de desempleo
que todo el mundo —hoy por hoy— *afrenta*.»
¡Oh poeta emigrante oh poeta obrero!

MIERDA
que como tango discurres.

V

¿En qué consiste tu experiencia poética?
Caminar como santo huevón por las márgenes del Mapocho.
Leer a Borges en los pasillos de la universidad
      leerlo en poblaciones callampas
Disfrutar la última película del Robbe-Grillet codo a codo
      con los cadetes
Desmayarme cuando sin querer descubro la Colt de mi
      compañera.
Leer entonces a De Rokha en los excusados
Salir de la cárcel con la cabeza en alto y los testículos
      hinchados.
Mirarme en el espejo y ver un montón de gente y yo ahí
      sonriéndome esperanzado como jovencito de película.

VI

Si estás triste hermano piensa en Roberto Bolaño
que solito en la cárcel penquista
le hizo un poema a Nueva York.
Para cagarse de la risa hermano.
Imagínalo sentado en el suelo
rascándose despacio la cabeza
escribiendo en los bordes de un periódico
—el matrimonio de Ana—
un poema a Nueva York.
Justo cuando tenía la oportunidad
de escribir un bello poema heroico.
Para cagarse de la risa por la chucha
qué huevón más pendejo.

Lo que pasa es que no pude. Un compañero
me prestó su lápiz antes que lo llevaran
a interrogar. Me quedé solo
y a la cabeza se me vino Nueva York.
Nada más.
Los enormes rascacielos de Nueva York
las gringas, los autos,
los parques, el mar, el smog,
los policías, los negros,
los perros y los gatos en las murallas
de Nueva York.
Nunca he estado ahí
pero conozco la ciudad por películas.

Después nos llevaron en fila india
al baño.
Parecíamos niños los presos políticos.
Me vi en un espejo,
me quedé lo más que pude
frente al espejo.
Parecíamos niños ojerosos, barbudos, chascones
los presos políticos compartiendo un flaco jabón
una peineta verde,
y en el espejo yo, hola Roberto,
todos estamos tristes;
estamos de aquí a la luna de tristes,
desde la cruel Concepción
hasta la galaxia de Taurus nuestra tristeza.

Mi única cobija era una chaqueta
olvidada por un viejo profesor de la universidad
en su camino al futbol.
Esas noches —para cagarse de frío— pude haber escrito
los versos más tristes
si los quejidos, gritos, aullidos

del patio de los presos comunes
me hubiera dejado concentrarme.
Asimilando pateaduras tremendas
el lumpen nos mandaba
su amor.
Una noche escuché una conversación de amor
de celda a celda
entre un gorrión ratero y una paloma puta
en lengua coa.

Entonces nos llegaba la maravillosa alegría
¡no estén tristes, hermanos!
y comprendíamos todo, igualito
que los doce apóstoles en la última cena
o en la primera sin el maestro,
no me acuerdo,
pero en fin, nos alegrábamos de estar vivos
y Sepúlveda cantaba para hacer una muralla
tráiganme todas las manos.
La moral subía
del gimnasio cárcel a la galaxia de Taurus
(y conste que no existe galaxia de Taurus)
y un viejito de Curanilahue
le echaba la culpa al Mir
en su ignorancia, el pobrecito.

Esa niña va caminando creciendo
corriendo
al ras de este país largo nuevo
semejante a una culebra ardiendo.

La barrera público-actores se rompe
cuando ambos corren el mismo peligro.
Corazón caliente y cabeza fría
eso ustedes lo saben mucho mejor que yo hermanos.
La tristeza se fue o se quedó,

buena cosa, por lo demás.
Así apareció Nueva York
en mis manos
y para qué metaforearlo.

VII

Asomado a la ventana les digo adiós a las blancas citronetas
que como palomas de la clase media
vuelan al reino de los sueños y la chatarra.
Es de noche.
Asomado a mi ventana respirando aire fresco rimo ocaso
con payaso y digo mis lágrimas son tus lágrimas
aunque no sea así.
En el sur una mirista rubia es asesinada
en el patio de una pensión.
Ambos miramos la estrella de los navegantes
pero tú eres más linda que la Cruz del Sur.
Mis lágrimas son tus lágrimas.
Bombardean La Legua y las mujeres chilenas
salen corriendo
vagabundas barrocas históricas mientras sus casas arden.
En el estadio desayunan porotos con piedras
almuerzan piedras con porotos
y comemos en la noche
piedras solas
mirando las Tres Marías.
La noche es un concierto de pedos contra la Junta.
Asomado a la ventana de tu casa agarro la onda
abro las puertas.

VIII

Tierra de Chillán aquí estoy de nuevo pisándote quién ha
    dicho
que soy ángel Tierra de Cauquenes aquí estoy de nuevo

Pero no porque sean ustedes sagradas ni hermosas
mi experiencia es otra No vengo a rezar ni a leer
a Günter Grass en tu plaza Ni a tomar vino tinto
invocando a los espíritus en tu mesa de tres patas

Mi experiencia es otra En la carretera casi me matan casi
la desgracia el mentado telurismo el llanto la aventura

¡Está lloviendo en el sur! Bésame por última vez el cogote
palomita mía. ¡Está lloviendo en el sur!
Mi experiencia se contrapone
a ese gato que vislumbro dormido
sobre la chimenea blanca de tu casa
Oh momio Oh momiecito Oh señor
No pondrás barreras de ninguna clase en mi camino

(Está lloviendo de Rancagua para abajo las parejas corren
a los árboles las niñas irreversiblemente solas sonríen y
    lloran
tú las puedes ver cómo lloran los labios no amargos
las sureñas lloran como Giocondas)

No vengo a dormir borracho con cancioncitas
No vengo a ver a mi abuelita Oh espectacular y
    sangriento
señor Mis contactos son gotas de agua en la nariz de mi
    cabra

Tierras mías vuestra humildad me preserva
Vuestra grandeza triste ya no me inspira dolor ni desolación

Corriendo de esquina a esquina Corriendo de punta a
punta
Mi experiencia es otra

Agencia de los dientes eléctricos /
Radio Barcelona

Bienvenida,
      he estado
esperándote toda la noche,
      y los barcos se han ido
         a las islas,
            y sus luces de fiestas
               no han brillado
                  como mis ojos,
      sentado tiritando toda esta noche
                  en el muelle.

      Bienvenida
a mi soledad
   a mi bosque de ciervos dorados
            que se asombran
               en la bahía.
Las canciones de los barcos
      me han confirmado
la muerte de mi balada,
las canciones llenas de luz
         e indiferencia
            de los barcos
         me han proyectado sólo las sombras
               de mis amigos,
            pero el que yo esté aquí
                  esta noche
      es en cierta forma una victoria.
   Locura,
      Amor Atroz,

las estrellas bostezan
delante de las navajas,
el vapor se acumula
afuera de los bares cerrados,
la belleza hasta de los suburbios se
ha ido,
una nube roja se fragmenta
por nosotros: una mano
se cicatriza por nosotros.

Finjamos huir
pero regresemos.
Una mano cerrada como
capullo
no es una gran imagen pero
tampoco nosotros somos
unos grandes revolucionarios.
Finjamos que hemos fingido huir
pero regresemos.

Bienvenida
(otra vez)
Señorita Locura.
¿Quieres un cigarrillo, quieres
un cigarrillo ahora,
o prefieres guardarlo
para cuando se desate la tormenta?

Variación, programa tu luna llena /
Radio Barcelona

Bienvenida, Amor,
he estado esperándote
todo lo que duró el rechinar
de dientes,
y los barcos han volado
a las nubes de hueso,
y sus luces de fiestas
no han brillado como mi frente:
sentado toda la noche
en una pieza oscura.

Bienvenida, bienvenida
a mi telaraña de ciervos dorados
capaces de asombrarse todavía.
Las canciones
de los automóviles en la ruta 6
han confirmado la muerte
de mi balada;
las canciones llenas de luz
de las sinfonolas
me han proyectado únicamente
la sombra de una gasolinera vacía;
estoy vivo.

Locura, Soledad, Amor Atroz:
las armas ya sólo sirven
para suicidarse,
las estrellas bostezan
perdidas entre la neblina,

hace tiempo que las muchachas amadas
no salen de sus dormitorios,
un supermercado se levanta de nosotros:
las escaleras eléctricas
llevan hacia el viento a un hombre que aúlla.

Vámonos lejos
pero no olvidemos.
Recuerda siempre lo que no amaste.
Recuerda las miradas que no amaste.
Vámonos más allá de las grandes
carreteras,
pero no olvidemos
las grandes carreteras.

Oh mi Amor
¿quieres besarme ahora,
quieres besarme ahora
o prefieres hacerlo
cuando se desate la tormenta?

Arte poética n.º 3 / capítulo XXXVII en el que queda demostrado que Phileas Fogg no ha ganado nada al dar esta vuelta al mundo si no es la felicidad

Empiezo a escribir cuando el alba se desmaya por las chimeneas y uno a uno los programas de radio van extinguiéndose / mientras nadie hace el amor y las camas de los niños rojos están más arrugadas y frías que los desfiladeros indios o las manos de un viejo marxista que ya no cree en nadie ni en nada / o bien cuando todos fornican con los ojos cerrados y la luz se entierra como un hacha loca entre las dunas —los oasis lanzan aullidos concéntricos, los catalejos se venden más que los condones y es la misma miseria—. Empiezo a dibujar, a escribir cartas, a tratar de reconocer lo que no veré más, entre el espacio que hay de la palabra ternura a la palabra indiferencia, entre lo que media de la frase déjalo todo, a la frase terreno firme o caras conocidas / Ahora que puedo sentarme bajo un desesperado mural anónimo con un boleto de avión en la mano derecha y una naranja hecha pedazos en la izquierda. La madrugada se ensancha con los colores de una herida interior. Un muchacho idiota canta: cuando me entreguen en un sobre mi primer sueldo voy a comprar un vestido de flores verdes para mi camarada y unos pantalones de mezclilla para mí / Y un muchacho idiota canta mientras observa ciudades levitando como vapor. Los cerebelos rajados de las revoluciones. Semillas armoniosas y salvajes que ruedan que se coagulan que ruedan: el parpadeo experimental de los complots.

Chant of the ever circling skeletal family

Después de muchos años y hoteles y poemas y dolores
de cabeza, este hombre vuelve, por azar, a acostarse
con la mujer que ama; y las piernas de esta mujer
sin duda están maltratadas por los várices y algo rasposas
de tanto depilarse, y también su rostro, piensa él,
no es una flor en cuyos pétalos se sostengan
los cadáveres de tres abejas, sino un rostro blanco,
con pecas, común y corriente; y la mira dormir
y se da cuenta que todos los poemas que le escribió
son una santa huevada, pero le duelen tanto,
lo abren tanto, que no consigue hacer nada mejor
que aferrarse a ese tronco pálido, palpitante,
y ponerse a llorar, por él, por ella,
por todos los jóvenes que en esos años estaban
enamorados, pobrecitos.

Une nouvelle secte de philosophes

Aquí yacen los despojos del muy ilustre Miguel Nostradamus, el único, a juicio de muchos mortales, digno de transmitir los acontecimientos futuros del mundo entero, con una pluma casi divina y en plena relación con las influencias de las estrellas.

Ana Ponsart Gemelle (la mujer de Nostradamus).

Nostradamus Bolaño llegó a México como el Jesucristo de Ensor a Bruselas. La Historia era un afiche de la policía, clavado en la puerta de una ensambladora de autos. Las muchachas pobres buscaban el interruptor en piezas oscuras, e imaginaban manos desesperadas atrapando sus senos.

Y la luz no se prendía. La Historia, un grito ahogado en tantos gritos que desbordaban la noche de una ciudad perdonada. Y la luz no se prendía. O se prendía una hora después del suceso.

Vio la ampolleta inmóvil en el dormitorio lleno de carteles. Vio las modernas cortinas rotas y las persianas que el viento cerraba y abría.

Con brújula, pistola y mapas falsos, como un pirata, todo lo recorrió; haciendo del tierno viaje sentimental una *Ilíada* escrita por novelistas genocidas, poetas cobardes y delgados, dramaturgos dormidos.

En el bosque mujeres a caballo lo saludaban desde lejos.

La boca roja de la televisión decía: Nostradamus Bolaño, conjunción de astros en tu sandwich, y en tu sillón de flores marchitas, y en tu cerveza que la vieja luna entibia. Es decir, querido, no importa cómo llegues a México, o a cualquier país, si los sentidos están intactos, si no eres capaz de sacarte el cinturón y entrar corriendo locamente, molineando la hebilla en el aire, botando puertas con las patas, a matar al loco que tiene una pistola en la mano y una niña despanzurrada en la cama.

Vio la ampolleta inmóvil en el dormitorio lleno de fotografías. Escupió el suelo, se lo tragaron los rincones. Vio las modernas cortinas rajadas, que el viento levantaba y dejaba caer. Bajó las escaleras —principios de siglo— aullando puras porquerías, buscando a gritos un taxi en la noche.

Apuntes para una anti-elegía a Sophie Podolski

La primera noticia que tuve de ella la encontré en una
Antología publicada por Seghers que Mario compró en
La Librería Francesa de México principalmente por los
Poemas de Daniel Biga (Encore une fois je dis Chéri
Mais pour la première fois à un jeune homme
Combien de temps aura-t-il fallu?) cosas de ese estilo
Y además una guía de revistas y noticias de premios
Literarios y una pequeña lista de muertos: Roger Giroux
Nacido en 1925 Georges Henein nacido en 1914
   Georges
Hugnet nacido en 1906 Emmanuel Looten nacido en
   1908
Georges Ribemont-Dessaignes nacido en 1884 y Sophie
Podolski nacida en 1953 y muerta por suicidio el
29 de diciembre de 1974 una pequeña Anne Sexton para
Los editores de París aunque Seghers o algunos de sus
Empleados diga «habíamos decidido publicar estos
Fragmentos mucho antes de conocer la información de
Su muerte» y luego Sollers escribió algo que sirviera
De prólogo a la edición parisina de *Le pays où tout
Est permis* que ya había sido publicado en vida de Sophie
En edición facsimilar por el Montfaucon Research Center
Y alguien pudo cantar tal vez en otro país tal vez en
Otro lugar y así eludir el problema pero tú sabes
Hubiera sido casi lo mismo no es el clima ni los largos
Inviernos sexuales (se habla ahora de su fijación anal
Y de las drogas que florecen entre sus palabras y dibujos)
El suicidio adolescente no empieza con ella los rostros
De sus ángeles se ríen de amor y para la poeta europea

El último gesto es la muerte así como para los parias
Es el exilio o ese corrido mexicano de la catatonia
Y todo se une y desune los ojos azules y los ojos negros
Podríamos escribir sagas de ciencia-ficción
Tan sólo con escuchar y mirar y tocar las líneas de
Nuestras manos así que si todavía pienso que estoy lejos
De lo que he querido pues me equivoco completamente
Manito nuestro mejor recital ha sido nuestra ignorancia
Y «tal vez en otro lugar etcétera» me sirve de consuelo
Aquí en Port-Vendres descargando barcos pero mañana
En cualquier otro lugar ya no y la foto de Sophie Podolski
En un Art-Press escribe aún sobre una mesa llena de
    platos
Y papeles y ceniceros terriblemente cotidiana tan cerca
De esas imágenes aparentemente desordenadas que
    usamos en
El lugar de la memoria marginales todavía pudimos vagar
Por el valle los dos teníamos 21 años y a nadie
    olvidábamos
Casi como ahora que llega la brisa del Mediterráneo
Y las muchachas simplemente se detienen a orillas
Del mar los límites mismos de nuestros propios gestos
27 meses después hacia esos cristales que tú amabas
Y en donde todo está permitido

Port-Vendres-Ville, marzo 1977

Bienvenida

Bienvenida a mi dormitorio de témpanos a la deriva
Bienvenida a mis escaleras a mis trucos a mi ternura
Bienvenida bajo este arco —Bienvenida a estos mapas
   confusos
      iguales a los sueños de un proletario borracho
      bicicleta cubierta de crisálidas que tu ojo
registró en la infancia —Tú te has divertido, yo te he
   mirado
desde las rodillas del asombro, sin aullidos, sin risas
      mudo como un niño rojo, o como una fotografía
llena de historias (olores) que una mosca
      atraviesa de punta a punta
Bienvenida a la noche de los pulsos interminables
Bienvenida a las fiestas de los artesanos
Bienvenida a las horas vacías donde sólo se mueven los
   callejones
Bienvenida, sin embargo, al amor —Al amor terrible
    que entendía Quiroga, el amor niño inmune a todo
        juego
    de palabras
Bienvenida a mi dormitorio abierto como un rostro después
    del temporal, a mi larga y difícil manera
      de entenderte —Que todo nos cubra, que todo sea
      manto
para nosotros. Bienvenida a las capas carnívoras
como flores carnívoras, a lo irremediable, y a los cuerpos
que pese a todo, que pese a todo, sobreviven
      a los largos años de Contrarrevolución
Bienvenida, oh amada, a los largos años del desempleo y
   los motines

Bienvenida al hambre y a los poemas de amor
Bienvenida a los poemas miserables a los poemas
   parpadeantes
      a los poemas extáticos de la intranquilidad
Que todo sea intemperie para nosotros, que no tengamos
      ningún tipo de coartada
Oh amada, de esas agujas extraeremos algo de luz,
de esas cabelleras extraeremos algo de paciencia
Somos, después de todo, hermanos de nuestros
   cataclismos,
      de esos ojos extraeremos algo de mito
Bienvenida a los amantes que se abrazan en medio de
      una multitud, y sólo son vistos
         por niños soñolientos —Bellos niños soñolientos
que parecen lagartos inmortales detrás de las ventanas
Bienvenida, y adiós, ¿de qué manera te recordaré
      cuando tenga 30 años?
¿Cómo serán los sueños de los condenados a la horca
      sino constelaciones, sino el asombro
      de una música infantil de animales sueltos
en un barco que poco a poco se va coagulando?
Oh amada, en distintos países, sin noticias uno del otro,
      hemos de cruzar lo mejor que podamos
      los años de la Contrarrevolución
Bienvenida entonces, bienvenida, bienvenida,
al jade y a las tiendas levantadas de noche,
a los quinqués y a las miradas dulces,
a las imágenes de nosotros mismos que vuelven a
   encontrarse,
      y a los cuatro puntos cardinales.

Barcelona, julio 1977

Untergehen

¿Se dirá de mí vagabundo, poeta aficionado?
¿Consumido por el amor
                          a una mexicana loca?
Acepta, alma pequeña, tan sólo esas pocas virtudes
pues en el fondo de ellas parpadea el monstruo
que siempre has buscado, la libertad que se ríe
de sí misma enredada en su saco de dormir
durante toda la noche, en un juego de sombras
chinas y buen vino barato: la libertad que
se ríe durante toda la noche en una barraca
mientras afuera la brisa es semejante por momentos
a la voz de Anselm Turmeda, aplaudiendo en la escena
del silencio, dibujando ojitos oblicuos
que se ríen suavemente de sí mismos
y de su entorno tan bello y tan absurdo,
en la barraca de las sombras chinas y las botellas
oscuras vaciándose, vaciándose en la oscuridad,
similares a la máscara de la perfección,
esperando un mutuo reconocimiento que deviene
farsa, broma cruel, danza de niños locos,
preferible sin embargo a los asesinatos inmóviles,
a los gestos que no se vieron perseguidos
por esa nada aullante, en los intersticios de
lo que mi estúpida generación llamó amor.
¿Quién se pierde en esta luminosidad?
¿Quién se pierde y escribe en la noche
                          de esa luminosidad?

Barcelona, noviembre 1977

La compañía del camino

A Ricardo Pascoe

Lo que hemos amado cambia. A veces
nuestros ojos ya no ven el resplandor,
pero el resplandor sigue allí. Sabemos
que ni las palabras ni los trabajos que
nos desgastan cotidianamente podrán servirnos
para seguir adelante, cuando las bellas viajeras
se han ido, y si miramos los días
sólo veremos manchas dejando una estela
de vacío en los párpados del que tiene sueño.
Y no es hora de pensar, por ejemplo, en los
que se levantan a las 5 de la mañana
para ser explotados en las fábricas, sino
en que también los compañeros se han sentido solos.
Todos amamos, en los dormitorios de todos
está pintada la ignorancia, nuestra oscuridad
que balbucea y gruñe, nuestra luz inmóvil que habla
en sueños. Afuera de nuestras zonas llueve
y también en el alma del que está triste,
y no encontramos aún la manera de unir los dos bosques.
Los dos bosques llenos de movimiento.
El amor y su ausencia nos hacen ver todas
las aventuras desde una ventana increíblemente
alta, casi al final de un rascacielos de pequeñas
cositas tibias, que se van helando en la memoria.
Es bueno que ese edificio exista, y es bueno
mirar por esa ventana confundidos entre

nuestra tristeza personal y el vértigo.
Pero los museos suelen ser horribles
y poco compatibles con las bellas viajeras.
Nada tenemos, todo se acaba. Cuántos amigos
les han dicho eso a sus amigos una tarde cualquiera.
Pero yo sólo tengo estos versos. Nada queda sino
nuestra ternura. Ese incendio gratuito: una forma
de morir en un universo que no muere nunca (a ver
si lo entiendes). Sabemos que las palabras pueden
ser cambiadas, tampoco es la memoria una hilera
de pinturas viejas. El amor, y su ausencia, a veces
más amorosa que el amor mismo, nos devuelve nuestros
cuerpos. Lo que hemos querido tanto sólo cambia,
el resplandor continúa, también nosotros
debemos cambiar y continuar, como los pájaros
en los vientos del Norte y del Sur.
Nada queda, pero tal vez nuestra ternura ya estaba allí,
antes que la ilusión del vacío, tal vez nuestras
contradicciones son como lunas en el final
de la noche, tal vez la bella viajera no está
muy lejos todavía, y si corres la alcanzas,
desesperada, alegremente, un minuto o unos días
o una estación completa del año, compartir
con ella libremente el camino, sin que haya
muerte en este poema para ti, ni en ti, ni en ella.

Barcelona, agosto 1978

Un resplandor en la mejilla
Paisaje de cisnes instantáneos

Ya no sé qué decir, alguien me acaricia el pelo y dice
que estoy echando sangre, alguien pasea sus uñas
por mis mejillas y dice que me ama. Y aún me aman
dos niñas que se pierden constantemente por bosques
    nevados.
Aún me aman dos niñas pero yo hace mucho tiempo
    asocio el
color azul con la muerte, el rojo con la infancia
llena de bolcheviques y sexo, y el amarillo con las
    carreteras
al atardecer, cuando los vagabundos contemplan
los postes de telégrafo, y las bandadas de pájaros del desierto
regresan del Oeste.
    Y parezco un callejón cementerio de tranvías, un
suburbio cubierto de nubes, un poco de azúcar
    escurriendo
de los labios de un pandillero, que en este caso soy yo
    mismo,
mirando duramente paisajes interiores, imaginando
con desesperanza otro tipo de manicomio. Otro tipo
de jóvenes doctores. Otras sonrisas paranoicas esbozadas
casi en la superficie de una canción. Y así Utopía
vuelve a aparecer en el centro de las arboledas, las zarzas
vuelven a aparecer en el centro de los hospitales, los niños
del valle vuelven a perderse en los departamentos de
los gitanos, y los coches robados vuelan a 150 km por
    hora
a donde se supone está el mar.

Aún me aman dos niñas generosas como el rocío,
como los dibujos estupendos llenos de color de las
   grandes
carreteras. Visiones que no se destrozan
pero que no sirven para nada. Por el momento Utopía
es nuestro descanso, nuestro baño sauna frenético,
duro como ciertos alcoholes y ciertas plumas, el árbol
al que nos trepamos en las noches de perros y amor, el
   Buda
que recoge calamares mientras levita en la playa de la luna.
Ya no sé qué decir.
   Todo se ha acabado, la oficina está vacía, las frutas
se amontonan en mis manos de ángel asombrado, el
   insoportable
amor de las calles rayonea mis papeles imposibles, la furia
se me desvanece en la memoria.
   Utopía es mi descanso, mi veterinario. Aún me aman
dos niñas anarquistas, pero yo hace mucho tiempo
   adquirí
el vicio de los jardines simples, la certeza de una muerte
esbelta y temprana. El amor debería mover la cabeza
verdaderamente incrédulo, debería caminar en círculos
por una pradera cinética. Estos días sólo son buenos
para los pianistas.
   Mi exmujer se mirará en los lentes negros de un playboy
y le darán ganas de llorar o de poner un disco (duro, breve)
como la fiebre de un niño.
   La ternura y la revolución y los poetas pueden dormirse.
Estos días son buenos para los subterráneos voladores,
   para
los voyeurs de lo abstracto. Alguien apagará la luz
y comentará silenciosamente que las almohadas están
manchadas de sangre.
Ya ni ponerse a hacer silogismos es bueno.
Y tan acertado como siempre, te cagas en el oficio de poeta
cuando es lo único que te queda.

Y Utopía fue el veterinario,
el hombre feroz, la vieja en silla de ruedas cercada por
    sueños,
y los personajes de los sueños incompatibles se fueron
    masacrando
uno tras otro, hasta dejar un stock de pesadillas vacías.
Y Utopía fue un reflejo opaco en el interior de un vegetal.
Vitrinas, maniquíes desnudos, ebrios tirándoles besos a
    las nubes.
Un laberinto de escaleras eléctricas por donde vagaban
unos niños extraviados que tenían el corazón maravilloso
hasta la náusea.

    ¿De todo eso qué vi realmente? ¿Con qué ojos tremendos
contemplé el olor puro de aquella muchacha
    sencillamente parada
en la entrada de un circo? Sólo recuerdo
haber estado demasiado tiempo en un cuarto blanco
    leyendo novelas
policiales; casi toda mi vida mientras tú me mirabas desde
una ventana redonda, como de baño público, y
detrás de ti unos caballos mordisqueaban nubes y
los adolescentes se reían como si acabaran de salir del
    desierto
con los bolsillos llenos de dinero gratis.

    Dinero gratis, dinero gratis, amor gratis, un resplandor
inconcebible en la mejilla. Soñadores transformándose a
    sí mismos
pero incapaces de convencer a una muchacha de que la
    aman.

        Nubes gratis y vacías, restaurantes gratis y vacíos,
automóviles fríos rumbo a las playas doradas del Pacífico,
visiones de Michelangelo para todos, ojos que se cierran
con la velocidad de la luz, y su armonía, estrépito de
    cisnes,

estrépito de humedad.

Comida gratis, bebida gratis, lluvias divertidas
e interminables como las novelas de Victor Hugo.
Hospitales gratis, desiertos gratis, animales gratis, deseos
de caminar sobre las manos, de ponerse una corona de
    espinas
eléctrica y luminosa.

Blue-jeans rayoneados de ternura, escenas de teatro
en la orilla del mar prolongadas hasta el infinito, tres años
de asco y amor, tres años de enfermedades infantiles
enmierdadas con precisión, y los duros arbolitos, pero
los duros arbolitos, mientras los duros arbolitos
como lanzas florecían.

Y gemí, y dije ya no sé qué decir, la oficina está vacía,
los submarinos explotan como fetos en las fosas del
    Atlántico,
alguien me acaricia el pelo y dice que ya está igual de
    largo
que el suyo, y yo tuerzo el cuello como un solitario
    cigarrillo
aplastado en la noche enorme y la miro, esperando volver
    a sentir
en los párpados la tibia obsidiana de los sueños, cuando en
las mañanas nos abrazábamos sin querer despertar,
    perdidos
en las llanuras de escamas, mientras cae nieve y el frío
    sonríe
desde un cenicero absolutamente limpio, y no queremos
    despertar,
y no sabemos qué decir: los labios partidos,
la cara blanca del invierno manchada de lipstick.

La velocidad se detiene, mira hacia todas partes,
    enloquece
a las fechas. Un anarquistoide muerto bajo las ramas

plateadas de un sauce. Encima de él la primavera violeta. Fuera
de ese cuadro una muchacha sueña renacimientos
   atroces.

Y está bien, está bien, ya puedes prender la chimenea y
   cerrar
puertas y ventanas. Ningún brillo va a reemplazar nada.
No habrá formas de arder que completen esta nube
   cargada de lluvia.
No habrá viento contra este resplandor acuático. Ni
   callejones violetas
ni suaves caderas antiguas. Ese jadeo al subir las mil
   escaleras
del ojo abierto: automóviles llenos de Sol estacionados
en todas las esquinas de tus venas. Una sonrisa sin
   contexto,
una mano crispada fuera de la foto. Y puedo tocarle el
   pelo nuevamente
y decirle está bien, nos hemos vuelto a quedar sin reina,
como en los Alegres Viajes por el norte de México, con
   Lisa
aullando desde su hospital, nos hemos vuelto a quedar sin
   dinero,
sin tequila, sin dinosaurios rezando en medio de la noche,
sin gasolineras que brillaban en las playas, Baja California
y Mazatlán, labios cargados de cultura azteca y chistes
de Utopía, grandes músicas con metralletas y piedras,
   algo
inevitable, como enamorarse. Y sin dinero,
parados en las entradas de los aeropuertos, hieráticos,
más que dos hombres cuatro rodillas; más que dos poetas
cuatro estatuas intermitentes; siempre dos bocas
masticando en el centro del vértigo el recuerdo
   simultáneo
de nuestra historia de besos.

En la puerta de metal: dinero gratis, departamentos
  gratis,
atardeceres gratis, oh atardeceres totalmente gratis.
Y coros celestiales gratis, hospitales gratis, mutantes del
  amor
gratis. Y tranquilos. Quiero decir que los dejen
  tranquilos,
besando la naturaleza inventada que vuela por las veredas.
¿Es que las calles siempre van hacia abajo? Y ayer la
  belleza,
un lecho cinético, un perfil recortado sobre la puerta de
  metal,
no pactó con mis enemigos; ni yo con el odio.
Quiero decir que es fantástico cortar todos los cables
en las noches de inspiración; incluso
los cables de la inspiración.

  Y los soñadores de revoluciones ven jornadas que
  penden
ven dinero gratis (símil de fiebre) y pasaportes falsos
en desesperadas noches de lluvia; ven sonrisas de abuelitas
desnutridas en las nubes; ven la rabia y la locura como un
  niño
que construye molotovs dentro de un árbol hueco; ven
un trapecio y un arcoíris agujereado en la labor del poeta;
ven novelas autobiográficas en las estrías de los frigoríficos;
ven una larga noche de arrestos y una larga noche de
  soledad
en un cielo de colillas y flores. Y alguien gritó
la música brilla por su ausencia.

  Ya no sé qué decir, 10 automóviles van arrastrando al
  sol,
llega el crepúsculo con nubes negras, flota un ghetto
llamado Benares, descienden de las flores centenares de
  geriatras.
Ya no sé qué decir, el final de este bosque soy yo mismo.

Y las lluvias de marzo limpian un domo que creíamos
perdido para siempre.

¿Es éste el recital de poesía que me cubría?
Un texto sin respuestas pero de movimiento excesivo
     (como si ayer
hubiera rodado una película sin cámara), (como si anoche
hubiera hablado con un desconocido en un café
     nocturno),
(como si hubiera filmado su risa invisible).
Poesía podrida, poesía podrida, mi amor: un sueño típico
de sobreviviente. Los niños rojos ya no tienen pesadillas,
desean ser perdonados, ser cínicos algún día, leer a Bataille
en francés y a Marx en alemán.
     ¿Es éste el recital de poesía que yo esperaba?
Las estelas de mis viajes. Las palabras cruzadas y los
     caminos
cruzados de mis sueños. Las calles donde amé, peleé,
     comí.
Los manicomios que he contemplado desde lejos. Los
     pequeños cuartos
donde enloqueció mi amiga. Las noches de Superman
y las mañanas de Mickey Mouse. Los paisajes interiores
llenos de cunas vacías, nubes azules y estatuas. Los
     bebedores
de tequila en las extáticas praderas de la intranquilidad.
(Los canguros destrozados en el aire. Los nervios
destrozados en el aire. Los andróginos que entran a
     caballo
por los callejones —gritos de la Revolución).
     Todos mordiendo un trozo cinético del cielo, un trozo
explosivo del cielo, el ala de una paloma. Algo inevitable,
como enamorarse 100 veces —de la misma muchacha.

Notas para componer un espacio

Las mujeres que llegan a la Casa del Lago
con sus automóviles y sus hijos
de un año o tres o cuatro
                    me observan soñolientas

Ellas son rubias y gustan pasearse por las galerías
donde se pudren cuadros hechos por muchachos decentes

Ellas me miran mientras sus hijos deciden
si se orinan en los pantalones o no

Ellas me transmiten con sus movimientos
la certeza de una pequeñoburguesía en ascenso:
    piernas que han usado los tecnócratas
    muslos que han usado los tecnócratas, pezones
que han usado los tecnócratas

En ellas veo a muchachas
que no hace más de uno a tres años
pensaron en la vida como algo diferente
a esta manzana de plástico fácilmente predecible

En ellas aún puedo ver a muchachas
en primer semestre de Filosofía
apareciendo intempestivamente en tu cuarto de entonces
                    y gritando te amo te amo
o cogiéndote del pene
en plena calle
ante el horror de las madres

de sus futuros maridos
  y leyendo poemas de ellas mismas
donde decían no me voy a vender
mi amor no necesita paraguas
donde se mostraban al mundo de una manera limpia
  mi amor es la lluvia

Ellas levantan a sus bebés y parece que te los ofrecieran

Ellas se pintan los labios mirándose
en los espejos de sus coches
pero en verdad te ven a ti que te alejas

Que te alejas
más aburrido que asqueado
pensando en muchachas que no hace más de uno o tres
  años
(¿o dos semanas?)
navegaron en una cama por 1.ª vez contigo
enterándose que un orgasmo es algo definitivamente Bello
y Explosivo
y siendo dañadas por esa explosión
                        y por esa belleza
Ellas meten sus cosas en el auto
bolsos, programas, afiches, niños, extrañeza
y se van a buscar al esposo a la oficina

Y aceleran, aceleran, aceleran
pero la Tierra se mueve mucho más rápido que ellas

Como en una vieja balada anarquista

A los verdaderos poetas no les importa
que los observen cuando escriben
                    Cuando hacen hablar a los pájaros del trópico
en sus diarios o en sus epístolas,
          recostados a la sombra de un sauce
                    esperando que pase
                    alguna camioneta por la carretera
Cartas aparentemente dulces
          que los niños leen —lentamente
en un restaurante mientras atardece
y el restaurante es un aerolito detenido
en el centro del crepúsculo
                    Los verdaderos poetas parecen
                              extras de viejos films
     Los niños fanáticos
          de los pueblos perdidos entre montañas y selvas
los reconocen
(los reconocen cuando los ven
          bebiendo cerveza en las terrazas)
                    les dicen tú eres
          el que pasó por una calle
          donde estaba Robinson hablando con un policía
—diamantes de medio segundo
                    de duración
          pero Infinitos como los amantes adolescentes
                    y el hidrógeno
               Los verdaderos poetas tiernísimos
          metiéndose siempre en los cataclismos más atroces
                                        más maravillosos

sin importarles
quemar su inspiración,
sino donándola
sino regalándola
como quien tira piedras y plumas
Oye poeta, le dicen,
enchufa el amanecer
Oye poeta, desconecta los relámpagos
Cualquier cosa que testifique la ausencia del vacío
Y la lluvia cae durante días
y los días nublados permanecen
semanas alrededor de la carretera
¿Oyes esa risa?
Amada mía, ¿escuchas esas pequeñas risas?
dicen los poetas
cuando comprenden que después de los Carros
Blindados
la gente empieza
a planear nuevos motines
La Fronda
La Resistencia
La Clandestinidad
Las largas filas de la emigración
Y los poetas apoyados contra un abedul
mientras la nieve cae lentamente
y los niños cubriéndose
con pieles de coyote
(cubriéndose con periódicos
apoyándose unos en otros)
emigran
Emigran. Emigran
Y las montañas interminables de América
son como un poema anónimo
un tótem indescifrable que rueda
(las montañas y los espejismos interminables
de América en la noche)

son como esas palabras,
    esos gestos en la oscuridad
        vaciados igual que un trozo de metal
    de toda esperanza y de todo miedo
Sin embargo
        el amor dedica a la aventura
            estos rostros
        y la aventura dedica al amor
estas carreteras aparentemente solitarias

Imitación de Verlaine

La noche infinitamente silenciosa de México DF
abre la boca y un muchacho de 18 años se inclina otra vez
frente a sus calles, observando, sin parpadear, los collares y
los asesinatos, los periódicos viejos y
los accidentes automovilísticos, que similares a un
      público
rodean el salón de vals, sus fronteras ambiguas, donde él,
vestido con pantalón vaquero y camisa blanca,
saluda de nuevo a una muchacha de ojos brillantes.

Y las copas tristes van de mano en mano por la larga mesa
de las conversaciones nostálgicas de los desempleados:
noches pasadas en un Vips o en un chino, observando
las transparentes velas que los ángeles apagaban (a través
de ese murmullo él siente el contorno de voces muy
      remotas)
cuando las palabras indicadas para saludarse
eran escogidas entre los muchos letreros luminosos.
Cierta elegancia en los gestos de los sonámbulos,
o en su blanca, silenciosa y veloz manera de amar,
que el muchacho quiere estudiar antes de morir.

Fuga

Todavía aparezco en tus sueños
En la noche de México!
Cuando las demás imágenes
Se retiran silenciosamente
Y la luna se oculta detrás de un jardín
Que algún día los niños se comerán

Todavía
Sin que te lo puedas explicar
   (Y sin que yo me lo pueda explicar)
Ilimitado hechizo de México DF
Cuando las demás imágenes son
Dientes brillando en la noche

O palmeras o automóviles rojos
Aparcados delante de un cine
En donde un desempleado habla en inglés
Con su caballo blanco

Velocidad de las avenidas
Y lentitud de las avalanchas
El resplandor de nuestras cabelleras
Que se reencuentran y pierden en la noche!

Una cámara de cine empotrada
En el vientre del infinito

El aire

I

Absurda poesía es otoño en México la pagan
Y no preguntar qué es lo que sueñas
Tu verdadero amor te dice adiós

Fueran tal vez los libros ganados y perdidos
Quienes rodearan tu sombra esta noche
Inútil masturbarse inútil tomar café

El mejor poeta y es tan tarde
Está cantando el vacío a lo lejos
Absurda poesía en México la pagan

II

Caminos nuevamente escribo sobre caminos
La mejor manera de hacer el amor
Y el gato rojo en el tejado

Gasolineras pequeños bosques de pino
En el único camping de Évora
La maravilla dentro de tu boca

El diablo y el sol la sombra
De nuestra soledad en las carreteras
Y el gato rojo en el tejado

III

Vuelvo a las largas vacaciones con Lisa
Tan sólo para preguntar qué fue
Aquello que me hizo feliz

Dueño de mi maldad y de mi bondad
No obstante colgado de un hilo
Siempre colgado de un hilo

Fuera tal vez la sonrisa de Lisa
Mi espíritu como un cerdo en el vacío
Aquello que me hizo feliz

IV

Hermosas muchachas que en 1980
Cumplirán 30 años esto es una luz
Esto es una barca detenida a orillas del río

Nada hay más sereno que tus piernas abiertas
Tus ojos abiertos bajo las ramas de los sauces
Y tus dedos que recorren la madera

Nada hay más sereno que tus vestidos
El atardecer sus lentas horas
Y la barca vacía en medio del río

V

Ya que estamos aquí aprendamos algo
Entre los cortocircuitos entre las casas
Que visitamos para arreglar una avería

Somos las manos heladas el acto detenido
De aquel que abrió el refrigerador
En el momento en que la muerte regresaba

Estamos aquí para describir maravillas
Soñemos que habla el que no pudo referir su historia
En el momento en que la muerte regresaba

VI

Así como los ojos del pandillero en el callejón
Algo vagamente poético y perseguido
En el límite ordenas tus materiales

Sucias ventanas del puerto de Barcelona
El viento arrastra periódicos y polvo
Rica mortaja para un muchacho muerto

Pudieran tal vez mis pasos oscurecerlo todo
Algo vagamente inmortal y salvaje
Así como los ojos del pandillero en el callejón

VII

Busquemos la felicidad bajo las uñas
Reconocimiento de la fortuna y la desgracia
Del joven Platón esta locura

Llueve alrededor de la tierra
Pueblo miserable a un paso de los dioses
En la sala de lecturas del Infierno

En la guillotina bajo radiadores lácteos
Reconocimiento de la herida y de la dicha
En la sala de lecturas del Infierno

VIII

Entre las cajas que viajan a un destino
Por desconocido casi absoluto casi magnético
Vas proyectando palabras en la madera

Por diversión por olvido los nombres
Frágiles como la advertencia del exterior
Y veloces en el circuito del viaje

Acaso hubiera otro pasajero otros ojos
Centrados en la oscuridad del juego
Por desconocido casi absoluto casi magnético

IX

Si abriera tus manos y encontrara
Detrás del rostro el árbol del terror
Seguramente me pondría a silbar

Búscame donde los gatos y las hadas
En la lenta llanura de los arrepentidos
Estoy sentado esperando a mi doble

Si abriera tus manos y encontrara
El claro río de la infancia
Pero los verdugos ya no viajan

X

Aire para sólo buscar la hora donde quieras decir
Que amas y que no puedes volver atrás
Sabiendo que ya no mientes

Y que en realidad no importa tanto haber mentido
Si eras como Josefina la Cantora
La ternura y el miedo te han hecho bien

Aire para sólo decir que amas
Sabiendo que ya no mientes
Y meter la cabeza en el vacío

Barcelona, 1980

Nenúfares

La palabra *Siempre* se baja apresuradamente de un tren expreso llamado niña bella te amo mucho-niña bella te amo mucho-niña bella te amo mucho después sólo queda la luna la silueta de un puente y el profundo silencio que precede a los descarrilamientos

llueve interminablemente dentro de una novela de tapas grises pero si abro la ventana no sólo entrará la brisa tibia a mi dormitorio también el polen y veré pájaros tomando el sol en los cables de luz y en los árboles sin embargo llueve dentro de esta novela y un hombre se aleja corriendo de un grupo de cabañas más veloz que la brisa y que los trenes y la primavera.

sombrerero loco nunca hay últimas palabras ni últimas enfermedades aprende a leer las barricadas en el semblante de los niños sombrerero loco

Posibilidades de revolución

Idilio de bailarinas en las enredaderas del atardecer
Relojes de clorofila suspendidos en el viento
Palabras que desde Valle-Inclán nadie usa
Relámpago atravesado de paisajes
Idilio de bailarinas en las nieves del poema
Dardos sobre la acuarela predilecta del viajero

¿Qué palabras decir en el centro del texto?
¿Qué imágenes guardarán las fronteras del texto?
Invierno para siempre
Miradas que se desdoblan hasta la línea roja del atardecer

Idilio de cabelleras incrustadas en otras cabelleras
Reminiscencias de juglares en el encefalograma de los
    escalpelos

En el centro del texto se alza una guillotina
Adiós, paciencia, adiós.

La Fronda

Un niño mete su mano dentro de un plato con cenizas.
Lo observan desde la ventana. Sonríen.
El niño se duerme bajo la mesa de nogal (afuera el viento
arrastra ramas verdes), y sueña
con carreteras que atraviesan valles, y con un cráter
lleno de agua, en donde su rostro se refleja
desproporcionadamente grande: quizás
una mueca de terror y agradecimiento.
Ni él mismo entiende que retrocede, se contempla
corriendo por el valle, subiendo una y otra vez
a los bordes del cráter. No pasa nada.
Alguien comenta que las tardes se están poniendo
calurosas y que el equipo local ganó
un partido fuera de casa.
El niño arroja una piedra al agua. Las ondas
le llevan su imagen hasta la orilla, donde él
recoge algunos pedazos, así como también
recoge piedras raras y flores.

Muchos años después
(después de subterráneos, después de luchas en
      subterráneos,
después de fotografías de luchas en subterráneos),
un muchacho con los dientes podridos
regresa a La Fronda.

México DF, noviembre 1976

Niña rubia

Esta niña ya no duerme:
    su insomnio es un pájaro blanco
    que dolorosamente se estrella contra las ventanas
    incapaz de vivir en invierno,
una manera de peinarse
    encerrada en los baños.
Mi camarada y yo le acariciamos la piel de durazno:
—¿Qué haces en la noche?
—Lloro, pienso

México DF, noviembre 1975

Composición de Cecilia en el molino

Está rodeada de malos dibujantes y en su mano
    sostiene
una taza de bakelita con té. El cabello amarrado,
un cintillo de trigo, lacio sobre la espalda.
Su cara es extrañamente fea, el cuerpo largo como
escultura de Giacometti, y en un intervalo dice
que le gusta que la pinten y que está caliente
como lobezna, ayer no durmió bien.
Rodeada de dibujantes americanos, Carla y yo
la contemplamos cuando la luz de los focos de 200
se posa en sus senos. Su cuerpo se proyecta
hacia su cuerpo, «y no es vanidad» dice.
Una modelo mental, pero sus nalgas de almendra
y su maxifalda tirada junto a mi chaqueta
la desmienten: esta niña puede levantarse
en cualquier momento y correr. Un dibujo
proyectado hacia el futuro, cada línea
una raíz vertiginosa, contornos de pupila loca.
Cada cuerpo se proyecta hacia otro cuerpo,
aun la muerte es una ronda, astutos y bellos.
O una hoja de encino que sube ante el asombro
de los paseantes, moviéndose en el fondo
de una acuarela alba, que es mirada con tristeza.
O los recuerdos de mares espumosos y caletas
sombrías, expresados mientras posa con los brazos
en las caderas, el pelo es una nube, y sonríe
como si tuviera en su lengua un gajo de naranja
y todos lo ignoraran.
¿Es bueno ser bella y no comprenderlo?

Ya entonces está sola y la tarde se desliza
por las paredes del estudio. Y ella se cubre con
    un trapo
húmedo, como si esperara a alguien.

1976

Extraño maniquí

A Jorge Pimentel

Extraño maniquí de una tienda del Metro, qué manera de
    observarme
y presentirme más allá de todo puente
mirando el océano o un lago enorme
como si de él esperara aventura y amor
Y puede un grito de muchacha en plena noche
convencerme de la utilidad de mi rostro
o se velan los instantes, placas de cobre al rojo vivo
la memoria del amor negándose tres veces
en aras de otra especie de amor
Y así nos endurecemos sin abandonar la pajarera
desvalorizándonos
o bien volvemos a una casa pequeñísima
donde nos espera sentada en la cocina una mujer

Extraño maniquí de una tienda del Metro
qué manera de comunicarte conmigo, soltero y violento
y presentirme más allá de todo
solamente me ofreces nalgas y senos
estrellas platinadas y sexos espumosos

No me hagas llorar en el tren naranja
ni en las escaleras eléctricas
ni saliendo repentinamente a marzo
ni cuando imagines, si imaginas, mis pasos de veterano
    absoluto
nuevamente bailando por los desfiladeros

Extraño maniquí de una tienda del Metro
así como se inclina el sol y las sombras de los rascacielos
irás inclinando tus manos
así como se apagan los colores y las luces de colores
se apagarán tus ojos

¿Quién te mudará de vestido entonces?
Yo sé quién te mudará de vestido entonces

1976

Alrededor de Lacan

Pese al miedo aún queda un escribiente
haciendo su trabajo   Está solo
en un edificio pobre y silencioso
No se escuchan automóviles ni voces
Pese al miedo él hace su trabajo
Pese a la inutilidad, al vacío de la poesía

En una fotografía de Lacan impartiendo un curso
se puede ver a una muchacha, de pie a su lado
izquierdo, unos tres metros de distancia, fumando
apoyada en la pared, el rostro vuelto hacia Lacan,
los ojos no mirando la mano que el psiquiatra
inmoviliza en el aire, sino su rostro: los ojos
de él miran a sus estudiantes y los de ella,
que seguramente llegó tarde y por eso no se pudo
sentar, lo miran a él, con ternura y algo de tristeza,
con indiferencia, como si acabara de hacer el amor
esa misma mañana, y pese a que todo *estuvo bien,* algo,
ella lo intuye, no funcionara.
La soledad de la muchacha remonta los años,
y su mirada, además de desdoblarse en la mirada
de otras muchachas frente a aparadores comerciales
o viajando por países del Tercer Mundo, es semejante
a la palabra escuchada en sueños, que a veces nos explica
contra qué hay que abandonar lo que más amamos
y correr, cuando el sueño se transforma en pesadilla,
por universidades interminables hacia los fracturados
  brazos

de ciertos ángeles; pero sabemos que estamos soñando.
Y la soledad sólo es una fotografía en blancos y negros
diluidos, una tormenta dibujada en un papel,
y la muchacha vuelve su rostro ovalado, sus ojos
se ladean en la dirección de Lacan, y entre ella y él
hay una mujer que parece que escribiera la lección
para que la vehemencia sea leída en los años venideros.

*

La estudiante mira con pureza, ella sí sabe que
no va a salvarse. Lo que ha dejado o lo que dejará,
aquello que le dará una forma, le abrirá también el vacío.
Mira con pureza, hizo el amor en la mañana, o en la noche
del día anterior (con un muchacho de destino similar
o con una broma cruel y cotidiana que se juega a sí misma)
y sabe de algún modo que no va a salvarse. Los ojos
de Lacan están hundidos, el izquierdo en el perfil oculto,
el derecho en una depresión que la cámara no capta.
Este Lacan de labios entreabiertos, levantando la mano
izquierda, los dedos extendidos, fuertes, la abundante
cabellera peinada hacia atrás, con una camisa oscura
y una chaqueta oscura, dando la espalda a una gran
pizarra con constelaciones de tiza, palabras legibles ahora
de otra manera, y números licuados en nubes, de
una clase anterior, tal vez ya olvidada cuando sacaron
la foto y tomaron, sin desearlo, por supuesto,
a esa bella muchacha sosteniendo un cigarrillo, en
los amaneceres fijos de la memoria, algo así como
la confidencia de una niña salvaje que besa al azar
en las escaleras de incendio de poema.

*

No importa hacia dónde te arrastre el viento
(Sí. Pero me gustaría ver a Séneca en este lugar)

566

La sabiduría consiste en mantener los ojos abiertos
durante la caída   (¿Bloques sónicos
de desesperación?)   Estudiar en las estaciones
de policía   Meditar durante los fines de semana
sin dinero   (Tópicos que has de repetir, dijo
la voz en off, sin considerarte desdichado)
Ciudades supermercados fronteras
(¿Un Séneca pálido? ¿Un bistec sobre el mármol?)
De la angustia aún no hemos hablado
(Basta ya. Dialéctica obscena)
Ese vigor irreversible que abrasará tus derroteros

No les importa

Trece o catorce personas en la comisaría.
Esperan a que los llamen.
Sentados en sillas de madera
hablan, algunos vociferan,
uno llora y más de uno
está en silencio.
Ni flores del arroyo ni pálidas
estatuas demolidas: el tiempo
vehemente no les concede
metáforas. Símbolos acaso,
pero diluidos en otras imágenes,
en el ruido de la supervivencia.
Valientes y cobardes, esperan.
Se ríen, hacen bromas procaces.
Los policías, con nuestros ojos,
los observan.
En las ruedas de reconocimiento
se comportan como reyes destronados,
macarras en bancarrota.
En el infortunio son estoicos,
y no muy inteligentes,
y el infortunio es cada día.
Ahora esperan a que los llamen.
No pueden fumar.
Son trece o catorce y alguno está pillado.
De forma resignada
todos están arrepentidos.
El aire que les permite
respirar y seguir vivos

también se arrepiente.
Afuera hace frío, mucho frío,
pero eso a ellos no les importa.

también se arrepiente.
Ahora hace frío, mucho frío,
pero eso a ellos no les importa.

Equidistancia

¿Dónde están los muertos?
Pasean.
Pasean por viejas calles hablando
en el vago micénico de los sueños.
Hablando de otras épocas.
Hablando de méritos ajenos.
¿Dónde están los muertos?
Pasean
por ciudades que uno conoce
en las pesadillas de las primeras noches
de invierno.
El muerto me habla de su padre.
Dice que era bueno, mucho mejor que él.
Yo sé que eso no es cierto.
Pero de alguna forma comprendo.
He salido de una casa caótica,
tal vez a hacer un recado.
Y de repente estoy paseando con el muerto
hasta un lugar que llaman
la corona del crepúsculo.
Sé que dentro de poco todo se habrá acabado.
Y el que habla en micénico
desaparecerá detrás de una tormenta
o de un dolor en los ojos.
También sé
que esos méritos ajenos,
esas nostalgias invernales
son un paseo, nada más que un paseo.

Y que allí habitan esos atletas del crepúsculo.
Los esqueletos temblorosos.
Los equilibristas de la moral.

La sombra

A esto se reduce todo: mendigar y tener memoria.
Y caminar bajo los relámpagos
por una calle de casas vacías.
A esto se reduce todo: no detenerse nunca
salvo para fumar un último cigarrillo
y caminar bajo los relámpagos.
Sin paciencia ni impaciencia:
como un mendigo de hielo
en el último asiento
de un autobús nocturno.
Y si la voz de un desconocido dice
navaja. Y si la voz
dice *cuerpo desangrado*
y *latidos del corazón.*
Y si la voz.
Mendigar y tener memoria,
tener memoria y mendigar.
Y caminar como un loco mal sedado
bajo la noche de los médiums.
Y bajo la noche de los músicos.
Y bajo la noche
de los que tienen algo que ocultar.
De los que siempre
tienen algo que ocultar.
Y entonces callar de forma repentina
y mirar el fondo del autobús.
Y ver la sombra.

El padre cobarde

Antes de morirme me será dado recordar el árbol
de mi estirpe: un abuelo valiente
y un padre cariñoso y cobarde.
Yo, que viví como hombre entre hombres
ahora me sumerjo por un instante
en la corriente
de las imágenes.
Y así puedo ver otra vez, o tal vez por vez primera,
los caballos y las peleas, los trenes y los rostros
de las mujeres que amé.
Libros leídos, libros escritos, los amigos,
la fama.
Puedo ver el dolor de los años que viví en esta tierra
y la cuota de sufrimiento que causé
y que me pertenece.
El árbol de mi estirpe y de la implacable ley.
Pero sé que la última imagen que verán mis ojos
no será la de una mujer ni tampoco la de un valiente
(conocí a muchos y sin duda yo también lo fui)
sino el rostro de mi padre en los años en que yo tenía seis
inclinándose sobre mi rostro huraño:
cuán atento, con cuánto amor,
y dándome un beso.

Pistola en el fondo del mar

*Me da mucha confianza este hombre: me
parece que no tiene encima ninguna
señal de ir a ahogarse, sino que tiene
perfecta cara de ir a acabar en la horca.*
WILLIAM SHAKESPEARE, *La tempestad*

Naufragios, hundimientos, zozobras, la gavia en el pico,
el alma amurada a una bala de estiércol, desarbolado
como el esqueleto del Dr. Mortis atravesé el Golfo de
    Penas
y el Canal de los Insectos, jugando al póker y también al
    mus,
como el gángster elegante que siempre quise ser,
pero en compañía de ratones y de hienas, no de lobos,
jodido y jodiendo, tranquilo, tranquilo, como si tuviera
    la casa
de citas en el fondo de mi cerebro, bien amueblada,
con equipo moderno, fotografiando la hora clave del
    incesto,
en la parte blanda del negocio y en la parte oscura,
sin ponerse tierno, la mente en blanco, el ojo funesto
que todo lo toca con dedos de hielo, capitán
o marinero, besando putas viejas y destejiendo
la vida o el hilo de Ariadna, botón de desastres
o ramo de abeto, en las navidades de mi mente,
repitiendo, curioseando, quedándome quieto
mientras pasaba la muerte con sus gángsters y sus
    fierros,

armas para competir en la Olimpiada del Infierno,
pero sin tocar mi botón, mi tesoro, mi cerebro,
mi astucia de enfermo, sin desvelar mi secreto,
mi muñeca, mi agua vital de gángster erectus.

Cueca del norte

armas para conquistar en la Obsumada del Infierno,
pero sin tocar mi botón, mi tesoro, mi cerebro,
mi ysquira de extraño, sin descubrir mi secreto,
mi amitara, mi agua vital de ángustia eterna.

Estaba Roberto Bolaño
paseando con una gringa
muy tranquilo, vaya apaño
cuando se fue el sol como chinga.
Y esto que cuento es verídico
y además lo dejó helado
una nube le dijo: edípico
otra le dijo: cuidado.
Que vienen los vientos del Polo
sin respetar jerarquías,
a unos los matan con dolo
a otros los cuidan sus tías.
Y si usted no es de estas tierras
póngase un suéter inglés
o una bufanda de guerra
o el abrigo del Corto Maltés.
Ay, sol, cómo te extraño
dijo Roberto Bolaño.

Ojos que se pierden en la noche delirante

Ojos que se pierden en la noche delirante
y que una vez fueron galantes.
En la noche sintomática
tú apareces contando un chiste
que eres tú mismo: vagabundo asmático
de la noche en llamas.
Escapado de un frenopático
le dices órale buey a la luna.
Árbol chino, ramas hepáticas
que se extienden por nuestras venas.
En medio del desfile de los dioses pancreáticos
y de las melancólicas azucenas,
llegas tú, príncipe temático,
trayendo la mala nueva.
Tu chiste hecho de carne axiomática nos sacude y
    aligera
¿Pero adónde ir con la profecía esquemática
en la noche de la fiebre y la ceguera?
Danzarán hechos de sangre espermática,
respiras ahora como respira el tiempo.
Tu chiste es el grito programático
que dibuja un pez y una tijera
en la oscura arena de una playa ática
donde nada hay, donde nada queda.

Lo recuerdo.
También yo viví
Aquel instante
Único
A los veinte años
En un lugar
Del hemisferio
Sur.
El poema
De las pinzas
Suspendidas
En el aire
Helado.
Frío y miedo
Pero no
Porque el instante
En sí
Nos aterrorizara.
La majestad
No aterroriza
Sólo pasa.
Frío y miedo
Porque así éramos
Sólo jóvenes
Y nada teníamos
Sino nuestro
Valor
Y nuestro humor.
Valores relativos

Apoyos nulos
En la Antártida
Instantánea
Del poema.
Y pensamos
O al menos
Yo pensé
Que de aquella
Caja
De errores y casualidades
No saldríamos
Con vida.
Y así transcurrió
La totalidad
Del instante
Sus fragmentos
Reales.
Y ahora
Aún vivo
Sólo recuerdo
El vapor
De nuestras bocas
Y el calor
De nuestros ojos
Y
De nuestros corazones.
Y no consigo
Entender
Qué pasó.

En sueños íbamos corriendo con los cabellos terriblemente imitadores de ciertas cualidades naturales
(Lisa Johnson en la casa de Versalles)

Conocí niños como Demian o Gisèle Prassinos, sonrosados a las doce de la noche, esperando un tranvía. Conocí adolescentes de cuellos sucios, hojeando libros de matemáticas, en cafeterías de plástico.

Ojos orgullosos bajo cejas desoladas

consigna del primer grupo comunista homosexual de México
Conocí muchachas flacas, desnudas sobre camas de latón, que miraban nerviosas las ventanas del hotel, como presintiendo la llegada del asesino de putas. Muchachas de hueso y minifaldas negras atravesando veloces la zona roja:

que no parpadea

que es gorda y estática

como la caricatura de vida que nos han dado

Blurp

Conocí ancianas de pelo blanco, o sea hadas madrinas, masticando furiosas los chicles que no vendieron, rompiendo en la vía pública absurdos billetes de lotería. Ancianas locas que a pulso salían de la alcantarilla para decir con aliento de menta:
Mirad muchachos a Wilhelm Reich pensando a un lado del río.
Mirad muchachos cómo caen al cemento las hojas del naranjo.

Leyendo poemas en un parque frente a una gasolinera

Descubrí tu libro y me lo robé. Yo, perplejo, yo, sudando y soñando, perplejo arriba de un sauce escupiendo tus poesías escritas en inglés, o francés yo qué sé. Descubrí un sol corrompido, un ala en mi café, seda bajo mi cama. Yo te recuerdo en el desierto, desnudo y con una metralladora. Y en tu frente calcinada brillaba como mierda de oro la esperanza.

Je, je, Capitalismo Niño.

Verdinegros campos del Olvido, con cipreses

y eucaliptos, caminos amarillos

que a ninguna parte conducían

si de conducir se trataba, si de cantar

sagas infantiles

—con el bombín de Oliver Twist, con la boina del Che Guevara hasta la nariz—

se trataba. Y no,

nada de eso.

Ji, ji, Capitalismo Adolescente

(Casa de la Tijera)

¿Ahora yo?

Yo me paré en la punta de un poto recitando

cachos de la «Oda a la hipotenusa Carmen Lazo»

Yo tomé chicha en cueros grabados
con la imagen de los doce amigos.

Y viajé por los mares amorosos

Y callé el hocico de muchacho

Dieciocho abriles, literato en camiseta

contemplando al niño que era un moco.

Yo fui un moco solitario y barroco

en una inmensa pared.

Descubrí tu libro y me lo robé. En el horizonte las
manchas azules de la policía son promesas de Bluebirds, de
primaveras civilizadas.
Vive feliz. Vive feliz.

Escuchando a Thelonius Monk

Estas cosas me matan:

Tu silencio. Tus ojos llenos de justificado rencor.
Tus manitas entrelazadas. Tu cabello mojado.
Tus ojos que se cierran en cámara lenta y para siempre.
Oh, tus labios de gato de Cheshire. Y los últimos signos en
el aire, que tú, amada mía, construyes con las manos.
Me matan.

Esa niña

Esa niña que tan cruelmente agoniza entre muñecas y
    cortinas
y aroma de flores en el piso humillado

Esa niña de pelo mojado en transpiración y orejas
profundas como jardines quemados de la segunda guerra
Esa niña que rima débilmente palabras absurdas

con las pupilas fijas en los pliegues de la cama demasiado
    grande
es la vida, compañeros,

    que lánguidamente nos da la espalda

como no queriendo despedirse

Poemas de *Tres* no incluidos
por Roberto Bolaño en
La Universidad Desconocida

Poemas de Tres no incluidos
por Roberto Bolaño en
La Universidad Desconocida

Un paseo por la literatura

Para Rodrigo Pinto y Andrés Neuman

1. Soñé que Georges Perec tenía tres años y visitaba mi casa. Lo abrazaba, lo besaba, le decía que era un niño precioso.

2. A medio hacer quedamos, padre, ni cocidos ni crudos, perdidos en la grandeza de este basural interminable, errando y equivocándonos, matando y pidiendo perdón, maniacos depresivos en tu sueño, padre, tu sueño que no tenía límites y que hemos desentrañado mil veces y luego mil veces más, como detectives latinoamericanos perdidos en un laberinto de cristal y barro, viajando bajo la lluvia, viendo películas donde aparecían viejos que gritaban *¡tornado! ¡tornado!,* mirando las cosas por última vez, pero sin verlas, como espectros, como ranas en el fondo de un pozo, padre, perdidos en la miseria de tu sueño utópico, perdidos en la variedad de tus voces y de tus abismos, maniacos depresivos en la inabarcable sala del Infierno donde se cocina tu Humor.

3. A medio hacer, ni crudos ni cocidos, bipolares capaces de cabalgar el huracán.

4. En estas desolaciones, padre, donde de tu risa sólo quedaban restos arqueológicos.

5. Nosotros, los *nec spes nec metus.*

6. Y alguien dijo:

> *Hermana de nuestra memoria feroz,*
> *sobre el valor es mejor no hablar.*
> *Quien pudo vencer el miedo*
> *se hizo valiente para siempre.*
> *Bailemos, pues, mientras pasa la noche*
> *como una gigantesca caja de zapatos*
> *por encima del acantilado y la terraza,*
> *en un pliegue de la realidad, de lo posible,*
> *en donde la amabilidad no es una excepción.*
> *Bailemos en el reflejo incierto*
> *de los detectives latinoamericanos,*
> *un charco de lluvia donde se reflejan nuestros rostros*
> *cada diez años.*

Después llegó el sueño.

7. Soñé entonces que visitaba la mansión de Alonso de Ercilla. Yo tenía sesenta años y estaba despedazado por la enfermedad (literalmente me caía a pedazos). Ercilla tenía unos noventa y agonizaba en una enorme cama con dosel. El viejo me miraba desdeñoso y después me pedía un vaso de aguardiente. Yo buscaba y rebuscaba el aguardiente pero sólo encontraba aperos de montar.

8. Soñé que iba caminando por el Paseo Marítimo de Nueva York y veía a lo lejos la figura de Manuel Puig. Llevaba una camisa celeste y unos pantalones de lona ligera, azul claro o azul oscuro, depende.

9. Soñé que Macedonio Fernández aparecía en el cielo de Nueva York en forma de nube: una nube sin nariz ni orejas, pero con ojos y boca.

10. Soñé que estaba en un camino de África que de pronto se transformaba en un camino de México. Sentado en un farellón, Efraín Huerta jugaba a los dados con los poetas mendicantes del DF.

11. Soñé que en un cementerio olvidado de África encontraba la tumba de un amigo cuyo rostro ya no podía recordar.

12. Soñé que una tarde golpeaban la puerta de mi casa. Estaba nevando. Yo no tenía estufa ni dinero. Creo que hasta la luz me iban a cortar. ¿Y quién estaba al otro lado de la puerta? Enrique Lihn con una botella de vino, un paquete de comida y un cheque de la Universidad Desconocida.

13. Soñé que leía a Stendhal en la Estación Nuclear de Civitavecchia: una sombra se deslizaba por la cerámica de los reactores. Es el fantasma de Stendhal decía un joven con botas y desnudo de cintura para arriba. ¿Y tú quién eres?, le pregunté. Soy el yonqui de la cerámica, el húsar de la cerámica y de la mierda, dijo.

14. Soñé que estaba soñando, habíamos perdido la revolución antes de hacerla y decidía volver a casa. Al intentar

meterme en la cama encontraba a De Quincey durmiendo. Despierte, don Tomás, le decía, ya va a amanecer, tiene que irse. (Como si De Quincey fuera un vampiro). Pero nadie me escuchaba y volvía a salir a las calles oscuras de México DF.

15. Soñé que veía nacer y morir a Aloysius Bertrand el mismo día, casi sin intervalo de tiempo, como si los dos viviéramos dentro de un calendario de piedra perdido en el espacio.

16. Soñé que era un detective viejo y enfermo. Tan enfermo que literalmente me caía a pedazos. Iba tras las huellas de Gui Rosey. Caminaba por los barrios de un puerto que podía ser Marsella o no. Un viejo chino afable me conducía finalmente a un sótano. Esto es lo que queda de Rosey, decía. Un pequeño montón de cenizas. Tal como está, podría ser Li Po, le contestaba.

17. Soñé que era un detective viejo y enfermo y que buscaba gente perdida hace tiempo. A veces me miraba casualmente en un espejo y reconocía a Roberto Bolaño.

18. Soñé que Archibald MacLeish lloraba —apenas tres lágrimas— en la terraza de un restaurante de Cape Cod. Era más de medianoche y pese a que yo no sabía cómo volver terminábamos bebiendo y brindando por el Indómito Nuevo Mundo.

19. Soñé con los Fiambres y las Playas Olvidadas.

20. Soñé que el cadáver volvía a la Tierra Prometida montado en una Legión de Toros Mecánicos.

21. Soñé que tenía catorce años y que era el último ser humano del Hemisferio Sur que leía a los hermanos Goncourt.

22. Soñé que encontraba a Gabriela Mistral en una aldea africana. Había adelgazado un poco y adquirido la costumbre de dormir sentada en el suelo con la cabeza sobre las rodillas. Hasta los mosquitos parecían conocerla.

23. Soñé que volvía de África en un autobús lleno de animales muertos. En una frontera cualquiera aparecía un veterinario sin rostro. Su cara era como un gas, pero yo sabía quién era.

24. Soñé que Philip K. Dick paseaba por la Estación Nuclear de Civitavecchia.

25. Soñé que Arquíloco atravesaba un desierto de huesos humanos. Se daba ánimos a sí mismo: «Vamos, Arquíloco, no desfallezcas, adelante, adelante».

26. Soñé que tenía quince años y que iba a la casa de Nicanor Parra a despedirme. Lo encontraba de pie, apoyado en una pared negra. ¿Adónde vas, Bolaño?, decía. Lejos del Hemisferio Sur, le contestaba.

27. Soñé que tenía quince años y que, en efecto, me marchaba del Hemisferio Sur. Al meter en mi mochila el único libro que tenía (*Trilce,* de Vallejo), éste se quemaba. Eran las siete de la tarde y yo arrojaba mi mochila chamuscada por la ventana.

28. Soñé que tenía dieciséis y que Martín Adán me daba clases de piano. Los dedos del viejo, largos como los del Fantástico Hombre de Goma, se hundían en el suelo y tecleaban sobre una cadena de volcanes subterráneos.

29. Soñé que traducía a Virgilio con una piedra. Yo estaba desnudo sobre una gran losa de basalto y el sol, como decían los pilotos de caza, flotaba peligrosamente a las 5.

30. Soñé que estaba muriéndome en un patio africano y que un poeta llamado Paulin Joachim me hablaba en francés (sólo entendía fragmentos como «*el consuelo*», «*el tiempo*», «*los años que vendrán*») mientras un mono ahorcado se balanceaba de la rama de un árbol.

31. Soñé que la Tierra se acababa. Y que el único ser humano que contemplaba el final era Franz Kafka. En el cielo los Titanes luchaban a muerte. Desde un asiento de hierro forjado del parque de Nueva York Kafka veía arder el mundo.

32. Soñé que estaba soñando y que volvía a mi casa demasiado tarde. En mi cama encontraba a Mário de Sá-Carneiro durmiendo con mi primer amor. Al destaparlos descu-

bría que estaban muertos y mordiéndome los labios hasta hacerme sangre volvía a los caminos vecinales.

33. Soñé que Anacreonte construía su castillo en la cima de una colina pelada y luego lo destruía.

34. Soñé que era un detective latinoamericano muy viejo. Vivía en Nueva York y Mark Twain me contrataba para salvarle la vida a alguien que no tenía rostro. Va a ser un caso condenadamente difícil, señor Twain, le decía.

35. Soñé que me enamoraba de Alice Sheldon. Ella no me quería. Así que intentaba hacerme matar en tres continentes. Pasaban los años. Por fin, cuando ya era muy viejo, ella aparecía por el otro extremo del Paseo Marítimo de Nueva York y mediante señas (como las que hacían en los portaaviones para que los pilotos aterrizaran) me decía que siempre me había querido.

36. Soñé que hacía un 69 con Anaïs Nin sobre una enorme losa de basalto.

37. Soñé que follaba con Carson McCullers en una habitación en penumbras en la primavera de 1981. Y los dos nos sentíamos irracionalmente felices.

38. Soñé que volvía a mi viejo liceo y que Alphonse Daudet era mi profesor de Francés. Algo imperceptible nos indicaba que estábamos soñando. Daudet miraba a cada rato por la ventana y fumaba la pipa de Tartarín.

39. Soñé que me quedaba dormido mientras mis compañeros de liceo intentaban liberar a Robert Desnos del campo de concentración de Terezin. Cuando despertaba una voz me ordenaba que me pusiera en movimiento. Rápido, Bolaño, rápido, no hay tiempo que perder. Al llegar sólo encontraba a un viejo detective escarbando en las ruinas humeantes del asalto.

40. Soñé que una tormenta de números fantasmales era lo único que quedaba de los seres humanos tres mil millones de años después de que la Tierra hubiera dejado de existir.

41. Soñé que estaba soñando y que en los túneles de los sueños encontraba el sueño de Roque Dalton: el sueño de los valientes que murieron por una quimera de mierda.

42. Soñé que tenía dieciocho años y que veía a mi mejor amigo de entonces, que también tenía dieciocho, haciendo el amor con Walt Whitman. Lo hacían en un sillón, contemplando el atardecer borrascoso de Civitavecchia.

43. Soñé que estaba preso y que Boecio era mi compañero de celda. Mira, Bolaño, decía extendiendo la mano y la pluma en la semioscuridad: ¡no tiemblan!, ¡no tiemblan! (Después de un rato, añadía con voz tranquila: pero temblarán cuando reconozcan al cabrón de Teodorico).

44. Soñé que traducía al Marqués de Sade a golpes de hacha. Me había vuelto loco y vivía en un bosque.

45. Soñé que Pascal hablaba del miedo con palabras cristalinas en una taberna de Civitavecchia: «Los milagros no sirven para convertir, sino para condenar», decía.

46. Soñé que era un viejo detective latinoamericano y que una fundación misteriosa me encargaba encontrar las actas de defunción de los Sudacas Voladores. Viajaba por todo el mundo: hospitales, campos de batalla, pulquerías, escuelas abandonadas.

47. Soñé que Baudelaire hacía el amor con una sombra en una habitación donde se había cometido un crimen. Pero a Baudelaire no le importaba. Siempre es lo mismo, decía.

48. Soñé que una adolescente de dieciséis años entraba en el túnel de los sueños y nos despertaba con dos tipos de vara. La niña vivía en un manicomio y poco a poco se iba volviendo más loca.

49. Soñé que en las diligencias que entraban y salían de Civitavecchia veía el rostro de Marcel Schwob. La visión era fugaz. Un rostro casi translúcido, con los ojos cansados, apretado de felicidad y de dolor.

50. Soñé que después de la tormenta un escritor ruso y también sus amigos franceses optaban por la felicidad. Sin preguntar ni pedir nada. Como quien se derrumba sin sentido sobre su alfombra favorita.

51. Soñé que los soñadores habían ido a la guerra florida. Nadie había regresado. En los tablones de cuarteles olvidados en las montañas alcancé a leer algunos nombres. Desde un lugar remoto una voz transmitía una y otra vez las consignas por las que ellos se habían condenado.

52. Soñé que el viento movía el letrero gastado de una taberna. En el interior James Matthew Barrie jugaba a los dados con cinco caballeros amenazantes.

53. Soñé que volvía a los caminos, pero esta vez ya no tenía quince años sino más de cuarenta. Sólo poseía un libro, que llevaba en mi pequeña mochila. De pronto, mientras iba caminando, el libro comenzaba a arder. Amanecía y casi no pasaban coches. Mientras arrojaba la mochila chamuscada en una acequia sentí que la espalda me escocía como si tuviera alas.

54. Soñé que los caminos de África estaban llenos de gambusinos, bandeirantes, sumulistas.

55. Soñé que nadie muere la víspera.

56. Soñé que un hombre volvía la vista atrás, sobre el paisaje anamórfico de los sueños, y que su mirada era dura como el acero pero igual se fragmentaba en múltiples miradas cada vez más inocentes, cada vez más desvalidas.

57. Soñé que Georges Perec tenía tres años y lloraba des-consoladamente. Yo intentaba calmarlo. Lo tomaba en bra-zos, le compraba golosinas, libros para pintar. Luego nos íbamos al Paseo Marítimo de Nueva York y mientras él jugaba en el tobogán yo me decía a mí mismo: no sirvo para nada, pero serviré para cuidarte, nadie te hará daño, nadie intentará matarte. Después se ponía a llover y volvía-mos tranquilamente a casa. ¿Pero dónde estaba nuestra casa?

Poemas de *Los perros románticos*
no incluidos por Roberto Bolaño
en *La Universidad Desconocida*

Sangriento día de lluvia

Ah, sangriento día de lluvia,
qué haces en el alma de los desamparados,
sangriento día de voluntad apenas entrevista:
detrás de la cortina de juncos, en el barrizal,
con los dedos de los pies agarrotados en el dolor
como un animal pequeño y tembloroso:
pero tú no eres pequeño y tus temblores son de placer,
día revestido con las potencias de la voluntad,
aterido y fijo en un barrizal que acaso no sea
de este mundo, descalzo en medio del sueño que se
    mueve
desde nuestros corazones hasta nuestras necesidades,
desde la ira hasta el deseo: cortina de juncos
que se abre y nos ensucia y nos abraza.

El mono exterior

¿Te acuerdas del *Triunfo de Alejandro Magno*, de Gustave
   Moreau?
La belleza y el terror, el instante de cristal en que se
   corta
la respiración. Pero tú no te detuviste bajo esa cúpula
en penumbras, bajo esa cúpula iluminada por los
   feroces
rayos de armonía. Ni se te cortó la respiración.
Caminaste como un mono infatigable entre los dioses
pues sabías —o tal vez no— que el *Triunfo* desplegaba
sus armas bajo la caverna de Platón: imágenes,
sombras sin sustancia, soberanía del vacío. Tú querías
alcanzar el árbol y el pájaro, los restos
de una pobre fiesta al aire libre, la tierra yerma
regada con sangre, el escenario del crimen donde pacen
las estatuas de los fotógrafos y de los policías, y la
   pugnaz vida
a la intemperie. ¡Ah, la pugnaz vida a la intemperie!

Sucio, mal vestido

En el camino de los perros mi alma encontró
a mi corazón. Destrozado, pero vivo,
sucio, mal vestido y lleno de amor.
En el camino de los perros, allí donde no quiere ir
    nadie.
Un camino que sólo recorren los poetas
cuando ya no les queda nada por hacer.
¡Pero yo tenía tantas cosas que hacer todavía!
Y sin embargo allí estaba: haciéndome matar
por las hormigas rojas y también
por las hormigas negras, recorriendo las aldeas
vacías: el espanto que se elevaba
hasta tocar las estrellas.
Un chileno educado en México lo puede soportar todo,
pensaba, pero no era verdad.
Por las noches mi corazón lloraba. El río del ser, decían
unos labios afiebrados que luego descubrí eran los míos,
el río del ser, el río del ser, el éxtasis
que se pliega en la ribera de estas aldeas abandonadas.
Sumulistas y teólogos, adivinadores
y salteadores de caminos emergieron
como realidades acuáticas en medio de una realidad
    metálica.
Sólo la fiebre y la poesía provocan visiones.
Sólo el amor y la memoria.
No estos caminos ni estas llanuras.
No estos laberintos.
Hasta que por fin mi alma encontró a mi corazón.
Estaba enfermo, es cierto, pero estaba vivo.

Soñé con detectives helados en el gran
refrigerador de Los Ángeles
en el gran refrigerador de México DF.

La visita al convaleciente

Es 1976 y la Revolución ha sido derrotada
pero aún no lo sabemos.
Tenemos 22, 23 años.
Mario Santiago y yo caminamos por una calle en blanco
     y negro.
Al final de la calle, en una vecindad escapada de una
     película de los años cincuenta está la casa de los
               padres de Darío Galicia.
Es el año 1976 y a Darío Galicia le han trepanado el
     cerebro.
Está vivo, la Revolución ha sido derrotada, el día es
     bonito
pese a los nubarrones que avanzan lentamente desde el
     norte cruzando el valle.
Darío nos recibe recostado en un diván.
Pero antes hablamos con sus padres, dos personas ya
     mayores, el señor y la señora Ardilla que
               contemplan cómo el bosque se quema desde
                         una rama verde suspendida en el sueño.
Y la madre nos mira y no nos ve o ve cosas de nosotros
que nosotros no sabemos.
Es 1976 y aunque todas las puertas parecen abiertas,
de hecho, si prestáramos atención, podríamos oír
     cómo una a una las puertas se cierran.
Las puertas: secciones de metal, planchas de acero
     reforzado, una a una se van cerrando en la película
               del infinito.
Pero nosotros tenemos 22 o 23 años y el infinito no nos
     asusta.

607

A Darío Galicia le han trepanado el cerebro, ¡dos veces!,
y uno de los aneurismas se le reventó en medio del
    Sueño.
Los amigos dicen que ha perdido la memoria.
Así, pues, Mario y yo nos abrimos paso entre películas
    mexicanas de los cuarenta
y llegamos hasta sus manos flacas que reposan sobre las
    rodillas en un gesto de plácida espera.
Es 1976 y es México y los amigos dicen que Darío lo ha
    olvidado todo,
incluso su propia homosexualidad.
Y el padre de Darío dice que no hay mal que por bien no
    venga.
Y afuera llueve a cántaros:
en el patio de la vecindad la lluvia barre las escaleras
y los pasillos
y se desliza por los rostros de Tin Tan, Resortes y Calambres
que velan en la semitransparencia el año de 1976.
Y Darío comienza a hablar. Está emocionado.
Está contento de que lo hayamos ido a visitar.
Su voz como la de un pájaro: aguda, otra voz,
como si le hubieran hecho algo en las cuerdas vocales.
Ya le crece el pelo pero aún pueden verse las cicatrices de
    la trepanación.
Estoy bien, dice.
A veces el sueño es tan monótono.
Rincones, regiones desconocidas, pero del mismo sueño.
Naturalmente no ha olvidado que es homosexual (nos
    reímos),
como tampoco ha olvidado respirar.
Estuve a punto de morir, dice después de pensarlo mucho.
Por un momento creemos que va a llorar.
Pero no es él el que llora.
Tampoco es Mario ni yo.
Sin embargo alguien llora mientras atardece con una
    lentitud inaudita.

Y Darío dice: el pire definitivo y habla de Vera que
    estuvo con él en el hospital y de otros rostros que
        Mario y yo no conocemos y que ahora él
            tampoco reconoce.
El pire en blanco y negro de las películas de los
    cuarenta-cincuenta.
Pedro Infante y Tony Aguilar vestidos de policías
recorriendo en sus motos el atardecer infinito de México.
Y alguien llora pero no somos nosotros.
Si escucháramos con atención podríamos oír los
    portazos de la historia o del destino.
Pero nosotros sólo escuchamos los hipos de alguien que
    llora
en alguna parte.
Y Mario se pone a leer poemas.
Le lee poemas a Darío, la voz de Mario tan hermosa
    mientras afuera cae la lluvia,
y Darío susurra que le gustan los poetas franceses.
Poetas que sólo él y Mario y yo conocemos.
Muchachos de la entonces inimaginable ciudad de París
    con los ojos enrojecidos por el suicidio.
¡Cuánto le gustan!
Como a mí me gustaban las calles de México en 1968.
Tenía entonces quince años y acababa de llegar.
Era un emigrante de quince años pero las calles de
    México lo primero que me dicen
es que allí todos somos emigrantes, emigrantes del Espíritu.
Ah, las hermosas, las nunca demasiado ponderadas,
    las terribles
calles de México colgando del abismo
mientras las demás ciudades del mundo
se hunden en lo uniforme y silencioso.
Y los muchachos, los valientes muchachos homosexuales
    estampados como santos fosforescentes
        en todos estos años,
desde 1968 hasta 1976.

Como en un túnel del tiempo, el hoyo que aparece
    donde menos te lo esperas,
el hoyo metafísico de los adolescentes maricas que se
    enfrentan —¡más valientes que nadie!— a la poesía y
        a la adversidad.
Pero es el año 1976 y la cabeza de Darío Galicia tiene
    las marcas indelebles de una trepanación.
Es el año previo de los adioses
que avanza como un enorme pájaro drogado
por los callejones sin salida de una vecindad
detenida en el tiempo.
Como un río de negra orina que circunvala la arteria
    principal de México,
río hablado y navegado por las ratas negras de
    Chapultepec,
río-palabra, el anillo líquido de las vecindades perdidas
    en el tiempo.
Y aunque la voz de Mario y la actual voz de Darío
aguda como la de un dibujo animado
llenen de calidez nuestro aire adverso,
yo sé que en las imágenes que nos contemplan con
    anticipada piedad,
en los iconos transparentes de la pasión mexicana,
se agazapan la gran advertencia y el gran perdón,
aquello innombrable, parte del sueño, que muchos años
    después
llamaremos con nombres varios que significan derrota.
La derrota de la poesía verdadera, la que nosotros
    escribimos con sangre.
Y semen y sudor, dice Darío.
Y lágrimas, dice Mario.
Aunque ninguno de los tres está llorando.

Godzilla en México

Atiende esto, hijo mío: las bombas caían
sobre la Ciudad de México
pero nadie se daba cuenta.
El aire llevó el veneno a través
de las calles y las ventanas abiertas.
Tú acababas de comer y veías en la tele
los dibujos animados.
Yo leía en la habitación de al lado
cuando supe que íbamos a morir.
Pese al mareo y las náuseas me arrastré
hasta el comedor y te encontré en el suelo.
Nos abrazamos. Me preguntaste qué pasaba
y yo no dije que estábamos en el programa de la muerte
sino que íbamos a iniciar un viaje,
uno más, juntos, y que no tuvieras miedo.
Al marcharse, la muerte ni siquiera
nos cerró los ojos.
¿Qué somos?, me preguntaste una semana o un año
       después,
¿hormigas, abejas, cifras equivocadas
en la gran sopa podrida del azar?
Somos seres humanos, hijo mío, casi pájaros,
héroes públicos y secretos.

Dino Campana revisa su biografía
en el psiquiátrico de Castel Pulci

Servía para la química, para la química pura.
Pero preferí ser un vagabundo.
Vi el amor de mi madre en las tempestades del planeta.
Vi ojos sin cuerpo, ojos ingrávidos orbitando alrededor
     de mi lecho.
Decían que no estaba bien de la cabeza.
Tomé trenes y barcos, recorrí la tierra de los justos
en la hora más temprana y con la gente más humilde:
gitanos y feriantes.
Me despertaba temprano o no dormía. En la hora
en que la niebla aún no ha despejado
y los fantasmas guardianes del sueño avisan
     inútilmente.
Oí los avisos y las alertas pero no supe descifrarlos.
No iban dirigidos a mí sino a los que dormían,
pero no supe descifrarlos.
Palabras ininteligibles, gruñidos, gritos de dolor,
     lenguas
extranjeras oí adonde quiera que fuese.
Ejercí los oficios más bajos.
Recorrí la Argentina y toda Europa en la hora en que
     todos
duermen y los fantasmas guardianes del sueño
     aparecen.
Pero guardaban el sueño de los otros y no supe
descifrar sus mensajes urgentes.
Fragmentos tal vez sí, y por eso visité los manicomios
y las cárceles. Fragmentos,
sílabas quemantes.

No creí en la posteridad, aunque a veces
creí en la Quimera.
Servía para la química, para la química pura.

Noctes, en la posteridad, aunque a veces
en la Quimera
Servid para la quietud, para la quimera para

Rayos X

Si miramos con rayos X la casa del paciente
veremos los fantasmas de los libros en estanterías
   silenciosas
o apilados en el pasillo o sobre veladores y mesas.
También veremos una libreta con dibujos, líneas y
   flechas
que divergen y se intersecan: son los viajes en compañía
de la muerte. Pero la muerte, pese al soberbio *aide-
   mémoire,*
aún no ha triunfado. Los rayos X nos dicen que el
   tiempo
se ensancha y adelgaza como la cola de un cometa
en el interior de la casa. La vida aún da los mejores
frutos. Y así como el mar prometió a Jaufré Rudel
la visión del amor, esta casa cercana al mar promete
a su habitante el sueño de la torre destruida y construida.
Si miramos, no obstante, con rayos X el interior del
   hombre
veremos huesos y sombras: fantasmas de fiestas
y paisajes en movimiento como contemplados desde un
   avión
en barrena. Veremos los ojos que él vio, los labios
que sus dedos rozaron, un cuerpo surgido
de un temporal de nieve. Y veremos el cuerpo desnudo,
tal como él lo vio, y los ojos y los labios que rozó,
y sabremos que no hay remedio.

Junto al acantilado

En hoteles que parecían organismos vivos.
En hoteles como el interior de un perro de laboratorio.
Hundidos en la ceniza.
El tipo aquel, semidesnudo, ponía la misma canción una
    y otra vez.
Y una mujer, la proyección holográfica de una mujer,
    salía a la terraza
a contemplar las pesadillas o las astillas.
Nadie entendía nada.
Todo fallaba: el sonido, la percepción de la imagen.
Pesadillas o astillas empotradas en el cielo
a las nueve de la noche.
En hoteles que parecían organismos vivos de películas de
    terror.
Como cuando uno sueña que mata a una persona
que no acaba nunca de morir.
O como aquel otro sueño: el del tipo que evita un atraco
o una violación y golpea al atracador
hasta arrojarlo al suelo y allí lo sigue golpeando
y una voz (¿pero qué voz?) le pregunta al atracador
cómo se llama
y el atracador dice tu nombre
y tú dejas de golpear y dices no puede ser, ése es mi
    nombre,
y la voz (las voces) dicen que es una casualidad,
pero tú en el fondo nunca has creído en las casualidades.
Y dices: debemos de ser parientes, tú eres el hijo
de alguno de mis tíos o de mis primos.
Pero cuando lo levantas y lo miras, tan flaco, tan frágil,

comprendes que también esa historia es mentira.
Tú eres el atracador, el violador, el rufián inepto
que rueda por las calles inútiles del sueño.
Y entonces vuelves a los hoteles-coleópteros, a los
    hoteles-araña,
a leer poesía junto al acantilado.

Bólido

El automóvil negro desaparece
en la curva del ser. Yo
aparezco en la explanada:
todos van a fallecer, dice el viejo
que se apoya en la fachada.
No me cuentes más historias:
mi camino es el camino
de la nieve, no del parecer
más alto, más guapo, mejor.
Murió Beltrán Morales,
o eso dicen, murió
Juan Luis Martínez,
Rodrigo Lira se suicidó.
Murió Philip K. Dick
y ya sólo necesitamos
lo estrictamente necesario.
Ven, métete en mi cama.
Acariciémonos toda la noche
del ser y de su negro coche.

Ni crudo ni cocido

Como quien hurga en un brasero apagado.
Como quien remueve los carbones y recuerda.
La tempestad de Shakespeare, pero una lluvia sin fin.
Como quien observa un brasero que exhala gases
    tóxicos
en una gran habitación vacía.
Aunque tal vez la grandeza de la habitación
resida en la edad del observador.
En todo caso: vacía, oscura, el suelo desigual,
con cortinas donde no deberían,
y muy pocos muebles.
Como quien mueve las brasas
y aspira a todo pulmón
el aire criminal de la infancia.
Como quien se acuclilla y piensa.
Como quien remueve el carbón
bajo *La tempestad* de Shakespeare que golpea las
    calaminas.
Como el carbón que exhala gases.
Como las brasas deshojadas como una cebolla
bajo la batuta del detective latinoamericano.
Aunque tal vez todos estemos locos
y nunca haya habido un crimen.
Como quien camina de la mano
de un maníaco depresivo.
Escuchando a la lluvia batir
los bosques, los caminos.
Como quien respira junto al brasero
y su mente remueve las brasas

una a una.
Como quien se vuelve a mirar a alguien
por última vez
y no lo ve.
Como las brasas que arden
mientras Ariel y Calibán
sostienen la soledad del muro del oeste.
Acuclillados uno frente al otro.
Como quien busca su rostro
en el corazón de la cebolla.
Hurgando, hurgando
pese al frío y los gases:
un abrigo de fantasía.
Como quien remueve el brasero apagado
con la batuta de un detective
inexistente.
Y *La tempestad* de Shakespeare
no aminora en esta isla maldita.
Ah, como quien remueve las brasas
y aspira a todo pulmón.

Los pasos de Parra

Ahora Parra camina
Ahora Parra camina por Las Cruces
Marcial y yo estamos quietos y oímos sus pisadas
Chile es un pasillo largo y estrecho
Sin salida aparente
El Flandes indiano que se quema allá a lo lejos
Un incendio rodeado de huellas
O los restos de un incendio
Y los restos de unas huellas
Que el viento va borrando
O diluyendo
Nadie te da la bienvenida a Dinamarca
Todos estamos haciendo
Lo indecible
Nadie te da la bienvenida a Dinamarca
Aquí está lloviendo
Y las cruces exhiben huellas
De hormigas y de incendios
Oh el Flandes indiano
El interminable pasillo de nuestro descontento
En donde todo lo hecho parece deshecho
El país de Zurita y de las cordilleras fritas
El país de la eterna juventud
Sin embargo llueve y nadie se moja
Excepto Parra
O sus pisadas que recorren
Estos tierrales en llamas
Petrificadas
Estos camposantos arados por bueyes

Inmóviles
Oh el Flandes indiano de nuestra lengua esquizofrénica
Toda pisada deja huella
Pero toda huella es inmóvil
Nada que ver con el hombre o la sombra
Que una vez pasó
O que en el último suspiro intentó
Materializar la cobra
Del sueño inmóvil
O de lo que en el sueño sobra
Representaciones representaciones
Carentes de sustancia
En el Flandes indiano de la fractura
Infinita
Pero nosotros sabemos que todos
Nuestros asuntos
Son finitos (alegres, sí, feroces,
Pero finitos)
La revolución se llama Atlántida
Y es feroz e infinita
Mas no sirve para nada
A caminar, entonces, latinoamericanos
A caminar a caminar
A buscar las pisadas extraviadas
De los poetas perdidos
En el fango inmóvil
A perdernos en la nada
O en la rosa de la nada
Allí donde sólo se oyen las pisadas
De Parra
Y los sueños de generaciones
Sacrificadas bajo la rueda
Y no historiadas

Intentaré olvidar   Un cuerpo que apareció durante la
    nevada
Cuando todos estábamos solos   En el parque, en el
    montículo detrás
de las canchas de básket   Dije detente y se volvió:
un rostro blanco encendido por un noble corazón
    Nunca
había visto tanta belleza   La luna se distanciaba de la
    tierra
De lejos llegaba el ruido de los coches en la autovía:
    gente
que regresaba a casa   Todos vivíamos en un anuncio
de televisión hasta que ella apartó las sucesivas
cortinas de nieve y me dejó ver su rostro: el dolor
y la belleza del mundo en su mirada   Vi huellas
diminutas sobre la nieve   Sentí el viento helado en la
    cara
En el otro extremo del parque alguien hacía señales
con una linterna   Cada copo de nieve estaba vivo
Cada huevo de insecto estaba vivo y soñaba   Pensé:
    ahora
me voy a quedar solo para siempre   Pero la nieve caía
y caía y ella no se alejaba

Bibliografía

La Universidad Desconocida

Primera parte

LA NOVELA-NIEVE

Amanecer: *Algunos poetas en Barcelona,* La Cloaca, 1978 [libro].

Tu texto... Tu forma de evitar la rodilla: Berthe Trépat, n.º 3, Girona, febrero de 1995 [revista].

El monje: *Los perros románticos,* Premios Literarios Ciudad de Irún, Fundación Social y Cultural Kutxa, 1994 [libro].

Tersites: *Le Prosa,* n.º 3, México DF, febrero de 1981 [revista]; *Los perros románticos,* Premios Literarios Ciudad de Irún, Fundación Social y Cultural Kutxa, 1994 [libro].

No enfermarse nunca: Los perros románticos, Premios Literarios Ciudad de Irún, Fundación Social y Cultural Kutxa, 1994 [libro].

GUIRAUT DE BORNELH

Se ríen los trovadores en el patio de la taberna: Le Prosa, n.º 3, México DF, febrero de 1981 [revista].

No esperes nada del combate: Viajes de ida y vuelta: Poetas chilenos en Europa, Cordillera, Santiago de Chile, 1992 [libro].

Guiraut Sentado en el patio de la taberna: Le Prosa, n.º 3, México DF, febrero de 1981 [revista].

CALLES DE BARCELONA

La pesadilla empieza por allí: Los perros románticos, Premios Literarios Ciudad de Irún, Fundación Social y Cultural Kutxa, 1994 [libro].

Los floreros disimulan: Los perros románticos, Premios Literarios Ciudad de Irún, Fundación Social y Cultural Kutxa, 1994 [libro].

Una voz de mujer dice que ama: Los perros románticos, Premios Literarios Ciudad de Irún, Fundación Social y Cultural Kutxa, 1994 [libro].

Fritz Leiber relee algunos de sus cuentos: *Trilce,* n.º 18, Madrid, julio de 1982 [revista]; *Los perros románticos,* Premios Literarios Ciudad de Irún, Fundación Social y Cultural Kutxa, 1994 [libro].

Una lectura de Conrad Aiken: *Trilce,* n.º 18, Madrid, julio de 1982 [revista]; *Viajes de ida y vuelta: Poetas chilenos en Europa,* Cordillera, Santiago de Chile, 1992 [libro].

Una lectura de Howard Frankl: *Viajes de ida y vuelta: Poetas chilenos en Europa,* Cordillera, Santiago de Chile, 1992 [libro]; *Los perros románticos,* Premios Literarios Ciudad de Irún, Fundación Social y Cultural Kutxa, 1994 [libro].

La primavera: *Los perros románticos,* Premios Literarios Ciudad de Irún, Fundación Social y Cultural Kutxa, 1994 [libro].

EN LA SALA DE LECTURAS DEL INFIERNO

Biblioteca de Poe: *Los perros románticos,* Premios Literarios Ciudad de Irún, Fundación Social y Cultural Kutxa, 1994 [libro].

En la sala de lecturas del Infierno: Le Prosa, n.º 3, México DF, febrero de 1981 [revista]; *Viajes de ida y vuelta: Poetas chilenos en Europa,* Cordillera, Santiago de Chile, 1992 [libro]; *Los perros románticos,* Premios Literarios Ciudad de Irún, Fundación Social y Cultural Kutxa, 1994 [libro]; *Los perros románticos,* Lumen, Barcelona, 2000, 1.ª edición [libro]; *Los perros románticos,* Acantilado, Barcelona, 2006, 1.ª edición [libro].

Cae fiebre como nieve: Le Prosa, n.º 3, México DF, febrero de 1981 [revista]; *Viajes de ida y vuelta: poetas chilenos en Europa,* Cordillera, Santiago de Chile, 1992; *Los perros románticos,* Premios Literarios Ciudad de Irún, Fundación Social y Cultural Kutxa, 1994 [libro].

La violencia es como la poesía: Los perros románticos, Premios Literarios Ciudad de Irún, Fundación Social y Cultural Kutxa, 1994 [libro].

Caca... Con mucho cuidado he trazado la «G»: Berthe Trépat, n.º 3, Girona, febrero de 1995 [revista].

SAN ROBERTO DE TROYA

Estoy en un bar y alguien se llama Soni: Los perros románticos, Premios Literarios Ciudad de Irún, Fundación Social y Cultural Kutxa, 1994 [libro]; *Los perros románticos,* Lumen, Barcelona, 2000, 1.ª edición [libro]; *Los perros románticos,* Acantilado, Barcelona, 2006, 1.ª edición [libro].

De sillas, de atardeceres extra: Regreso a la Antártida, Girona, 1983 [revista].

Lola Paniagua: *Los perros románticos,* Premios Literarios Ciudad de Irún, Fundación Social y Cultural Kutxa, 1994 [libro].

Dos poemas para Sara: *Fosa Común,* sin fecha [revista].

Entre las moscas: *Los perros románticos,* Premios Literarios Ciudad de Irún, Fundación Social y Cultural Kutxa, 1994 [libro]; *Los perros románticos,* Lumen, Barcelona, 2000, 1.ª edición [libro]; *Los perros románticos,* Acantilado, Barcelona, 2006, 1.ª edición [libro].

Hay días en que a uno le es dado leer enormes poemas: Los perros románticos, Premios Literarios Ciudad de Irún, Fundación Social y Cultural Kutxa, 1994 [libro].

Plaza de la estación: *Los perros románticos,* Premios Literarios Ciudad de Irún, Fundación Social y Cultural Kutxa, 1994 [libro].

Los artilleros: *Los perros románticos,* Premios Literarios Ciudad de Irún, Fundación Social y Cultural Kutxa, 1994 [libro]; *Los perros románticos,* Lumen, Barcelona,

2000, 1.ª edición [libro]; *Los perros románticos,* Acantilado, Barcelona, 2006, 1.ª edición [libro].

No importa hacia dónde te arrastre el viento: Regreso a la Antártida, Girona, 1983 [revista]; *Viajes de ida y vuelta: Poetas chilenos en Europa,* Cordillera, Santiago de Chile, 1992 [libro].

NADA MALO ME OCURRIRÁ

Fragmentos: *Los perros románticos,* Premios Literarios Ciudad de Irún, Fundación Social y Cultural Kutxa, 1994 [libro]; *Berthe Trépat,* n.º 3, Girona, febrero de 1995 [revista]; *Los perros románticos,* Lumen, Barcelona, 2000, 1.ª edición [libro]; *Los perros románticos,* Acantilado, Barcelona, 2006, 1.ª edición [libro].

La curva: *Berthe Trépat,* n.º 3, Girona, febrero de 1995 [revista].

TU LEJANO CORAZÓN

En el Distrito 5.º con los sudacas: Regreso a la Antártida, Girona, 1983 [revista].

Nadie te manda cartas ahora: Le Prosa, n.º 3, México DF, febrero de 1981 [revista].

Ahora paseas solitario por los muelles: Regreso a la Antártida, Girona, 1983 [revista].

Tardes de Barcelona: *Viajes de ida y vuelta: Poetas chilenos en Europa,* Cordillera, Santiago de Chile 1992 [libro].

La sección completa está publicada en *Fragmentos de la Universidad Desconocida,* Colección Melibea, Talavera de la Reina, 1992 [libro].

Segunda parte

GENTE QUE SE ALEJA

Fachada: *Amberes,* Anagrama, Barcelona, 2002 [libro]; *Amberes,* Alfaguara, Madrid, 2018 [libro].

La totalidad del viento: *Amberes,* Anagrama, Barcelona, 2002 [libro]; *Amberes,* Alfaguara, Madrid, 2018 [libro].

Cuadros verdes, rojos y blancos: *Amberes,* Anagrama, Barcelona, 2002 [libro]; *Amberes,* Alfaguara, Madrid, 2018 [libro].

Soy mi propio hechizo: *Amberes,* Anagrama, Barcelona, 2002 [libro]; *Amberes,* Alfaguara, Madrid, 2018 [libro].

Azul: *Amberes,* Anagrama, Barcelona, 2002 [libro]; *Amberes,* Alfaguara, Madrid, 2018 [libro].

Gente razonable y gente irrazonable: *Amberes,* Anagrama, Barcelona, 2002 [libro]; *Amberes,* Alfaguara, Madrid, 2018 [libro].

El Nilo: *Amberes,* Anagrama, Barcelona, 2002 [libro]; *Amberes,* Alfaguara, Madrid, 2018 [libro].

Los utensilios de limpieza: *Amberes,* Anagrama, Barcelona, 2002 [libro]; *Amberes,* Alfaguara, Madrid, 2018 [libro].

Un mono: *Amberes,* Anagrama, Barcelona, 2002 [libro]; *Amberes,* Alfaguara, Madrid, 2018 [libro].

No había nada: *Amberes,* Anagrama, Barcelona, 2002 [libro]; *Amberes,* Alfaguara, Madrid, 2018 [libro].

Entre los caballos: *Amberes,* Anagrama, Barcelona, 2002 [libro]; *Amberes,* Alfaguara, Madrid, 2018 [libro].

Las instrucciones: *Amberes,* Anagrama, Barcelona, 2002 [libro]; *Amberes,* Alfaguara, Madrid, 2018 [libro].

La barra: *Amberes,* Anagrama, Barcelona, 2002 [libro]; *Amberes,* Alfaguara, Madrid, 2018 [libro].

El policía se alejó: *Amberes,* Anagrama, Barcelona, 2002 [libro]; *Amberes,* Alfaguara, Madrid, 2018 [libro].

La sábana: *Amberes,* Anagrama, Barcelona, 2002 [libro]; *Amberes,* Alfaguara, Madrid, 2018 [libro].

Mi único y verdadero amor: *Amberes,* Anagrama, Barcelona, 2002 [libro]; *Amberes,* Alfaguara, Madrid, 2018 [libro].

Intervalo de silencio: *Amberes,* Anagrama, Barcelona, 2002 [libro]; *Amberes,* Alfaguara, Madrid, 2018 [libro].

Hablan pero sus palabras no son registradas: *Amberes,* Anagrama, Barcelona, 2002 [libro]; *Amberes,* Alfaguara, Madrid, 2018 [libro].

Literatura para enamorados: *Amberes,* Anagrama, Barcelona, 2002 [libro]; *Amberes,* Alfaguara, Madrid, 2018 [libro].

Sinopsis. El viento: *Amberes,* Anagrama, Barcelona, 2002 [libro]; *Amberes,* Alfaguara, Madrid, 2018 [libro].

Cuando niño: *Amberes,* Anagrama, Barcelona, 2002 [libro]; *Amberes,* Alfaguara, Madrid, 2018 [libro].

El mar: *Amberes,* Anagrama, Barcelona, 2002 [libro]; *Amberes,* Alfaguara, Madrid, 2018 [libro].

Perfección: *Amberes,* Anagrama, Barcelona, 2002 [libro]; *Amberes,* Alfaguara, Madrid, 2018 [libro].

Pasos en la escalera: *Amberes,* Anagrama, Barcelona, 2002 [libro]; *Amberes,* Alfaguara, Madrid, 2018 [libro].

27 años: *Amberes,* Anagrama, Barcelona, 2002 [libro]; *Amberes,* Alfaguara, Madrid, 2018 [libro].

Un silencio extra: *Amberes,* Anagrama, Barcelona, 2002 [libro]; *Amberes,* Alfaguara, Madrid, 2018 [libro].

A veces temblaba: *Amberes,* Anagrama, Barcelona, 2002 [libro]; *Amberes,* Alfaguara, Madrid, 2018 [libro].

Un lugar vacío cerca de aquí: *Amberes,* Anagrama, Barcelona, 2002 [libro]; *Amberes,* Alfaguara, Madrid, 2018 [libro].

Amarillo: *Amberes,* Anagrama, Barcelona, 2002 [libro]; *Amberes,* Alfaguara, Madrid, 2018 [libro].

El enfermero: *Amberes,* Anagrama, Barcelona, 2002 [libro]; *Amberes,* Alfaguara, Madrid, 2018 [libro].

Un pañuelo blanco: *Amberes,* Anagrama, Barcelona, 2002 [libro]; *Amberes,* Alfaguara, Madrid, 2018 [libro].

La calle Tallers: *Amberes,* Anagrama, Barcelona, 2002 [libro]; *Amberes,* Alfaguara, Madrid, 2018 [libro].

La pelirroja: *Amberes,* Anagrama, Barcelona, 2002 [libro]; *Amberes,* Alfaguara, Madrid, 2018 [libro].

Rampas de lanzamiento: *Amberes,* Anagrama, Barcelona, 2002 [libro]; *Amberes,* Alfaguara, Madrid, 2018 [libro].

Un hospital: *Amberes,* Anagrama, Barcelona, 2002 [libro]; *Amberes,* Alfaguara, Madrid, 2018 [libro].

Gente que se aleja: *Amberes,* Anagrama, Barcelona, 2002 [libro]; *Amberes,* Alfaguara, Madrid, 2018 [libro].

Tres años: *Amberes,* Anagrama, Barcelona, 2002 [libro]; *Amberes,* Alfaguara, Madrid, 2018 [libro].

La pistola en la boca: *Amberes,* Anagrama, Barcelona, 2002 [libro]; *Amberes,* Alfaguara, Madrid, 2018 [libro].

Grandes olas plateadas: *Amberes,* Anagrama, Barcelona, 2002 [libro]; *Amberes,* Alfaguara, Madrid, 2018 [libro].

Los motociclistas: *Amberes,* Anagrama, Barcelona, 2002 [libro]; *Amberes,* Alfaguara, Madrid, 2018 [libro].

El vagabundo: *Amberes,* Anagrama, Barcelona, 2002 [libro]; *Amberes,* Alfaguara, Madrid, 2018 [libro].

Agua clara del camino: *Amberes,* Anagrama, Barcelona, 2002 [libro]; *Amberes,* Alfaguara, Madrid, 2018 [libro].

Como un vals: *Amberes,* Anagrama, Barcelona, 2002 [libro]; *Amberes,* Alfaguara, Madrid, 2018 [libro].

Nunca más solo: *Amberes,* Anagrama, Barcelona, 2002 [libro]; *Amberes,* Alfaguara, Madrid, 2018 [libro].

El aplauso: *Amberes,* Anagrama, Barcelona, 2002 [libro]; *Amberes,* Alfaguara, Madrid, 2018 [libro].

El baile: *Amberes,* Anagrama, Barcelona, 2002 [libro]; *Amberes,* Alfaguara, Madrid, 2018 [libro].

No hay reglas: *Amberes,* Anagrama, Barcelona, 2002 [libro]; *Amberes,* Alfaguara, Madrid, 2018 [libro].

Bar La Pava, autovía de Castelldefels: *Amberes,* Anagrama, Barcelona, 2002 [libro]; *Amberes,* Alfaguara, Madrid, 2018 [libro].

Amberes: *Amberes,* Anagrama, Barcelona, 2002 [libro]; *Amberes,* Alfaguara, Madrid, 2018 [libro].

El verano: *Amberes,* Anagrama, Barcelona, 2002 [libro];
Amberes, Alfaguara, Madrid, 2018 [libro].

Noche silenciosa (No puedes regresar): *Amberes,* Anagra-
ma, Barcelona, 2002 [libro]; *Amberes,* Alfaguara, Ma-
drid, 2018 [libro].

Monty Alexander: *Amberes,* Anagrama, Barcelona, 2002
[libro]; *Amberes,* Alfaguara, Madrid, 2018 [libro].

Automóviles vacíos (Barrios obreros): *Amberes,* Anagrama,
Barcelona, 2002 [libro]; *Amberes,* Alfaguara, Madrid,
2018 [libro].

Los elementos: *Amberes,* Anagrama, Barcelona, 2002 [libro];
Amberes, Alfaguara, Madrid, 2018 [libro].

Nagas: *Amberes,* Anagrama, Barcelona, 2002 [libro]; *Am-
beres,* Alfaguara, Madrid, 2018 [libro].

Post Scriptum: *Amberes,* Anagrama, Barcelona, 2002 [libro];
Amberes, Alfaguara, Madrid, 2018 [libro].

ICEBERG

Apuntes de una castración: *Berthe Trépat,* n.º 2, Girona,
noviembre de 1983 [revista]; *Fragmentos de la Univer-
sidad Desconocida,* Colección Melibea, Talavera de la
Reina, 1992 [libro].

La pelirroja: *Cambio 7,* n.º 91, México DF, 1991 [revista].

PROSA DEL OTOÑO EN GERONA

Esta sección completa está publicada en *Fragmentos de la
Universidad Desconocida,* Colección Melibea, Talavera
de la Reina, 1992 [libro], y *Tres,* Acantilado, Barcelo-
na, 2000 [libro].

MANIFIESTOS Y POSICIONES

Manifiesto mexicano: *Turia,* n.º 75, julio-octubre de
2005.

Tercera parte

NUEVE POEMAS

La muerte es un automóvil con dos o tres amigos lejanos: Fragmentos de la Universidad Desconocida, Colección Melibea, Talavera de la Reina, 1992 [libro].

En coches perdidos...: Fragmentos de la Universidad Desconocida, Colección Melibea, Talavera de la Reina, 1992 [libro].

Cada día los veo, junto a sus motos: Fragmentos de la Universidad Desconocida, Colección Melibea, Talavera de la Reina, 1992 [libro].

En la película de la tele el gángster toma un avión: Fragmentos de la Universidad Desconocida, Colección Melibea, Talavera de la Reina, 1992 [libro].

Volví en sueños al país de la infancia: Fragmentos de la Universidad Desconocida, Colección Melibea, Talavera de la Reina, 1992 [libro].

El Último Salvaje: *Fragmentos de la Universidad Desconocida,* Colección Melibea, Talavera de la Reina, 1992 [libro]; *El Último Salvaje,* Al Este del Paraíso, México DF, mayo de 1995 [libro]; *Hablar falar de poesía,* n.º 3, Lisboa, 2000 [revista]; *Los perros románticos,* Lumen, Barcelona, 2000, 1.ª edición [libro]; *Los perros románticos,* Acantilado, Barcelona, 2006, 1.ª edición [libro].

MI VIDA EN LOS TUBOS DE SUPERVIVENCIA

Soñé con detectives helados: Los perros románticos, Premios Literarios Ciudad de Irún, Fundación Social y Cultural Kutxa, 1994 [libro]; *Los perros románticos,* Lumen, Barcelona, 2000, 1.ª edición [libro]; *Los perros románticos,* Acantilado, Barcelona, 2006, 1.ª edición [libro].

Los detectives: *Los perros románticos,* Premios Literarios Ciudad de Irún, Fundación Social y Cultural Kutxa, 1994 [libro]; *Hora Zero,* n.º 39, Los Teques, Venezuela, 2000 [revista]; *Ateneo,* n.º 13, Los Teques, Venezuela,

2000 [revista]; *Los perros románticos,* Lumen, Barcelona, 2000, 1.ª edición [libro]; *Los perros románticos,* Acantilado, Barcelona, 2006, 1.ª edición [libro].

Los detectives perdidos: *Los perros románticos,* Premios Literarios Ciudad de Irún, Fundación Social y Cultural Kutxa, 1994 [libro]; *Los perros románticos,* Lumen, Barcelona, 2000, 1.ª edición [libro]; *Los perros románticos,* Acantilado, Barcelona, 2006, 1.ª edición [libro].

Los detectives helados: *Fragmentos de la Universidad Desconocida,* Colección Melibea, Talavera de la Reina, 1992 [libro]; *Los perros románticos,* Premios Literarios Ciudad de Irún, Fundación Social y Cultural Kutxa, 1994 [libro]; *Los perros románticos,* Lumen, Barcelona, 2000, 1.ª edición [libro]; *Los perros románticos,* Acantilado, Barcelona, 2006, 1.ª edición [libro].

Los hombres duros. Comentario crítico y etnográfico: *El Bosque,* n.º 9, Zaragoza, septiembre-diciembre de 1994 [revista].

El atardecer: *Fragmentos de la Universidad Desconocida,* Colección Melibea, Talavera de la Reina, 1992 [libro].

Autorretrato a los veinte años: *Fragmentos de la Universidad Desconocida,* Colección Melibea, Talavera de la Reina, 1992 [libro]; *Los perros románticos,* Lumen, Barcelona, 2000, 1.ª edición [libro]; *Los perros románticos,* Acantilado, Barcelona, 2006, 1.ª edición [libro].

Lupe: *Los perros románticos,* Premios Literarios Ciudad de Irún, Fundación Social y Cultural Kutxa, 1994 [libro]; *El Último Salvaje,* Al Este del Paraíso, México DF, mayo de 1995 [libro]; *Los perros románticos,* Lumen, Barcelona, 2000, 1.ª edición [libro]; *Los perros románticos,* Acantilado, Barcelona, 2006, 1.ª edición [libro].

Lisa: *El Último Salvaje,* Al Este del Paraíso, México DF, 1995 [libro].

Te regalaré un abismo, dijo ella: Los perros románticos, Premios Literarios Ciudad de Irún, Fundación Social y Cultural Kutxa, 1994 [libro].

La francesa: *Los perros románticos,* Premios Literarios Ciudad de Irún, Fundación Social y Cultural Kutxa, 1994 [libro]; *Hora Zero,* n.º 39, Los Teques, Venezuela, 2000 [revista]; *Los perros románticos,* Lumen, Barcelona, 2000, 1.ª edición [libro]; *Los perros románticos,* Acantilado, Barcelona, 2006, 1.ª edición [libro].

Lluvia: *Los perros románticos,* Lumen, Barcelona, 2000, 1.ª edición [libro]; *Los perros románticos,* Acantilado, Barcelona, 2006, 1.ª edición [libro].

El gusano: *Fragmentos de la Universidad Desconocida,* Colección Melibea, Talavera de la Reina, 1992 [libro]; *Los perros románticos,* Lumen, Barcelona, 2000, 1.ª edición [libro]; *Los perros románticos,* Acantilado, Barcelona, 2006, 1.ª edición [libro].

Atole: *Los perros románticos,* Premios Literarios Ciudad de Irún, Fundación Social y Cultural Kutxa, 1994 [libro]; *Los perros románticos,* Lumen, Barcelona, 2000, 1.ª edición [libro]; *Los perros románticos,* Acantilado, Barcelona, 2006, 1.ª edición [libro].

El último canto de amor de Pedro J. Lastarria, alias «El Chorito»: *Los perros románticos,* Premios Literarios Ciudad de Irún, Fundación Social y Cultural Kutxa, 1994 [libro]; *El Último Salvaje,* Al Este del Paraíso, México DF, mayo de 1995 [libro]; *Los perros románticos,* Lumen, Barcelona, 2000, 1.ª edición [libro]; *Los perros románticos,* Acantilado, Barcelona, 2006, 1.ª edición [libro].

Ernesto Cardenal y yo: *El Bosque,* n.º 9, Zaragoza, septiembre-diciembre de 1994 [revista]; *Los perros románticos,* Lumen, Barcelona, 2000, 1.ª edición [libro]; *Los perros románticos,* Acantilado, Barcelona, 2006, 1.ª edición [libro].

Los perros románticos: *Los perros románticos,* Premios Literarios Ciudad de Irún, Fundación Social y Cultural Kutxa, 1994 [libro]; *El Bosque,* n.º 9, Zaragoza, septiembre-diciembre de 1994 [revista]; *Ateneo,* n.º 13, Los

Teques, Venezuela, 2000 [revista]; *Los perros románticos,* Lumen, Barcelona, 2000, 1.ª edición [libro]; *Hora Zero,* n.º 39, Los Teques, Venezuela, 2000 [revista]; *Los perros románticos,* Acantilado, Barcelona, 2006, 1.ª edición [libro].

Mi vida en los tubos de supervivencia: *Los perros románticos,* Premios Literarios Ciudad de Irún, Fundación Social y Cultural Kutxa, 1994 [libro]; *El Último Salvaje,* Al Este del Paraíso, México DF, mayo de 1995 [libro].

Homenaje a Resortes: *Los perros románticos,* Premios Literarios Ciudad de Irún, Fundación Social y Cultural Kutxa, 1994 [libro].

Homenaje a Tin Tan: *Los perros románticos,* Premios Literarios Ciudad de Irún, Fundación Social y Cultural Kutxa, 1994 [libro].

El burro: *Los perros románticos,* Premios Literarios Ciudad de Irún, Fundación Social y Cultural Kutxa, 1994 [libro]; *El Último Salvaje,* Al Este del Paraíso, México DF, mayo de 1995 [libro]; *Los perros románticos,* Lumen, Barcelona, 2000, 1.ª edición [libro]; *Los perros románticos,* Acantilado, Barcelona, 2006, 1.ª edición [libro].

He vuelto a ver a mi padre: *Los perros románticos,* Premios Literarios Ciudad de Irún, Fundación Social y Cultural Kutxa, 1994 [libro]; *Ateneo,* n.º 13, Los Teques, Venezuela, 2000 [revista].

Las enfermeras: *Los perros románticos,* Premios Literarios Ciudad de Irún, Fundación Social y Cultural Kutxa, 1994 [libro]; *El Bosque,* n.º 9, Zaragoza, septiembre-diciembre de 1994 [revista]; *Los perros románticos,* Lumen, Barcelona, 2000, 1.ª edición [libro]; *Los perros románticos,* Acantilado, Barcelona, 2006, 1.ª edición [libro].

El fantasma de Edna Lieberman: *Los perros románticos,* Premios Literarios Ciudad de Irún, Fundación Social y Cultural Kutxa, 1994 [libro].

Palingenesia: *Los perros románticos,* Premios Literarios Ciudad de Irún, Fundación Social y Cultural Kutxa, 1994 [libro]; *El Último Salvaje,* Al Este del Paraíso, México DF, mayo de 1995 [libro]; *Renacimiento,* n.ᵒˢ 23-24, Sevilla, 1999 [revista]; *Hora Zero,* n.º 39, Los Teques, Venezuela, 2000 [revista]; *Los perros románticos,* Lumen, Barcelona, 2000, 1.ª edición [libro]; *Los perros románticos,* Acantilado, Barcelona, 2006, 1.ª edición [libro].

El regreso de Roberto Bolaño: *El Bosque,* n.º 9, Zaragoza, septiembre-diciembre de 1994 [revista].

La griega: *Los perros románticos,* Premios Literarios Ciudad de Irún, Fundación Social y Cultural Kutxa, 1994 [libro]; *Los perros románticos,* Lumen, Barcelona, 2000, 1.ª edición [libro]; *Los perros románticos,* Acantilado, Barcelona, 2006, 1.ª edición [libro].

El señor Wiltshire: *Los perros románticos,* Premios Literarios Ciudad de Irún, Fundación Social y Cultural Kutxa, 1994 [libro]; *El Bosque,* n.º 9, Zaragoza, septiembre-diciembre de 1994 [revista]; *Los perros románticos,* Lumen, Barcelona, 2000, 1.ª edición [libro]; *Los perros románticos,* Acantilado, Barcelona, 2006, 1.ª edición [libro].

Versos de Juan Ramón: *El Bosque,* n.º 9, Zaragoza, septiembre-diciembre de 1994 [revista]; *El Último Salvaje,* Al Este del Paraíso, México DF, mayo de 1995 [libro]; *Los perros románticos,* Lumen, Barcelona, 2000, 1.ª edición [libro]; *Los perros románticos,* Acantilado, Barcelona, 2006, 1.ª edición [libro].

Los Neochilenos: *Trilce,* n.º 2, Concepción, Chile, 1998 [revista]; *Tres,* Acantilado, Barcelona, 2000 [libro].

Resurrección: *Fragmentos de la Universidad Desconocida,* Colección Melibea, Talavera de la Reina, 1992 [libro]; *Los perros románticos,* Lumen, Barcelona, 2000, 1.ª edición [libro]; *Los perros románticos,* Acantilado, Barcelona, 2006, 1.ª edición [libro].

Un final feliz: Los perros románticos, Premios Literarios Ciudad de Irún, Fundación Social y Cultural Kutxa, 1994 [libro].

Musa: *Los perros románticos,* Premios Literarios Ciudad de Irún, Fundación Social y Cultural Kutxa, 1994 [libro]; *El Último Salvaje,* Al Este del Paraíso, México DF, mayo de 1995 [libro]; *Los perros románticos,* Lumen, Barcelona, 2000, 1.ª edición [libro]; *Los perros románticos,* Acantilado, Barcelona, 2006, 1.ª edición [libro].

Otros poemas

POEMAS DISPERSOS

Coigüe: *Revista Mexicana de Cultura,* México DF, 1974 [revista].

Chincoles y tordos: *Revista Mexicana de Cultura,* México DF, 1974 [revista].

Los dos gordos: *Revista Mexicana de Cultura,* México DF, 1974 [revista].

Madona aullando: *Comunidad Latinoamericana de Escritores,* n.º 16, México DF, 1975 [revista].

Porque todo campo es nuestro: *Comunidad Latinoamericana de Escritores,* n.º 16, México DF, 1975 [revista].

Míster invisible: *Revista de Bellas Artes,* n.º 23, México DF, 1975 [revista].

Dostoyevsky Blues Band: *El Colibrí,* México DF, 1976 [revista].

Generación de párpados eléctricos: *Pájaro de Calor. Ocho Poetas Infrarrealistas,* n.º 2, Ediciones Asunción Sanchís, México DF, 1976 [revista]; *Chile: poesía de la resistencia y del exilio,* Ámbito Literario, Barcelona, 1978 [libro]; *Muchachos desnudos bajo el arcoíris de fuego,*

Extemporáneos, México DF, 1979 [libro]; *Entre la lluvia y el arcoíris,* Ediciones del Instituto para el Nuevo Chile, Rotterdam, 1983 [libro].

Enséñame a bailar: *Pájaro de Calor. Ocho Poetas Infrarrealistas,* n.º 2, Ediciones Asunción Sanchís, México DF, 1976 [revista]; *La novísima poesía latinoamericana,* Editores Mexicanos Unidos, México, 1980 [libro].

Reinventar el amor: *Reinventar el amor,* Taller Martín Pescador, Mixcoac, México, 1976 [libro]; *La novísima poesía latinoamericana,* Editores Mexicanos Unidos, México, 1980 [libro].

Sentados en los muelles debajo de las grúas: *Punto de Partida,* n.ᵒˢ 47-48, México DF, 1976 [revista].

Estos patios parecen playas: *Pájaro de Calor. Ocho Poetas Infrarrealistas,* n.º 2, Ediciones Asunción Sanchís, México DF, 1976 [revista]; *Calandria de Tolvaneras,* n.º 2, México DF, 1984 [revista].

Vive tu tiempo: *Pájaro de Calor. Ocho Poetas Infrarrealistas,* n.º 2, Ediciones Asunción Sanchís, México DF, 1976 [revista]; *Calandria de Tolvaneras,* n.º 2, México DF, 1984 [revista].

Para María-Salome: *Pájaro de Calor. Ocho Poetas Infrarrealistas,* n.º 2, Ediciones Asunción Sanchís, México DF, 1976 [revista].

Carlos Pezoa Véliz escritor chileno: *Punto de Partida,* n.ᵒˢ 49-50, México DF, 1976 [revista].

Invitado al banquete de la vida: *Punto de Partida,* n.ᵒˢ 49-50, México DF, 1976 [revista].

Cine de mala muerte (1, 2 y 3): *Punto de Partida,* n.ᵒˢ 49-50, México DF, 1976 [revista].

El poema de la muerte: *Punto de Partida,* n.ᵒˢ 49-50, México DF, 1976 [revista].

John Reed: *Punto de Partida,* n.ᵒˢ 49-50, México DF, 1976 [revista].

Overol blanco: *Punto de Partida,* n.ᵒˢ 49-50, México DF, 1976 [revista].

Agencia de los dientes eléctricos / Radio Barcelona: *Cruzando el Charco*, Barcelona, 1977 [revista].

Variación, programa tu luna llena / Radio Barcelona: *Cruzando el Charco*, Barcelona, 1977 [revista].

Arte poética n.º 3 / Capítulo XXXVII: *Correspondencia Infra*, México DF, 1977 [revista]; *Chile: poesía de la resistencia y del exilio*, Ámbito Literario, Barcelona, 1978 [libro]; *Muchachos desnudos bajo el arcoíris de fuego*, Extemporáneos, México DF, 1979 [libro].

Chant of the ever circling skeletal family: *Correspondencia Infra*, México DF, 1977 [revista].

Une nouvelle secte de philosophes: *Correspondencia Infra*, México DF, 1977 [revista]; *Le Prosa*, n.º 1, México DF, 1980 [revista].

Apuntes para una anti-elegía a Sophie Podolski: *Entre la lluvia y el arcoíris*, Ediciones del Instituto para el Nuevo Chile, Rotterdam, 1983 [libro].

Bienvenida: *Algunos poetas en Barcelona*, La Cloaca, Barcelona, 1978 [libro].

Untergehen: *Algunos poetas en Barcelona*, La Cloaca, Barcelona, 1978 [libro].

La compañía del camino: *Algunos poetas en Barcelona*, La Cloaca, Barcelona, 1978 [libro].

Un resplandor en la mejilla: *Muchachos desnudos bajo el arcoíris de fuego*, Extemporáneos, México DF, 1979 [libro]; *Entre la lluvia y el arcoíris*, Ediciones del Instituto para el Nuevo Chile, Rotterdam, 1983 [libro]; *Poesía chilena contemporánea*, Editorial Andrés Bello, Santiago de Chile, 1984 [libro]; *La Zorra Vuelve al Gallinero*, n.º 1, México DF, 1992 [revista].

Notas para componer un espacio: *Muchachos desnudos bajo el arcoíris de fuego*, Extemporáneos, México DF, 1979 [libro].

Como en una vieja balada anarquista: *Muchachos desnudos bajo el arcoíris de fuego*, Extemporáneos, México DF, 1979 [libro]; *Patada y Coz*, n.º 16, Martorell [revista].

Imitación de Verlaine: *Muchachos desnudos bajo el arcoíris de fuego,* Extemporáneos, México DF, 1979 [libro].

Fuga: *Muchachos desnudos bajo el arcoíris de fuego,* Extemporáneos, México DF, 1979 [libro].

El aire: *Berthe Trépat,* n.º 1, Barcelona, 1983 [revista].

Nenúfares: *Araucaria de Chile,* n.º 14, Madrid, 1981 [revista]; *Entre la lluvia y el arcoíris,* Ediciones del Instituto para el Nuevo Chile, Rotterdam, 1983 [libro].

Posibilidades de revolución: *Araucaria de Chile,* n.º 14, Madrid, 1981 [revista].

La Fronda: *Casa de las Américas,* n.º 139, La Habana, julio-agosto de 1983 [revista]; *Entre la lluvia y el arcoíris,* Ediciones del Instituto para el Nuevo Chile, Rotterdam, 1983 [libro].

Niña rubia: *Entre la lluvia y el arcoíris,* Ediciones del Instituto para el Nuevo Chile, Rotterdam, 1983 [libro].

Composición de Cecilia en el molino: *Calandria de Tolvaneras,* n.º 2, México DF, 1984 [revista].

Extraño maniquí: *Calandria de Tolvaneras,* n.º 2, México DF, 1984 [revista].

Alrededor de Lacan: *Viajes de ida y vuelta. Poetas chilenos en Europa,* Ediciones Documentas, Santiago de Chile, 1992 [libro].

No les importa: *Litoral Pasajeros,* n.ºˢ 225-226, Málaga, 2000 [revista].

Equidistancia: *Ateneo,* n.º 13, Los Teques / Venezuela, 2000 [revista].

La sombra: *Ateneo,* n.º 13, Los Teques / Venezuela, 2000 [revista].

El padre cobarde: *Hispamérica,* n.º 89, Gaithersburg, 2001 [revista].

Pistola en el fondo del mar: *Hispamérica,* n.º 89, Gaithersburg, 2001 [revista].

Cueca del norte: *Hispamérica,* n.º 89, Gaithersburg, 2001 [revista].

Ojos que se pierden en la noche delirante: *El* Ángel Cultural, suplemento cultural del diario *Reforma,* n.º 2596, México DF, 2001 [revista].

Lo recuerdo: La Vanguardia, Barcelona, 19 de diciembre de 2010 [diario].

En sueños íbamos corriendo con los cabellos...: Hoja Suelta, México DF, principios de los setenta.

Ojos orgullosos bajo cejas desoladas: *Hoja Suelta,* México DF, principios de los setenta.

Leyendo poemas en un parque frente a una gasolinera: *Hoja Suelta,* México DF, principios de los setenta.

Escuchando a Thelonius Monk: *Hoja Suelta,* México DF, principios de los setenta.

Esa niña: *Hoja Suelta,* México DF, principios de los setenta.

POEMAS DE *TRES*

Un paseo por la literatura: *Tres,* Acantilado, Barcelona, 2006, 1.ª edición [libro].

POEMAS DE LOS *PERROS ROMÁNTICOS*

Sangriento día de lluvia: *Los perros románticos,* Lumen, Barcelona, 2000, 1ª edición [libro]; *Los perros románticos,* Acantilado, Barcelona, 2006, 1.ª edición [libro].

El mono exterior: *Los perros románticos,* Lumen, Barcelona, 2000, 1.ª edición [libro]; *Los perros románticos,* Acantilado, Barcelona, 2006, 1.ª edición [libro].

Sucio, mal vestido: *Los perros románticos,* Lumen, Barcelona, 2000, 1.ª edición [libro]; *Los perros románticos,* Acantilado, Barcelona, 2006, 1.ª edición [libro].

Soñé con detectives helados...: Los perros románticos, Lumen, Barcelona, 2000, 1.ª edición [libro]; *Los perros románticos,* Acantilado, Barcelona, 2006, 1.ª edición [libro].

La visita al convaleciente: *Los perros románticos,* Lumen, Barcelona, 2000, 1.ª edición [libro]; *Los perros románticos,* Acantilado, Barcelona, 2006, 1.ª edición [libro].

Dino Campana revisa su biografía en el psiquiátrico de Castel Pulci: *Los perros románticos,* Lumen, Barcelona, 2000, 1.ª edición [libro]; *Los perros románticos,* Acantilado, Barcelona, 2006, 1.ª edición [libro].

Rayos X: *Los perros románticos,* Lumen, Barcelona, 2000, 1.ª edición [libro]; *Los perros románticos,* Acantilado, Barcelona, 2006, 1.ª edición [libro].

Junto al acantilado: *Los perros románticos,* Lumen, Barcelona, 2000, 1.ª edición [libro]; *Los perros románticos,* Acantilado, Barcelona, 2006, 1.ª edición [libro].

Bólido: *Los perros románticos,* Lumen, Barcelona, 2000, 1.ª edición [libro]; *Los perros románticos,* Acantilado, Barcelona, 2006, 1.ª edición [libro].

Ni crudo ni cocido: *Los perros románticos,* Lumen, Barcelona, 2000, 1.ª edición [libro]; *Los perros románticos,* Acantilado, Barcelona, 2006 [libro].

Los pasos de Parra: *Los perros románticos,* Lumen, Barcelona, 2000, 1.ª edición [libro]; *Los perros románticos,* Acantilado, Barcelona, 2006, 1.ª edición [libro].

Intentaré olvidar...: Los perros románticos, Lumen, Barcelona, 2000, 1.ª edición [libro]; *Los perros románticos,* Acantilado, Barcelona, 2006, 1.ª edición [libro].

Índice alfabético de poemas incluidos en este libro

Índice de poemas de *El Último Salvaje, Tres* y *Los perros románticos*

Se incluyen aquí los poemas de *El Último Salvaje, Tres* y *Los perros románticos* en el orden en el que aparecieron publicados en sus primeras ediciones independientes. La referencia al número de página permite al lector una lectura de los tres poemarios en un orden distinto al que aparecen en este volumen dado que en *La Universidad Desconocida* no fueron incluidos por el autor todos los poemas de estos libros.

Documentos del archivo de Roberto Bolaño sobre su poesía

Documentos del archivo
de Roberto Bolaño
sobre su poesía

Para cada uno de sus proyectos literarios, Roberto Bolaño anotó en libretas personales las ideas, los datos que le servían de documentación, los versos que le venían a la mente, el perfil de los personajes o las escenas que pensaba desarrollar en el manuscrito final. Listas de nombres, poemas, dibujos —que en ocasiones parecen hechos distraídamente durante el proceso creativo—, frases que acabaron formando parte de sus obras, juegos de palabras llenos de humor, esquemas y mapas conviven en los cuadernos con reflexiones sobre la vida cultural del momento, nombres, direcciones y teléfonos tomados al vuelo, índices de futuros libros, ideas sobre títulos y cálculos minuciosos sobre la extensión del manuscrito que tenía entre manos. Las anotaciones son muy detalladas y nos muestran cómo era el proceso de escritura de uno de los más importantes escritores contemporáneos en español.

Un Tao" un tao" ~~su tao tao tao~~...

Mi pequeño Darío alejándose en un tranvía
por la noche de México D.F.

Con su americana violeta
en un tranvía casi vacío
~~me~~ me sonríe detrás de la ventanilla

Después el tranvía se pierde con su
traqueteo eléctrico en medio
de la noche

y la escena se repite y él me dice
sin salir de la puerta se conoce el mundo

En esta página y la siguiente, poemas manuscritos conservados en la libreta 19-104 con título
Diario de vida, poemas cortos, vol. II, que fueron incluidos por Roberto Bolaño
en *La Universidad Desconocida.*

No componer poemas sino oraciones
Escribir plegarias que necesitarás antes
de escribir aquellos poemas que creerás no haber
escrito nunca.

SONETO IMPERFECTO

Hace 16 años que Ted Berrigan publicó
sus Sonetos. Mario pasó el libro por
los leprosarios de París. Ahora Mario
está en México y The Sonnetts en
un librero que fabriqué con mis propias
manos. Creo que la madera la encontré
cerca del asilo de ancianos de Montealegre
y con Lola hicimos el librero. En
el invierno del 78 en Barcelona cuando
aún vivía~~ ~~ con Lola! Y ya hace
16 años que T.B publicó su libro
y tal vez 17 o 18 que lo escribió y
yo cuantas mañanas cuantas tardes perdido
en un cine de barrio ~~ ~~ intento leerlo
(cuando la película se corta y prenden la luz)

Poema manuscrito conservado en la libreta 19-105 con título *Diario de vida, poemas cortos,
vol. III*, incluido por Roberto Bolaño en *La Universidad Desconocida*.

LEONOR FINI

Pintora, il·lustradora, escriptora i escenògrafa. Neix l'any 1918 a Buenos Aires. Filla de mare triestina (d'ascendència eslovena i alemanya) i de pare argentí (d'ascendència italiana i espanyola). La diversitat dels seus orígens és paral·lela a la de les seves formes d'expressió. Realitza decorats per a òpera, ballet i teatre i vestuari per al cinema. Il·lustra edicions bibliòfiles i també escriu. Entre les seves obres destaquem *L'Oneiropompe*. Com a pintora, als disset anys participa en una mostra col·lectiva a Trieste. L'any 1936, arriba a París i es relaciona amb el grup de surrealistes, del qual mai no en forma part. Exposa a Nova York, el 1939. Passa un any a Montecarlo i a Roma, i torna a París el 1946, on continua creant activament. Viu i treballa entre París i la Vall del Loire. Indòmita i absolutament refractària als manifestos, Leonor Fini i la seva obra aborden, en solitari, el món dels somnis i dels mites. L'alquímia del seu erotisme és sempre en primeríssim pla, sense demanar permís, proposant, des dels anys trenta fins ara mateix, l'absorció sense límits de la sensualitat.

Leonor Fini

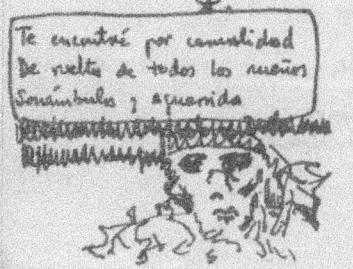

Los primeros versos manuscritos en el hueco libre de esta página de una agenda pertenecen a la segunda estrofa del poema «El Gusano», incluido en *La Universidad Desconocida*. Libreta 22-109. Agenda *Les dones surrealistes*

LA NOVELA-NIEVE

- Esperas que desaparezca la angustia...
- AMANECER
- LA NOVELA-NIEVE
- ESTA ES LA PURA VERDAD
- Raro oficio gratuito ir perdiendo el pelo...
- EL TRABAJO
- A las 4 de la mañana viejas fotografías de Lisa...
- Dentro de mil años no quedará nada...
- Escribe sobre las viudas las abandonadas...
- LAS PELUCAS DE BARCELONA
- MIS CASTILLOS
- POETA CHINO EN BARCELONA
- Pregunté si aún estaba allí...
- ¿Qué haces en esta ciudad donde eres pobre y desconocido?...
- Según Alain Renais...
- UN SONETO
- PARA EFRAÍN HUERTA
- LA ÚNICA IMAGEN QUE GUARDO DE T. C.
- Para ser dicho en un dormitorio... (Tu texto...Tu forma de existir la costilla...)...
- EL MONJE
- EL POETA NO ESPERA A LA DAMA
- TERSITES
- Textos de Joe Haldeman, J. G. Ballard, Rubén...
- He sentido labios...
- No enfermarse nunca... Perder todas las batallas...

25 poemas

GUIRAUT DE BORNELH

- Guiraut de Bornelh la lluvia...
- Edad Media de los cabelleras que el viento esparce...
- Se oyen los trovadores en el patio de las tabernas...
- No esperes nada del combate...
- Guiraut sentado en el patio de las tabernas...
- Duerme abismo más los reflejos diurnos...
- Los floreros disimulan...
- Una voz de mujer dice que amar...
- FRITZ LEIBER RELEE ALGUNOS DE SUS CUENTOS
- Estos son los rostros romanos del infierno...
- UNA LECTURA DE CONRAD AIKEN
- UNA LECTURA DE HOWARD FRANKL
- EL GRECO

27

En esta página y la siguiente, inicio del índice manuscrito de *La Universidad Desconocida*.
Archivador 30-175.

— LA SOLEDAD
— Vete al infierno Roberto y recuerda que ya nunca más...
— No puedo caminar dices...
— La sangre coagulada en un vidrio horizontal...
— LA PRIMAVERA
— Escribe el sexo rojo atravesado por jilgueros grises...
— ESCRIBE LO QUE QUIERAS
— Cuando pienso en gente hecha mierda todos los días...
— LA ÉTICA
— Llegará el día en que donde la calle te llamarán...
— La pesadilla empieza por allí en ese punto...
— ANGELES
— Dárensos Todo espíritu martigua anima...
— Calles De Barcelona

EN LA SALA DE LECTURAS DEL INFIERNO

— LA LLANURA
— BIBLIOTECA DE POE
— PATRICIA PONS
— Ya no hay imágenes Gaspar, ni metáforas en la zona...   13/
— En la sala de lecturas del infierno En el club...
— Cae fiebre como nieve...
— La violencia es como la poesía uno se corrige...
— La Nieve cae sobre Gerona...
— Ella se saca los pantalones en la oscuridad...
— Te alejarás de ese año de pronto...
— Ahora tu cuerpo es recibido por...
— PARA E. L. Z.
— Caca... Con mucho cuidado he trazado la "g"...

SAN ROBERTO DE TROYA

— MESA DE FIERRO
— LA VENTANA
— Estoy en un bar y alguien se llama Soni...   29/
— De sillas, de atardeceres, extra...
— El autor escapó no puedo mantener...
— LOLA PANIAGUA
— Soy una cama que no hace ruidos una cama a las una...
— UNA ESTATUA
— La niña roja pedernate es un sonido...
— DOS POEMAS PARA SARA
— LA ESPERANZA
— PARA VICTORIA AVALOS

EL ÚLTIMO SALVAJE

1

Salí de la última función a las calles vacías. El esqueleto
pasó junto a mí, temblando, colgado del asta
de un camión de basura. Grandes gorros amarillos
ocultaban el rostro de los basureros, aun así creí reconocerlo:
un viejo amigo. ¡Aquí estamos! me dije a mí mismo
unas doscientas veces,
hasta que el camión desapareció en una esquina.

2

No tenía a dónde ir. Durante mucho tiempo
vagué por los alrededores del cine
buscando una cafetería, un bar abierto.
Todo estaba cerrado, puertas y contraventanas, pero
lo más curioso era que los edificios parecían vacíos, como
si la gente ya no viviera allí. No tenía nada que hacer
salvo dar vueltas y recordar
pero incluso la memoria comenzó a fallarme.

3

Me vi a mí mismo como "El Último Salvaje" montado en
una motocicleta blanca, recorriendo los caminos

En esta página y la siguiente, inicio del poema «El Último Salvaje» mecanografiado
por el autor. Archivador 4-16.

de Baja California. A mi izquierda el mar, a mi derecha el mar,
y en mi centro la caja llena de imágenes que paulatinamente
se iban desvaneciendo. ¿Al final la caja quedaría vacía?
¿Al final la moto se iría junto con las nubes?
¿Al final Baja California y "El Último Salvaje" se fundirían
con el Universo, con la Nada?

4

Creí reconocerlo: debajo del gorro amarillo de basurero un amigo
de la juventud. Nunca quieto. Nunca demasiado tiempo en un solo
registro. De sus ojos oscuros decían los poetas: son como dos volantines
suspendidos sobre la ciudad. Sin duda el más valiente. Y sus ojos
como dos volantines negros en la noche negra. Colgado
del asta del camión el esqueleto bailaba con la letra de nuestra
juventud. El esqueleto bailaba con los volantines y con las sombras.

5

Las calles estaban vacías. Tenía frío y en mi cerebro se sucedían
las escenas de "El Último Salvaje". Una película de acción, con trampa:
las cosas sólo ocurrían aparentemente. En el fondo: un valle quieto,
petrificado, a salvo del viento y de la historia. Las motos, el fuego
de las ametralladoras, los sabotajes, los 300 terroristas muertos, en
(realidad
estaban hechos de una sustancia más leve que los sueños. Resplandor
visto y no visto. Ojo visto y no visto. Hasta que la pantalla
volvió al blanco, y salí a la calle.

6

Los alrededores del cine, los edificios, los árboles, los buzones de
(correo,

309

LA UNIVERSIDAD
DESCONOCIDA

Versión Definitiva (o casi)

1993, mayo.

Portada manuscrita por Bolaño de la carpeta que contiene una copia de una versión
de *La Universidad Desconocida*. Archivador 27-142.

REINVENTAR EL AMOR / ROBERTO BOLAÑO

Portada de la *plaquette Reinventar el amor,* publicada en 1976, en Mixcoac, México,
por el Taller Martín Pescador.

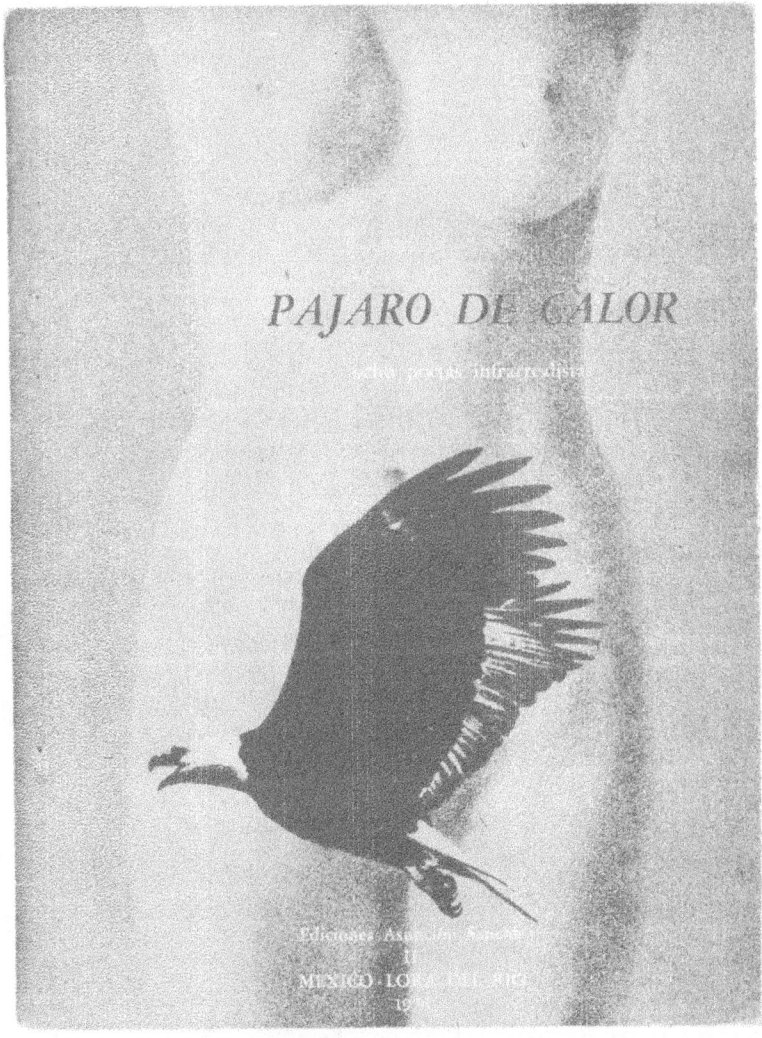

PAJARO DE CALOR

Portada del n.º 2 de la revista *Pájaro de Calor. Ocho Poetas Infrarrealistas,* publicada
en México DF, en 1976, por Ediciones Asunción Sanchís. En este número aparecieron
publicados algunos de los poemas de Bolaño recogidos aquí en los «Poemas dispersos»
de la sección «Otros poemas».

ROBERTO BOLAÑO

EL AIRE

I
Absurda poesía es otoño en México la pagan
Y no preguntar qué es lo que sueñas
Tu verdadero amor te dice adiós

Fueran tal vez los libros ganados y perdidos
Quienes rodearan tu sombra esta noche
Inútil masturbarse inútil tomar café

El mejor poeta y es tan tarde
Está cantando el vacío a lo lejos
Absurda poesía en México la pagan

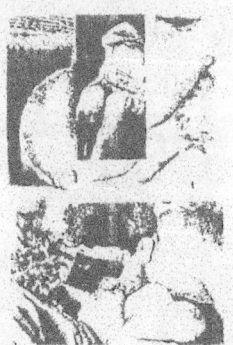

Inicio del poema «El aire», incluido en «Poemas dispersos» de la sección «Otros poemas».
Fue originalmente publicado en el n.º 1 de la revista *Berthe Trépat,* Barcelona, 1983.

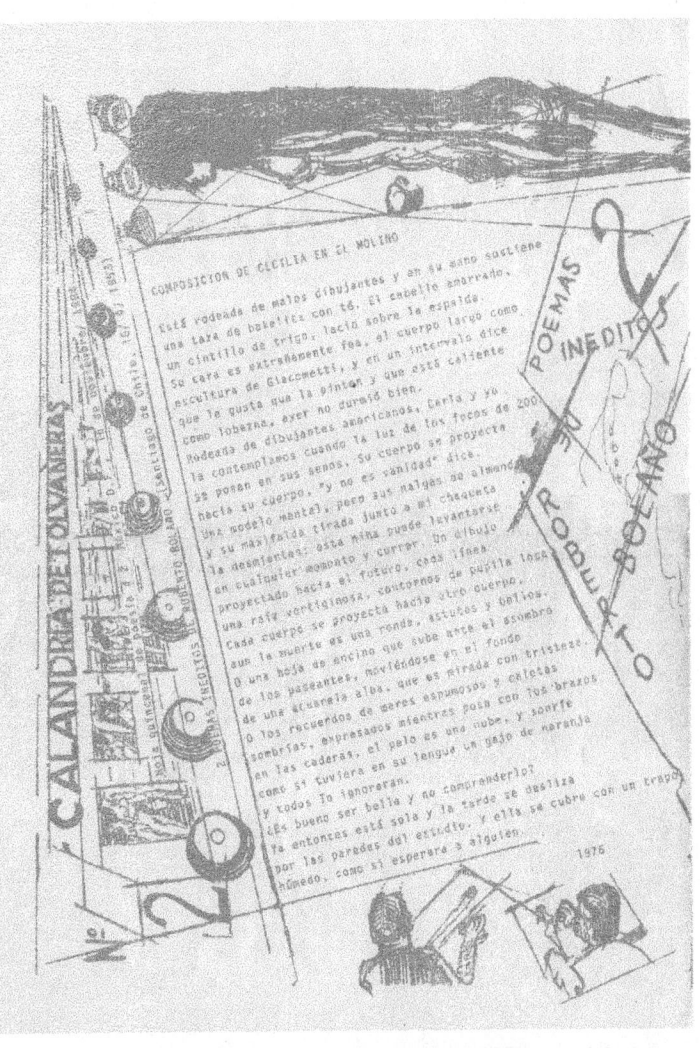

Poema «Composición de Cecilia en el molino», incluido en «Poemas dispersos» de la sección «Otros poemas». Fue originalmente publicado en el n.º 2 de la revista *Calandria de Tolvaneras*, México DF, 1984.

Índice

Segunda parte

Tercera parte

OTROS POEMAS